ANSELM GRÜN
TOMÁŠ HALÍK
WINFRIED NONHOFF (Hg.)

GOTT
LOS
WERDEN?

Die Beiträge von Tomáš Halík wurden von Markéta Barth unter Mitarbeit von Benedikt Barth aus dem Tschechischen übersetzt.

ANSELM GRÜN
TOMÁŠ HALÍK
WINFRIED NONHOFF (Hg.)

GOTT LOS WERDEN?

Wenn Glaube und Unglaube sich umarmen

Vier-Türme-Verlag

Vorwort

Von Gott verlassen?

Es ist Karfreitag. Karfreitag 2016. Vor wenigen Tagen stöhnten wir auf, als wir von den Terroranschlägen in Brüssel hörten. Und heute, an diesem Karfreitag, erinnert sich der Teil der Menschen, die an den christlichen Gott glauben, an seinen Gesandten, der schreiend in den Tod gehen musste. Man gab ihm in den Mund:»Mein Gott, mein Gott, warum hast Du mich verlassen?«(Mk 15,34). Verdrehte, ja verrückte Welt. Während in unseren Breiten schleichend und nahezu ohne großes Aufsehen Gott stirbt, berufen sich anderswo fast schrecklich vital Streiter auf einen Gott, der mit ihnen sehr lebend in den Kampf zieht, um Angst und Schrecken über eine in ihren Augen ungläubige Welt zu verbreiten.

Ertappt man sich da nicht bei dem Wunsch, dass er wirklich tot sei, dass wir ihn los seien, diesen Gott, in dessen Namen Leben sortiert, für wert oder unwert, für zerstörens- oder erhaltenswert erachtet wird? Wie oft schon musste ein Gott herhalten, nicht nur um andere Gottheiten, sondern vor allem die Menschen, die diesen anhingen oder die jenem im Kampf sich präsentierenden Gott nicht glaubten, niederzumetzeln? Eine wirre Geschichte in der Tat. Und eine unabgeschlossene noch dazu, wie wir erleben.

Wenn man weiß, dass das so verletzlich-verletzende Wort Gott nicht unbedingt im Mund geführt werden muss, wenn vermeintlich Höchstes gegen weniger Wertvolles aufgeboten wird, um zu morden und niederzupressen, dann wird man noch empfindlicher gegen die religiösen Masken des Terrors in seiner vielfältigen Gestalt.

Und nun Karfreitag. Ich sehe mich konfrontiert mit einer Religion, in der in ganz spezifischem Sinn ein Gottestod nicht nur erinnert, sondern auch liturgisch begangen und als Wesenszug – so paradox das klingen mag – eines lebenden Gottes behauptet wird. Neuzeitlichem Pathos vom Mord an Gott entspricht dies eher nicht. Denn Gott ist es selbst, der den

Gekreuzigten verlässt. In aller Vorsicht ist also uns Heutigen zu sagen, dass der Gehenkte in eine absolute Krise seines Bildes von dem, den er Gott nennt, stürzte. Ja, er wurde – welches Leid! – Gott los. Christen können daher sagen: Gott hat uns verlassen, er ist in seiner bisher vertrauten Gestalt tot; jedenfalls empfand es jener einsame Gesandte, jener entscheidende Botschafter und Repräsentant so. Und noch mehr: Er, dem wenig später der Rang Gottes eingeräumt wurde, geht – von jedem Gott verlassen – selbst in den Tod. Wahrlich: Er ist Gott los. Er unterlag der Gewalt von Gottesbesitzern.

Und damit wird »Karfreitag« zu mehr als einem Tag in der Antike zur Zeit der römischen Besatzung Palästinas. Und damit wird jener Gottverlassene am Kreuz zu mehr als einem unglücklich Hingerichteten im ersten Jahrhundert unserer Zeitrechnung. Christlicher Glaube besteht auf der Erfahrung des Todes Gottes – nicht im Sinn einer Abschaffung oder Verbannung. Der Welt und unseren Erfahrungen aber will man gerecht werden mit einer sehr dunklen Ansicht des Göttlichen, die in den Gründungsgeschichten des Glaubens überliefert wird.

Und es scheint der dem verlassenen Jesus zugemutete Tod Gottes zu einem geheimnisvollen Schutz Gottes und zu einer Abwehr eines Gottes in okkupierter Gestalt werden zu können. Karfreitag steht für das große Bilderverbot im Blick auf Gott. Karfreitag rehabilitiert Verlassenheitserfahrungen tiefster und schrecklichster Art im Kern des Glaubens, bis heute. Karfreitag schützt aber auch den immer von bestimmten Definitionen umzingelten und verketzerten Unglauben vor einer allzu abgesicherten Gläubigkeit, die Kampf und Entscheidung fordert. Am Karfreitag – und welcher Tag könnte nicht Karfreitag sein – setzt sich jeder Glaube dem Beben der Erde und der Lichtlosigkeit des Himmels aus. Alle Vorhänge um die Tempel unserer Konzeptionen und geschichtlich verfestigter, um Heiligstes tanzender Behauptungen zerreißen. Welche Chance für geduldiges Leben im mörderischen Karussell der Sieger!

Unser Buch räumt dem Unglauben eine reinigende Bedeutung für den Glauben ein – in mehrfacher Hinsicht: Skepsis, Vorsicht, Zurückhaltung und Scheu des Bekenntnisses mögen gerade dort angebracht sein, wo Gewissheiten zur Waffe in der Hand von sich als gläubig Maskierenden werden. Und jeder Glaube, der in sich den Unglauben strukturell beheimatet, wird seinerseits dann zum Trost und zur Widerständigkeit, wenn Welt und Mensch nur noch im ideologischen Zerrbild gesehen oder in Zynismus und ironischer Abgrenzung missbraucht werden. Welche Chance in der Erschöpfung unserer Suche!

Ungeheuere Spannungen sind auszuhalten: nicht nur zwischen Gott und Gott, zwischen Glauben und Unglauben, zwischen Haltlosigkeit und Triumphalismus. Auch die bequem konsumistische Zufriedenheit mit dem Hier und Jetzt muss sich dem Verdacht der Fühllosigkeit, der selbstgerechten Apathie und zynischen Verachtung des armen Menschen stellen.

Anders angesetzt: So positive Konsequenzen es haben mag, wenn Götter- und Gottesthrone geräumt, wenn ihre Inhaber gestürzt werden, so dringlich wird dann die Frage, wer sich auf diese leeren Throne des individuellen wie gesellschaftlichen Bewusstseins setzt. Der Streit um Gott hört auch so gesehen nie auf. Er muss weiter ausgefochten werden – um unseres Heiles willen. Wer Gott nur einfachhin loswerden will, macht sich wahrscheinlich die Sache zu einfach. Wer Gott nur unangefochten retten will, könnte einer lebensgefährlichen Illusion aufsitzen. Karfreitag bleibt. Auch wenn uns in Zittern und doch bezeugter Erfahrung ein Ostern zugesprochen ist.

Dieses Buch räumt den genannten Spannungen ihren Platz ein, es untersucht Motive und Haltungen gegenwärtigen Unglaubens. Nicht ohne Grund stellt es seine Denkbewegungen zwischen die Pole der Gott-ist-tot-Diagnose Friedrich Nietzsches und der für den unbekannten Gott sensibilisierenden Rede des Paulus auf dem Areopag Athens. Diese Spannung gilt es für uns heute ebenso fruchtbar werden zu lassen.

Das Buch lebt aber auch aus der Erfahrung zarter, sorgsam zur Sprache gebrachter Glaubensschönheit. Die Rückgewinnung scheuer Gläubigkeit verdankt viel den rückhaltlosen Gott-los-Erfahrungen aus mystischer Herkunft. Die Autoren bringen darüber hinaus persönliche, durchaus verschiedene biografische und intellektuelle Kontexte ein. Sie wagen, Einblicke in ihre persönliche Geschichte zu geben. Denn nur wer den eigenen Karfreitag kennt und von ihm her zu denken und zu reden vermag, der wird auch – Gott zum Schutz und den Menschen behütend – von österlichen Freuden des Glaubens erzählen können.

Karfreitag 2016, Winfried Nonhoff

Prolog

Der tote Gott.
Die Rede des tollen Menschen

Tomáš Halík

Der tolle Mensch. – Habt ihr nicht von jenem tollen Menschen gehört, der am hellen Vormittage eine Laterne anzündete, auf den Markt lief und unaufhörlich schrie:»Ich suche Gott! Ich suche Gott!« – Da dort gerade viele von denen zusammenstanden, welche nicht an Gott glaubten, so erregte er ein großes Gelächter. Ist er denn verlorengegangen?, sagte der eine. Hat er sich verlaufen wie ein Kind?, sagte der andere. Oder hält er sich versteckt? Fürchtet er sich vor uns? Ist er zu Schiff gegangen? ausgewandert? – so schrien und lachten sie durcheinander. Der tolle Mensch sprang mitten unter sie und durchbohrte sie mit seinen Blicken.»Wohin ist Gott?«, rief er,»ich will es euch sagen! *Wir haben ihn getötet* – ihr und ich! Wir alle sind seine Mörder! Aber wie haben wir dies gemacht? Wie vermochten wir das Meer auszutrinken? Wer gab uns den Schwamm, um den ganzen Horizont wegzuwischen? Was taten wir, als wir diese Erde von ihrer Sonne losketteten? Wohin bewegt sie sich nun? Wohin bewegen wir uns? Fort von allen Sonnen? Stürzen wir nicht fortwährend? Und rückwärts, seitwärts, vorwärts, nach allen Seiten? Gibt es noch ein Oben und ein Unten? Irren wir nicht wie durch ein unendliches Nichts? Haucht uns nicht der leere Raum an? Ist es nicht kälter geworden? Kommt nicht immerfort die Nacht und mehr Nacht? Müssen nicht Laternen am Vormittag angezündet werden? Hören wir noch nichts von dem Lärm der Totengräber, welche Gott begraben? Riechen wir noch nichts von der göttlichen Verwesung? – auch Götter verwesen! Gott ist tot! Gott bleibt tot! Und wir haben ihn getötet! Wie trösten wir uns, die Mörder aller

Mörder? Das Heiligste und Mächtigste, was die Welt bisher besaß, es ist unter unsern Messern verblutet – wer wischt dies Blut von uns ab? Mit welchem Wasser könnten wir uns reinigen? Welche Sühnefeiern, welche heiligen Spiele werden wir erfinden müssen? Ist nicht die Größe dieser Tat zu groß für uns? Müssen wir nicht selber zu Göttern werden, um nur ihrer würdig zu erscheinen? Es gab nie eine größere Tat – und wer nur immer nach uns geboren wird, gehört um dieser Tat willen in eine höhere Geschichte, als alle Geschichte bisher war!« – Hier schwieg der tolle Mensch und sah wieder seine Zuhörer an: Auch sie schwiegen und blickten befremdet auf ihn. Endlich warf er seine Laterne auf den Boden, dass sie in Stücke sprang und erlosch. »Ich komme zu früh«, sagte er dann, »ich bin noch nicht an der Zeit. Dies ungeheure Ereignis ist noch unterwegs und wandert – es ist noch nicht bis zu den Ohren der Menschen gedrungen. Blitz und Donner brauchen Zeit, das Licht der Gestirne braucht Zeit, Taten brauchen Zeit, auch nachdem sie getan sind, um gesehen und gehört zu werden. Diese Tat ist ihnen immer noch ferner als die fernsten Gestirne – *und doch haben sie dieselbe getan!«* – Man erzählt noch, dass der tolle Mensch desselbigen Tages in verschiedene Kirchen eingedrungen sei und darin sein *Requiem aeternam deo* angestimmt habe. Hinausgeführt und zur Rede gesetzt, habe er immer nur dies entgegnet: »Was sind denn diese Kirchen noch, wenn sie nicht die Grüfte und Grabmäler Gottes sind?«

Friedrich Nietzsche

Wohin ist Gott?

Wenn man nach Leitsätzen sucht, die das 20. Jahrhundert stark beeinflusst haben, so würde man sicher auf den Satz »Gott ist tot!« stoßen. Ausgesprochen hat diesen Satz Friedrich Nietzsche, der an der Schwelle zum 20. Jahrhundert starb und der sich für einen der »Erstlinge und

Frühgeburten des kommenden Jahrhunderts« hielt, »denen eigentlich die Schatten, welche Europa alsbald einwickeln müssen, jetzt schon zu Gesicht gekommen sein sollten.«[1]

Nietzsche war nicht der erste und auch nicht der einzige Autor, der die Aussage vom Tod Gottes tätigte; er ist jedoch sicher der bekannteste. Die Erzählung vom tollen Menschen in seinem Buch *Die fröhliche Wissenschaft*[2] ist nicht die einzige Version dieses Gedankens im Werk Nietzsches, sie ist jedoch die bekannteste und wirkungsvollste.

Die Szene auf dem Markt, auf welchen der Eigenbrötler kommt, der mit einer Laterne am hellen Tag den abwesenden Gott sucht, wirkte auf mich immer wie die Aufzeichnung eines Traums. Es gibt Träume, die aus den Tiefen des Unterbewusstseins etwas emportragen, was unsere Vernunft bisher nicht in der Lage war zu erblicken und zu begreifen, eine Botschaft, für die – mit den Worten Nietzsches gesprochen – »noch keine Ohren gewachsen sind«. Die Eingeborenen primitiver Stämme, behauptet C. G. Jung, unterscheiden zwischen »kleinen Träumen«, die nur eine private Bedeutung für Einzelne haben, und »großen Träumen«, die für die Zukunft des ganzen Stammes wichtig sind. Ich denke, dass die Szene, die von Nietzsche beschrieben wurde, in der Tat *ein großer Traum* ist, der von Bedeutung für das Schicksal unseres ganzen »Stammes« ist. »Wohin ist Gott?« – das ist eine Frage, die zu stellen immer wieder Sinn macht.

Warum ist im Gleichnis Nietzsches der Gottsucher ein Verrückter, ein toller Mensch? Warum wird sowohl diese Frage als auch die Antwort, das Diktum vom Tod Gottes, gerade in den Mund eines Verrückten gelegt? Ist dieser vielleicht jener törichte Mensch aus dem Psalm, in dem zu lesen ist: »Die Toren sagen in ihrem Herzen: Es gibt keinen Gott« (Ps 14,1; Ps 53,2)? Oder ist eher ein Narr, ein Hofnarr, der Einzige, dem es erlaubt ist, verbotene Wahrheiten auszusprechen? Ähnelt er in seiner Torheit einem Kind, das ausspricht, was jeder sehen kann, aber was alle zu sehen und zu benennen fürchten, nämlich dass der Kaiser nackt ist? Oder ist der tolle Mensch nur aus der Perspektive der Menschen auf dem Markt ein Verrückter, der in Wirklichkeit ihre eigene Torheit enthüllt? Ähnelt er mit seiner Laterne am hellen Tag dem Kyniker Diogenes, der den Menschen zeigte, dass ihr Licht in Wirklichkeit die Dunkelheit der Unwissenheit ist? Ist er nicht ein *Jurodivyj*, einer jener heiligen Narren, von denen die Legenden des christlichen Ostens erzählen? Oder sagte Nietzsche vielleicht sein eigenes Schicksal voraus, das Schicksal eines abgelehnten Propheten, der im Wahnsinn endet?

Die Diagnose des Atheismus und ihre Folgen

Der Schlüsselsatz, der beim Lesen dieses Textes immer wieder übersehen wird, lautet, dass die Adressaten dieser Botschaft *Menschen* waren, *welche nicht an Gott glaubten*. Gerade deshalb lachen sie den Menschen aus, der Gott sucht. Sie dagegen suchen ihn nicht mehr, kümmern sich nicht um ihn, fragen nicht nach ihm; Gott hat für sie keine Bedeutung. Ja, der tolle Mensch Nietzsches *ist primär gekommen, um die Atheisten zu provozieren*, um aus ihrem unproblematischen und unproblematisierten Massenatheismus ein Problem zu machen.

Erst am Ende der Erzählung provoziert der tolle Mensch nach den konventionellen Atheisten auch konventionelle Gläubige, die nicht wissen, dass ihre Kirchen nur Grüfte und Grabmäler eines toten Gottes sind. Vielleicht ähneln sich diese beiden Gruppen von selbstsicheren Menschen – denn die selbstsicheren Ungläubigen, aber auch die selbstsicheren Gläubigen suchen Gott nicht.

Nietzsche wählte stets einen dritten Weg zwischen den Einseitigkeiten, er suchte ein unerforschtes Gebiet »jenseits, hinter« – jenseits des Guten und Bösen, jenseits der Religion und des Atheismus in ihrer traditionellen Gestalt. Seine Rhetorik ist immer dann extrem, wenn er die drohende, nicht durchschaute Einseitigkeit und scheinbare Selbstverständlichkeit eines der beiden Extreme ausgleichen will. In der Zeit der »Wahrheit des Tages«, die vom Licht der Vernunft beleuchtet wird, betonte er die »Wahrheit der Nacht«, die Zeit, in der die Welt tief ist, tiefer, als es am Tag zu sein schien: »Nicht alles darf vor dem Tage Worte haben.«[3]

Der tolle Mensch Nietzsches ist nicht gekommen, damit er den Glauben an Gott widerlegt und den Atheismus verkündet, sondern er bringt eher eine *Diagnose des Atheismus* mit. Er zeigt seine tragische Seite und seine tragischen Folgen. Hinter dem Geheimnis des Verschwindens Gottes, den niemand mehr sucht, steht ein Verbrechen, größer als alle Verbrechen: der Mord an Gott. Es ist ein Verbrechen mit tragischen Folgen für den ganzen Kosmos: Die Sonne der Sicherheiten ist erloschen, wir haben die Orientierung verloren, wir fallen in den leeren Raum. Wir stürzen uns in die dunklen Weiten, weg von der Sonne, in die Kühle des Nichts, *fort von allen Sonnen.*[4]

Die Frage nach Gott ist deshalb erloschen, weil die Antwort ein verheimlichtes, vergessenes, ins Unterbewusstsein verdrängtes Verbrechen an die Oberfläche bringen würde. Es war ein kollektives Verbrechen, dessen Täter und Mitschuldige der Tor und seine Zuhörer sind. Es ist ein Verbrechen, für das die Täter die Verantwortung übernehmen müssen. »Ist nicht die Größe dieser Tat zu groß für uns? Müssen wir nicht selber zu Göttern werden, um nur ihrer würdig zu erscheinen?«

Erst in den nächsten Kapiteln desselben Buches deutet Nietzsche dieses Verbrechen, dessen Größe seinen Tätern nicht gerecht wird und dessen Folgen sie noch nicht zu spüren bekommen und begriffen haben, als *felix culpa*, als eine glückliche Schuld: Sie eröffnete ihnen neue Horizonte, sie ermöglichte es ihnen, auf das weite Meer hinauszufahren.[5] Der leere Raum infolge des getöteten Gottes ruft nach Mut und nach schöpferischer Kraft, denn dieser Raum kann nicht leer bleiben. Mit dem alten Gott stirbt auch das bisherige Menschsein; Nietzsche ist übrigens überzeugt, dass »der Mensch etwas ist, was überwunden werden soll«[6].

In einem anderen Kapitel der *Fröhlichen Wissenschaft* sagt Nietzsche, warum dieses Verbrechen nicht nur unerkannt blieb, sondern nicht vollendet wurde, warum man Gott nicht so einfach loswerden kann.[7] Wie sich noch lange nach Buddhas Tod in einer Grotte sein überdauernder Schatten zeigte, so fällt auf unsere ganze Zivilisation bis heute »der Schatten des toten Gottes«: Unsere Rationalität, Wissenschaft, unsere Ideale des Fortschritts und der Demokratie, der Glaube an die Vernunft, an Wissenschaft und Moral, ja selbst die Grammatik unserer Sprache sind Schatten, Überbleibsel Gottes – unsere Werte und Ideale stehen auf dem Boden jener festen Grundwahrheiten, deren Garant der metaphysische Gott war. Aber diese Sicherheiten, diese feste Ordnung der Wahrheit und des Guten, die Sicherheit darüber, was gut und was böse, was Wahrheit und was Illusion ist, Irrtum oder Lüge, das alles wurde mit dem Tod Gottes erschüttert. All dies beruhte auf der Voraussetzung, die nicht mehr gilt, all dies verlor mit dem Tod Gottes den Boden unter den Füßen.

Daher ist es notwendig, das ins Reich der Vergangenheit zu schicken und neue Werte und neue Götter zu schaffen.

Polemik einer verletzten Seele

Gehörte Nietzsche wirklich zu jenen Menschen, wie wir sie schon in der Bibel finden, die mit Gott kämpften, oder kämpfte er eher mit etwas in sich selbst? In seiner Schrift *Also sprach Zarathustra* stellt Nietzsche noch eine weitere Diagnose des Todes Gottes: Gott starb an seinem Mitleid mit den Menschen.[8] Ich kann mich des Eindrucks nicht erwehren, dass in dieser Erzählung Nietzsche vor allem von sich berichtet: von seiner Angst vor seinem eigenen tiefen Mitleid mit den Menschen, das er mit einer zynischen und hochtrabenden Rhetorik tarnte, ganz ähnlich wie der schüchterne und scheue Kierkegaard sich in der Rolle eines Frauenverführers stilisierte. Wenn der durchdringende Psychologe Nietzsche seinen Lesern erklärt, die verborgensten Winkel des menschlichen Charakters zu kennen, sollte es nicht verwundern, dass wir dann über seine eigenen verborgenen und versteckten Beweggründe nachdenken: Der obsessive Charakter der ständigen Ausfälle Nietzsches gegen das Mitleid ist in der Tat auffallend und weckt Verdächtigungen. Wenn man sich aufmerksam das Porträt Nietzsches anschaut, lässt der Gegensatz zwischen dem mächtigen, kämpferisch buschigen Oberlippenbart und den feinen, vornehmen, von Schmerz gekennzeichneten Wangen dahinter stutzig werden. Der Schnauzbart, das ist jene widerborstige und provozierende Rhetorik Nietzsches, sagte mir einmal einer meiner Freunde, ein italienischer Theologe; er ist ein Schutzschild, der eine verletzliche und verletzte Seele verdeckt.

In seinem Buch *Antichrist*, wahrscheinlich eines der aggressivsten antichristlichen Pamphlete, das je geschrieben wurde, ertönt auf einmal inmitten des Fortissimos eines Trommelwirbels aus Flüchen, Beleidigungen und Lästerungen ein lyrisches Lied der Liebe zu Jesus von Nazaret, »dem einzigen Christen, der je gelebt hat«. Das Christentum Jesu – das einzige Christentum, das Nietzsche anerkennt – ist nicht ein neuer Glaube, eine neue Überzeugung, sondern ein neues Leben, *eine Praxis*, ja, die Praxis einer grenzenlosen Liebe, die darin besteht, was Jesus tut, und noch mehr darin, was er nicht tut: »Er bittet, leidet, liebt *mit* denen, *in* denen, die ihm Böses tun ... *Nicht* sich wehren, *nicht* zürnen, *nicht* verantwortlich machen ... Sondern auch nicht dem Bösen widerstehen, – ihn *lieben* ...«[9] Hier lesen wir dann auch: »Das echte, das ursprüngliche Christentum wird zu allen Zeiten möglich sein ...«[10]

Die Tatsache, dass das Werk Nietzsches voll von Gegensätzen ist, ist meiner Ansicht nach eher seine Stärke. Nietzsche wusste, dass jeder einzelne unserer Blicke schon eine Interpretation ist, die von einer einmaligen, aber auch notwendig eingeschränkten Perspektive beeinflusst ist, von der aus wir auf die Welt und die Geschehnisse schauen. »Ich habe über alles zwei Meinungen«, pflegte Nietzsche zu sagen.

Bezieht Nietzsche nicht das, was der »letzte Papst« seinem Zarathustra sagt, auch auf sich: »Oh Zarathustra, du bist frömmer als du glaubst, mit einem solchen Unglauben! Irgendein Gott in dir bekehrte dich zu deiner Gottlosigkeit. Ist es nicht deine Frömmigkeit selber, die dich nicht mehr an einen Gott glauben lässt?«[11]

Welcher Gott ist tot?

Wenn ich einem Menschen begegne, der behauptet, dass er nicht an Gott glaubt, stelle ich ihm immer die Frage: Was für ein Gott ist das, an den du nicht glaubst? Was führt dich dazu, dass du nicht an ihn glaubst? Und kannst du dir unter dem Begriff »Gott« noch etwas anderes vorstellen, als das, was du leugnest?

»Gott ist tot! Gott bleibt tot«, behauptet der tolle Mensch in der *Fröhlichen Wissenschaft*. An einer Stelle jedoch deutet Nietzsche an, dass der Tod Gottes eventuell nicht definitiv ist: Vielleicht werden wir ihn wiedersehen, vielleicht hat »er nur seine moralische Haut ausgezogen«. Vielleicht kommt ein Gott wieder, an den der tolle Mensch aus der *Fröhlichen Wissenschaft*, der so weise Zarathustra und auch Nietzsche selbst (ist dies nicht ein Wesen in drei Personen?) zu glauben beginnen könnten: *Ein Gott, der zu tanzen verstünde*[12]; ein Gott, der einen Gegensatz bildete zum »Geist der Schwerkraft«, zum »Geist der Rache«. Sucht vielleicht Nietzsche, dieser weise Verrückte und törichte Weise, »der Frommste unter den Gottlosen«, nach dem Tod des alten Gottes einen solchen Gott, der nicht verbindet, sondern löst, der den Menschen zu Mut, zu schöpferischer Kraft und Verantwortung befreit?

Am Ende eines meiner Bücher tauchte in meinen Gedanken in einer Meditation über die Erzählung Nietzsches von dem törichten Gottsucher – diese Erzählung, die mich schon seit einigen Jahrzehnten beschäftigt – eine Erinnerung an eine Ikone auf, auf welcher die göttliche Dreifaltigkeit tanzend dargestellt ist. Mir kam der Gedanke, ob diese Vision Gottes der Sehnsucht »des Frommsten unter den Gottlosen« letztlich viel näher kommt als der betrunkene Dionysos, der sich mit seinen Bacchantinnen vergnügt.[13]

Nietzsche lehnte jenen gutmütigen Greis, den »Gotte bloß des Guten«[14] ab, er sehnte sich nach einem Gott, der der Ganzheit der Wirklichkeit gerecht würde, den Paradoxien des Lebens, nicht nur der begreiflichen Welt des Tages, sondern auch ihrer dunklen und tragischen Seite.

Hätte er denn nicht genau so eine Vorstellung von Gott in der Bibel finden können, insbesondere im Buch Hiob? Ist dem Pastorensohn Nietzsche das Christentum wirklich in einer so abschreckenden Gestalt jener »Naumburger Tugenden« begegnet, dass er die Antworten auf seine Leidenschaft nach einem anderen Gott, »nach einem Gott, an den er hätte glauben können«, nicht mehr suchen wollte, weder in der Bibel noch in der christlichen Tradition?

Vor vielen Jahren haben wir mit einer Gruppe von Freunden sieben Jahre lang jeden Freitagabend immer wieder Nietzsches *Also sprach Zarathustra* gelesen. Wir haben uns bemüht, seine Kritik am Christentum zu verstehen, jenes Christentums, das er vor Augen hatte – und dies half uns, eine andere Gestalt des Christentums zu finden. Wenn Nietzsche ein Kritiker des Christentums ist, dann kann eine solche Kritik für Christen sehr nützlich sein; wenn Nietzsche ein Feind des Christentums ist, dann können die Christen für einen solchen Feind dankbar sein, der zur Unruhe und zum Denken provoziert.

Wir haben den »Atheisten« Nietzsche in einem Land gelesen, in dem jahrzehntelang ein atheistisches Regime herrschte und die atheistische Ideologie ein wesentlicher Bestandteil des offiziellen Bildungssystems und des vom Staat organisierten und kontrollierten Kulturlebens war. Es war für uns jedoch klar, dass zwischen Nietzsche und der marxistisch-leninistischen Ideologie des kommunistischen Staates ein riesiger Abgrund klaffte, ein viel größerer als zwischen Nietzsche und unserer geistigen Suche und einem heranreifenden Glauben. Religion ist nicht gleich Religion und Atheismus ist nicht gleich Atheismus.

Kritischer Atheismus hilft

Atheismus bedeutet nicht eine »Gottlosigkeit« im Sinn einer Ablehnung Gottes, sondern die Ablehnung einer bestimmten Art des Theismus, einer bestimmten Vorstellung von Gott. Jeder Atheismus bezieht sich auf einen bestimmten Typ des Theismus. Je mehr wir damals im Kreis unserer Freunde die christliche Theologie kennenlernten und studierten, desto deutlicher wurde für uns, dass es viele Arten des Theismus gibt, die den Menschen auf dem Weg zu jenem Geheimnis, das wir Gott nennen, eher im Weg stehen als helfen. Ein bestimmter kritischer Atheismus hilft paradoxerweise, diese Hindernisse auf dem Glaubensweg zu überwinden.

Eine wesentliche Entdeckung bestand für uns in der Erkenntnis, dass der Glaube keine Ideologie ist, sondern ein Weg, und zwar ein nicht endender. Zu glauben beginnen bedeutet nicht, sich auf Pfeiler von Sicherheiten stützen zu können, sondern in die Wolke des Geheimnisses einzutreten und die Herausforderung anzunehmen: Tauche tief ein! Manche von uns sind aus der Welt des Unglaubens gekommen, praktisch unberührt von traditionellen Formen des Christentums, und waren dabei, den Glauben zum ersten Mal zu entdecken, andere wiederum waren dem Glauben ihrer Kindheit entwachsen und entdeckten ihn jetzt Stück für Stück neu in einer anderen, erwachseneren Gestalt, wieder andere haben in ihrem Leben oder in ihrer nächsten Umgebung schwere Prüfungen und Krisen durchstehen müssen, die sie dazu geführt hatten, dass sie um ihren Glauben immer wieder kämpfen mussten. Wir lernten zu verstehen, dass es auf dem Weg eines lebendigen Glaubens »dunkle Nächte« gibt – und dass es auch geschichtlich gesehen Augenblicke gibt, in denen Menschen »kollektive dunkle Nächte der Seele« durchleben, Augenblicke, in denen die Frage »Wohin ist Gott?« bei Weitem nicht töricht ist.

Wir stellten fest, dass die Welt des Glaubens als auch des Unglaubens bunt ist, dass es unter den »Ungläubigen« sowohl selbstsichere Propagandisten einer Ideologie des dogmatischen Atheismus gibt als auch Menschen, die schmerzhaft eine »dunkle Nacht« der Verborgenheit Gottes durchleben. Diese erleben dann das, was auch viele Gläubige kennen, nur interpretieren sie jene Erfahrung der Abwesenheit Gottes anders. Uns wurde klar, dass der Streit zwischen Glauben und Unglauben kein Kampf zweier klar getrennter Mannschaften in verschiedenfarbigen Trikots ist, sondern häufig ein Dialog oder ein Konflikt innerhalb eines menschlichen Herzens oder Geistes.

Der Streit des Glaubens mit dem Unglauben

Als mein Glaube – der Glaube eines frisch Konvertierten – seine »Pubertät« durchlebte, nahm ich Gespräche mit Ungläubigen als ein Duell wahr, geführt mit den Argumenten aus den Lehrbüchern der Apologetik; heute schäme ich mich für meine damals errungenen rhetorischen Siege. Später begann ich, in solchen Gesprächen das zu suchen, was wir gemeinsam haben, und in dem, was uns trennt, wieder etwas, das ich vielleicht als einen bereichernden Blick aus einer anderen Perspektive annehmen könnte; ich habe mich bemüht, das zu finden, was einem nichtreligiösen Menschen heilig ist, und zu begreifen, warum es für ihn einen solchen Stellenwert hat. Ich habe begriffen, dass der Gegensatz von Glauben nicht notwendig der Atheismus ist, sondern die Idolatrie, der Götzendienst, das Absolutsetzen von relativen Werten. Wenn der »Atheismus« die Kritik des Theismus ist, also einer bestimmten Auffassung Gottes, dann kann er einem Gläubigen nützlich sein, indem er ihn daran erinnert, dass jeder menschliche Begriff in Beziehung auf Gott nur wie ein Finger ist, der auf den Mond zeigt und nicht der Mond selbst. *Si comprehendis, non est Deus* – Wenn du etwas begreifst, dann wisse, dass es nicht Gott ist, lehrte der heilige Augustinus. Nur dann, wenn der Atheismus aufhört, kritisch und selbstkritisch zu sein und zu einer »Konkurrenzreligion« wird, muss der christliche Glaube mit ihm einen geistigen Kampf führen, weil zu seinem Dienst an Gott und den Menschen die Pflicht gehört, die Freiheit eines Menschen gegen die Unterdrückung durch Götzen zu verteidigen.

Es gehört zu seiner Aufgabe, die absolut gesetzten relativen Werte zu relativieren, die Heiligenscheine von den Köpfen herunterzunehmen, die sie sich zu Unrecht angeeignet haben.

Den Streit des Glaubens mit dem Unglauben hielt Goethe für das Wesen der gesamten Geschichte. Fügen wir wieder hinzu, dass sich dieser Streit oft im Inneren eines Menschen abspielt. In unserer Zeit nimmt die Anzahl derjenigen zu, die wir *simul fidelis et infidelis* nennen könnten, jene Menschen, in denen Augenblicke des Vertrauens und Augenblicke der Skepsis abwechseln. Die Welt und das Leben sind ambivalent und vieldeutig. »Es gibt genug Licht für die, die sehen wollen, und genug Finsternis für die, die gegensätzlich veranlagt sind«, schrieb Pascal.[15] Die Vielfalt und Pluralität unserer Welt, unserer Zeit, bringt uns zur Notwendigkeit einer freien Wahl zurück. Der Fundamentalismus jeglicher Art, ein unerschütterlicher Glaube und auch ein dogmatischer Atheismus stellen große Versuchungen dar, aus der Welt der schnellen Veränderungen und der Erschütterungen vieler Sicherheiten zu fliehen. Jedoch kann man vor diesen Erschütterungen offensichtlich nicht dauerhaft fliehen; militante Gläubige genauso wie militante Atheisten überschreien häufig nur ihre eigenen nicht eingestandenen und nicht bearbeiteten Zweifel. Aber es bietet sich noch eine andere, heute besonders beliebte Gestalt der Flucht vor dem Risiko der Wahl zwischen dem Glauben und dem Atheismus: der *Apatheismus*, die Gleichgültigkeit dem Glauben gegenüber und den Fragen und auch Antworten, die er mit sich bringt.

Ein ehrliches Gespräch des Glaubens und des Unglaubens, des Vertrauens und des Zweifels, der Hoffnung und der Skepsis ist jedoch derart interessant und wichtig, dass wir ihm dieses Buch widmen.

Wenn Gott schweigt

Über uns hängt wie ein geheimes Leitmotiv der Moderne die Proklamation des Todes Gottes durch Nietzsches tollen Menschen. Doch an der Oberfläche scheint dieser Diagnose im allgemeinen Konsens ein »Na und?« und ein »Was soll's?« gefolgt zu sein. Dieses Darüber-weg-Leben verdrängt ein Drama, verniedlicht einen Abschied, der – und Nietzsche wusste das – weitgehende Konsequenzen hat.

Vielleicht sollten wir für einen Augenblick die Fragen des tollen Menschen aushalten: »Irren wir nicht wie durch ein unendliches Nichts?« und »Wie trösten wir uns, die Mörder aller Mörder?« Mit Mörder sind auch wir Menschen der Gegenwart gemeint, die Gott getötet haben. Die Frage nach dem Atheismus, nach dem Unglauben als Teil unserer Persönlichkeit, muss ihren Ernst zurückgewinnen. Was geschah, was geschieht mit mir, mit meinem Umfeld, wenn Unglaube in allergrößter Selbstverständlichkeit das Leben bestimmt?

Solch intensives, eher leises Fragen könnte in die Mitte einer verlassenen oder verletzten Existenz führen. Verschwiegene Antworten, ein trauernder Blick und vorsichtige Kommunikation führen weiter. Wer den Unglauben, den alltäglichen Atheismus bei sich anschaut, ihn ernst nimmt, könnte am Anfang einer großen Entdeckung stehen: Führen vielleicht geduldiges Lauschen auf unseren Lebensweg und das Wagnis feinfühligen Gesprächs die zusammen, die Gott los wurden, um aus gereiftem Glauben Gott je neu zu buchstabieren?

Die Seele kennt den Atheismus

Anselm Grün

Fragen lernen

Ich bin in einer religiösen Familie aufgewachsen. Der Bruder meines Vaters war Benediktiner und seine beiden Schwestern Benediktinerinnen. Mein Vater war der Einzige in der Familie, der geheiratet hat. Er ging täglich zur Eucharistiefeier. Die Kirche lag neben unserem Grundstück. Auch meine Mutter ist in einer katholischen Familie aufgewachsen. Einer ihrer Brüder war Steyler Pater und eine ihrer Schwestern Steyler Missionsschwester. Der Glaube war die Atmosphäre, die mich umgeben hat. Dass es Atheisten gab, bekam ich zwar mit, aber das waren entweder »die bösen« oder »die ignoranten« Menschen. Ein vernünftiger Mensch, so dachte ich, kann nur glauben. Die Welt des Glaubens hat mir gutgetan. Die Erstkommunion habe ich als Kind sehr ernst genommen und dabei eine tiefe Erfahrung gemacht. Sie hat mich dazu gebracht, schon mit zehn Jahren meinem Vater gegenüber den Wunsch zu äußern, selbst Priester zu werden.

Dann kam ich ins Internat und ins Gymnasium, zuerst nach Münsterschwarzach und dann die letzten vier Jahre nach Würzburg. Doch in dieser Zeit vor dem Abitur wohnte ich weiter im Internat der Benediktiner. Während der Gymnasialzeit haben wir uns im Religionsunterricht mit der atheistischen Philosophie von Ludwig Feuerbach auseinandergesetzt. Aber es war uns Schülern klar, dass wir als katholische Christen all die atheistischen Argumente glaubhaft widerlegen konnten. Ich bin dem Atheismus nur aus der apologetischen Haltung heraus begegnet, eine Versuchung war der Atheismus für uns nicht. Dazu war uns der Glaube zu selbstverständlich.

Ich habe 1964 Abitur gemacht. Die letzten beiden Jahre am Gymnasium waren geprägt vom Zweiten Vatikanischen Konzil. Das war ein Neuaufbruch in der Kirche, der uns junge Menschen fasziniert hat. Wir dachten also nicht daran, wie wir auf den Atheismus reagieren, sondern wie wir eine religiöse Sprache finden könnten, die die Menschen berührt, die sie für den Glauben begeistert. Erst im Kloster, als ich alles auf die Karte Gottes gesetzt hatte, wurde die Frage des Atheismus für mich zu einer persönliche Frage: Warum glaube ich? Und wie würde es mir gehen, wenn die Hypothese des Atheismus stimmt?

Erst im Kloster wurde mir das Argument von Ludwig Feuerbach, dass die Menschen ihre Sehnsüchte auf Gott projizieren, zu einer persönlichen Frage. Und vor allem die Beschäftigung mit der Psychologie zwang mich, mich ehrlich zu fragen: Ist Gott für mich nichts anderes als eine menschliche Projektion? Das war für mich vor allem beim Gebet eine Überlegung. Hier tauchte manchmal die Frage auf: Ist das alles Einbildung? Denkst du dir das aus mit Gott, damit es dir besser geht, damit du in Frieden leben kannst und mit deinen Problemen zurechtkommst?

Doch wenn ich diese Fragen zu Ende denke, dann erscheint mir, dass alles absurd wäre. Der Mensch könnte dann gar nichts erkennen. Auch der Atheismus wäre eine Projektion. Der Mensch denkt sich aus, dass es keinen Gott gibt, damit er freier leben kann und sich um nichts kümmern muss, was ihn von außen herausfordert. Beide Alternativen sind dann Projektionen. Die Lösung wäre, dass ich alles menschliche Erkennen relativiere: Wir tappen letztlich im Dunkeln. Oder ich entscheide mich für eine Alternative. Und da ist es für mich klar, dass ich mich für den Glauben entscheide. Ich setze alles auf die Karte des Glaubens. Natürlich könnte man sagen: Ich entscheide mich für den Glauben, weil der mir seit Kindheit an vertraut ist. Das spielt sicher eine Rolle. Aber es ist auch mein inneres Gefühl, dass die Alternative des Glaubens menschlicher ist als die des Atheismus. Die Entscheidung für den Glauben richtet sich für mich nicht gegen meine Vernunft. Ich strenge meine Vernunft an. Aber ich komme damit an eine Grenze. Und der Sprung über die Grenze geht entweder in den Glauben oder in den Unglauben. Dazwischen gibt es nichts.

Eine weitere Alternative wäre, meinen Verstand überhaupt nicht anzustrengen. Das wäre für mich fauler Agnostizismus: Ich kümmere mich einfach nicht um die Frage nach Gott. Dafür ist mir aber die Frage nach Gott viel zu existenziell, als dass ich sie einfach leugnen oder überspringen könnte.

Die Wette Pascals

Meine Entscheidung »Ich setze auf die Karte des Glaubens« kam aus mir selbst, als ich die Zweifel über Gottes Existenz zu Ende dachte. Erst später stieß ich bei meinen Studien auf die berühmte Wette, von der Pascal in seinen *Pensées* schreibt. In ihr fand ich eine Bestärkung meiner eigenen Erfahrung: Pascal unterhält sich mit einem Skeptiker und Agnostiker. Er ist sich mit ihm darüber einig, dass man mit der Vernunft den Glauben an Gott und auch Gott nicht beweisen kann. Von den traditionellen Gottesbeweisen hält Pascal nichts. Aber in einer Zeit, in der Glücksspiele und Wetten weit verbreitet waren, spricht er bei der Frage nach Gott von einer Wette. Diese zwingt uns dazu, uns zu entscheiden. Wir können uns also nicht mit der Haltung des Agnostikers begnügen, nicht zu wissen, ob Gott existiert oder nicht. Das Argument der Wette fasst Walter Dirks so zusammen: »Du weißt nicht, ob Gott existiert. Du hast die Wahl zwischen zwei Annahmen, zwischen der, Gott existiere, und der, er existiere nicht. Du kannst dich nicht drücken, du musst auf eine dieser Möglichkeiten setzen. Irgendwann, etwa auch in der Erfahrung deines Todes, wird sich herausstellen, ob du richtig oder falsch gesetzt haben wirst. Hast du gegen die Existenz Gottes gewettet, so hast du, falls er nicht existiert, nichts verloren und nichts gewonnen – du wirst nicht einmal das Bewusstsein haben, recht behalten zu haben; falls Gott aber existiert, hast du in diesem Falle alles verspielt. Hast du dagegen auf Gottes Existenz gesetzt und er existiert nicht, hast du nichts verloren; existiert er aber, so hast du alles gewonnen: die ewige Seligkeit. Unter diesen Umständen ist es vernünftig, auf Gottes Existenz zu setzen.«[16] Natürlich ist auch das kein Beweis für Gott. Jeder von uns findet sich sowohl im Zweifler als auch im Gläubigen wieder. Die Wette Pascals aber stärkt zumindest die Position des Gläubigen in uns. Sie gibt uns Mut, uns für Gott zu entscheiden.

Welcher Atheismus begegnet mir?

In der Begleitung von Menschen begegne ich immer wieder dem Zweifel an Gott. Da ist der Pastoralreferent, der Theologie studiert hat und in der Kirche Gott verkündet. Aber er sagt von sich, dass er nicht mehr glauben könne. Er ist von Zweifeln geplagt, ob alles Einbildung sei. Früher sei er überzeugt gewesen von dem, was er sagte. Heute kann er es nicht mehr mit vollem Herzen unterschreiben, was er im Auftrag der Kirche verkündet. Er spürt nicht das, wovon er spricht. Sein Reden hat sich verselbstständigt, ist ohne Beziehung zu seiner konkreten Erfahrung. Diese Art von Gottlosigkeit hat natürlich auch in seinen Erfahrungen mit Pfarrern und anderen Seelsorgern und Seelsorgerinnen ihren Grund. Da hat er die Enttäuschung erlebt, dass die Worte nicht mit dem Leben übereinstimmten. Und irgendwann hat sich der Zweifel so tief in seine Seele hineingegraben, dass er selbst nicht mehr an das glaubt, was er sagt. Er ist seiner eigenen Gottlosigkeit begegnet, seinem eigenen Unglauben. Und der hat seinen Glauben verunsichert.

Im Gespräch über diese Art von Zweifel geht es mir darum aufzuzeigen, dass wir Gott nicht besitzen können. Wir sind gerade als Menschen, die von Gott sprechen, immer herausgefordert zu fragen: Wer ist dieser Gott wirklich? Was heißt es, dass Gott in Jesus Christus Mensch geworden ist? Was heißt Auferstehung? Was bedeutet Erlösung? Auch ein Theologiestudium hilft da nicht weiter. Ich muss mir immer wieder neu vor meinem eigenen Verstand klar machen, was ich glaube und warum ich das so glauben kann. Gott ist und bleibt ein unbegreifliches Geheimnis. Alle Aussagen des Glaubens führen immer wieder in dieses Geheimnis, das wir erahnen, aber letztlich nie ganz begreifen. Diese Art von Zweifeln will meinen Glauben reinigen und ihn von allen allzu menschlichen Projektionen befreien. Ich muss mir bewusst machen, dass ich in meinem Herzen immer beide Pole habe: Glauben und Unglauben. Wenn ich meinen Unglauben umarme, dann verliert er seine Schärfe. Dann wird er zum Stachel, meinen Glauben immer neu zu hinterfragen und zu vertiefen. Wenn ich aber meinen Unglauben in mir nicht zulasse, dann muss ich ihn nach außen projizieren. Dann muss ich alle, die anders glauben oder nicht glauben, bekämpfen. Denn der Unglaube der anderen verunsichert mich und so muss ich die Ungläubigen verdammen oder gar vernichten. Doch das wird den tief in mir sitzenden Zweifel nicht überwinden. Ich werde in meiner Härte innerlich erstarren. Wenn ich dagegen meinen Glauben und Unglauben umarme, dann kann ich mich ohne Angst mit Gläubigen und Ungläubigen unterhalten und in beiden einen Spiegel für meine eigenen Gedanken erkennen.

Einer anderen Art von Atheismus begegne ich in Leiderfahrungen. Eine Frau, die ich in ihren Exerzitien begleitete, spürte in diesen Tagen Gottes Nähe. Und als am Abend ein Regenbogen erschien, fühlte sie, dass sie von Gottes Liebe umgeben ist. Kurz darauf ist ihr Mann tödlich verunglückt. Plötzlich sah sie sich von Gott verlassen. Sie kann und will nicht mehr an Gott glauben. Sie ist voller Aggressionen auf Gott, dem sie sich zuerst in den Exerzitien ganz nah fühlte und geöffnet, und der ihr dann dieses Leid zugefügt hat. Im Gespräch mit ihr wird klar, an welchen Gott sie nicht glauben will. Sie kann nicht mehr an den Gott glauben, der für alles zuständig ist, auch für das Leben und Sterben der Menschen, auch für die Verhinderung von Unfällen. Das Bild eines Gottes, den wir darum bitten, dass er uns immer beschützt, hat durch den plötzlichen Tod ihres Mannes einen Riss bekommen. Das Leid, eine Krankheit, der Verlust eines lieben Menschen sind für viele Menschen ein Argument gegen Gott. Schon der Dichter Georg Büchner meinte, das Leid sei der größte Beweis gegen die Existenz Gottes. Allerdings wollte Büchner Gott nicht leugnen, sondern zu einer Transformation des Gottesbildes beitragen. Das Leid verwandelt unser Gottesbild. Das Bild des allmächtigen und gütigen Gottes, der alles für uns zum Besten lenkt, zerbricht angesichts des Leids. Die Frage ist, zu welchem Gottesbild uns das Leid führen möchte.

Wieder eine andere Form von Atheismus begegnet mir in Gesprächen mit Eltern. Sie sind oft ohnmächtig gegenüber den Argumenten ihrer pubertierenden Kinder, die ihren Eltern klar sagen, dass es Gott nicht gibt. Gott sei nur eine Projektion des Menschen, behaupten sie. Sie übernehmen die Position von Ludwig Feuerbach oder auch die von Sigmund Freud, der Gott nicht als Projektion, sondern als Illusion bezeichnet. Gott sei eine Illusion, in die die Menschen gerne flüchten, damit sie sich in dieser harten Welt etwas heimischer fühlten. Sie argumentieren mit Sigmund Freud, die Religion sei infantil, es ginge darum, erwachsen zu werden und die Realität anzunehmen und zu bewältigen, wie sie ist. Oft steckt hinter dem Protest der pubertierenden Kinder gegen Gott auch der Versuch, sich von der Geborgenheit bei den Eltern und ihrer religiösen Grundüberzeugung zu lösen. Sie merken gar nicht, dass sie sich mit dieser Religionskritik übernehmen. Die Position von Sigmund Freud steckt voller Pessimismus. Glück ist bei Freud für den Menschen nicht vorgesehen. Er muss sich einfach zufriedengeben mit dem Leben, so, wie es ist. Doch das ist für Jugendliche letztlich keine Perspektive, die sie leben lässt. Diese Sichtweise führt eher zur Resignation, zum Zynismus und zum Verschließen gegenüber allem, was größer sein könnte als wir selbst, was unser enges Selbstbild verunsichern könnte. Die Eltern, die den Argumenten ihrer Kinder gegenüber oft hilflos sind, fragen mich, wie sie auf die Einwände antworten sollen.

Für mich gibt es zwei Antworten. Die eine ist ein persönliches Zeugnis davon, was mir Gott bedeutet. Bei allen Zweifeln fühle ich mich getragen von Gott. Und das gibt mir Halt. Ich kenne all die Argumente von Projektion und Illusion. Aber trotzdem halte ich an Gott fest. Ich habe erfahren, dass das keine Illusion ist. Meine Erfahrung sagt mir, dass Gott der Grund ist, auf dem ich fest stehen kann. Und die andere Antwort wäre mehr eine Frage an die Kinder: Was hörst du, wenn du einer Musik lauschst? Ist das nur Nervenberuhigung? Was siehst du, wenn du die Schönheit einer Blume anschaust, wenn du ein schönes Bild betrachtest? Für mich ist die Schönheit eine Spur Gottes. Und das gibt meinem Leben Farbe, Buntheit, Lebendigkeit, Tiefe. Was spürst du, wenn du Liebe in dir fühlst? Ist das nur ein vorübergehendes Gefühl oder berührst du da nicht das Geheimnis allen Seins, den Grund aller Wirklichkeit, der Liebe ist? Das gottlose Argument mancher Jugendlichen führt, meinem Gefühl nach, in die Banalität. Und ich wehre mich, nur banal zu leben. Ich möchte die Fülle leben. Meine Aufgabe wäre dann, den Jugendlichen so von der Fülle zu erzählen, dass sie sie auch spüren können. Rein intellektuelle Argumente helfen nicht weiter. Es geht um die Frage, was wirkliches Leben ist und wo und wie es zu finden ist.

Die drei Argumente gegen Gott, denen ich in Gesprächen immer wieder begegne, stellen mich selbst vor die Frage, wer Gott für mich ist und welches Bild ich von Gott und vom Glauben habe. Der Unglaube der Menschen bringt mich zudem immer in Berührung mit meinem eigenen Unglauben. In mir selbst ist immer Glaube und Unglaube. Wenn ich den Unglauben in meiner eigenen Seele verdränge, dann werde ich hart gegenüber ungläubigen Menschen. Ich lehne sie ab, bekämpfe sie, entwerte sie, unterstelle ihnen nur Blindheit, Dummheit oder Egoismus. Weil ich mich vom Unglauben der anderen nicht verunsichern lassen möchte, muss ich die Ungläubigen bekämpfen und abwehren. Doch es kommt darauf an, im Gespräch mit Menschen, die sich in diesem dreifachen Sinn als Atheisten bezeichnen, ihre Argumente ernst zu nehmen. Es sind immer auch Argumente, die die eigene Seele kennt. Und ich kann diese Argumente nicht einfach totschweigen oder aus mir herausreißen. Ich muss mich ihnen stellen. Dann werden sie mein Gottesbild nicht zerstören, sondern verwandeln. Ich kann nicht den Glauben an Gott als einen Besitz nehmen, den ich sicher bewahren kann. Ich muss immer wieder um den Glauben ringen, mich immer wieder fragen: Wer ist Gott für mich? Was ist Gott? Wie kann ich an ihn glauben? Und an was glaube ich, wenn ich von Gott spreche?

Mein eigenes Ringen mit den Zweifeln

Ich kenne auch das Argument des Leids. Wenn ich manche Menschen begleite und das unendliche, oft genug sinnlos erscheinende Leid betrachte, dann frage ich mich: Was hilft es, zu Gott zu beten? Schaut er einfach weg? Hat er mit dieser Welt und mit allem Leid gar nichts zu tun? Kümmert ihn das Leid gar nicht? Mit diesen Fragen im Hinterkopf lese ich dann die Bibel, die Geschichte von der Passion Jesu, von seinem Tod am Kreuz und seiner Auferstehung. Ich finde keine logische Antwort auf das Leid. Aber in der Begegnung mit dem leidenden Jesus geht mir das Geheimnis Gottes auf neue Weise auf. Da ahne ich, dass Gott selbst mit uns leidet. Er ist nicht der, der über allem thront und alles von oben her »herrlich regieret«. Er ist in seinem Sohn Jesus selbst in das Leid der Welt hineingegangen. Er leidet mit uns, wenn wir leiden.

Auch das Argument der Projektion und der Illusion taucht in mir immer wieder auf. Es möchte mich davor bewahren, vorschnell meine infantilen Sehnsüchte nach Heimat und Geborgenheit, nach Schutz und

Liebe auf Gott zu projizieren oder Gott als Ersatz für die mangelnde Vater- oder Mutterliebe zu nehmen. Gott ist nicht nur der, bei dem ich Heimat finde, bei dem ich mich geborgen und angenommen fühle. Gott ist auch der Unbekannte, das Geheimnis, das unbegreiflich ist. Gott ist für mich die Wahrheit, die mich immer wieder mit meiner eigenen Wahrheit konfrontiert. Wenn ich Gott begegne, begegne ich mir selbst und meiner eigenen Wahrheit, die manchmal nicht so angenehm ist. Ich spüre: Wenn ich Gott ablehnen würde, dann würde ich auch meine Verantwortung für meine eigene Wirklichkeit ablehnen und die Verantwortung für die Welt auf andere abschieben. Gott ist für mich der Gott, der mich herausfordert, der mich in die Welt stellt, damit ich meine Verantwortung für sie übernehme. Gott ist aber auch der, der sich mir immer wieder entzieht. Daher kann ich Gott nicht besitzen und nicht selbstsicher darüber sprechen. Aber ich halte an meiner Offenheit für Gott fest.

Im Gespräch mit Atheisten geht es darum, die eigenen Zweifel zuzugeben, sich in ihre Gefühle und Argumente hineinzufühlen. Dann wird deutlich, dass man über Theismus und Atheismus nicht rein objektiv diskutieren kann. Jeder hat seine eigenen subjektiven Voraussetzungen, mit denen er an diese Frage herangeht. Und jeder hat seine Erfahrungen oder Nicht-Erfahrungen mit Gott gemacht. Daher ist es wichtig, gut hinzuhören, was der andere sagen möchte und was er in meiner Seele zum Klingen bringt. Das Gespräch mit den Atheisten sollte so sein, wie es der Erste Petrusbrief von den frühen Christen fordert: »Seid stets bereit, jedem Rede und Antwort zu stehen, der nach der Hoffnung fragt, die euch erfüllt; aber antwortet bescheiden und ehrfürchtig, denn ihr habt ein reines Gewissen« (1 Petr 3,15f). Im Griechischen steht hier *praytes*, das meint: Güte, Milde, Sanftmut. Es hat also keinen Sinn, aggressiv mit einem Atheisten zu sprechen. Auch wenn er seine Argumente aggressiv vorbringt, soll ich das nicht mit gleicher Münze heimzahlen. Ich soll vielmehr mit Güte und Sanftmut antworten. Güte meint, dass ich an das Gute im anderen glaube, dass ich daran glaube, dass er mit seinen Argumenten eine gute Absicht verfolgt, dass er etwas anspricht, was auch meinen Glauben betrifft. Sanftmut dagegen kommt von »sammeln«. Ich antworte sanftmütig, wenn ich alle Worte, die der andere mir sagt, in meinem Inneren sammle. Es sind auch meine eigenen Worte, meine eigenen Zweifel und

Argumente. Wenn ich sie sammle in meinem Herzen, dann werde ich sanftmütiger antworten und nicht aggressiv und anklagend. Zudem soll ich ehrfürchtig antworten. Im Griechischen steht hier einfach das Wort: *phobou*, also »mit Furcht«. Über Gott kann man nicht rein theoretisch sprechen, da braucht es die Betroffenheit. Das meint *phobos*: sich betreffen, berühren lassen von der Frage nach Gott. Ich mache mir bewusst, dass Gott der ist, der mich »unbedingt angeht«, wie es der evangelische Theologe Paul Tillich ausgedrückt hat. Daher kann ich nicht mit einer inneren Distanz über Gott reden, sondern nur als einer, der sich von dieser Frage im Innersten berühren, bewegen, angehen lässt.

Den Atheismus umarmen

Tomáš Halík

Sich durchzweifeln

Während meiner Zeit an der weiterführenden Schule galt der Atheismus in der Tschechoslowakei als Staatsreligion. Als 16-Jähriger zweifelt man in der Regel an allen von außen herangetragenen und aufgezwungenen Wahrheiten. Wenn man seinen Reifeprozess in den 60er-Jahren des 20. Jahrhunderts durchlebt hat, in einer Zeit der allgemeinen Erschütterung von Autoritäten, sucht und zweifelt man umso mehr. Irgendwann in diesem Alter begann ich zu zweifeln, und die Dogmen jener vom Regime aufgezwungenen Ideologie wurden zwangsläufig zum Gegenstand meines Zweifelns. Am Ende eines langen und verschlungenen Weges hatte ich mich zum christlichen Glauben durchgezweifelt.

Die klassischen »Gottesbeweise« des Katechismus haben mir auf diesem Weg allerdings nicht viel geholfen, keiner von ihnen erschien mir überzeugend genug. Eines Tages fiel mir auf, dass die Existenz des Atheismus und der Atheisten einen Menschen an den Gottesgedanken und letztlich auch an die Schwelle des Glaubens führen kann. Wenn wir für einen Moment die Hypothese zulassen, dass es Gott gibt und dass er alles geschaffen hat – und damit auch die Atheisten –, dann gebühren ihm für seine Großzügigkeit (und, wenn man so will, auch für seinen Sinn für Humor) vielleicht meine Bewunderung und auch mein Glauben. Wenn Gott den Menschen geschaffen und ihm das Geschenk der Freiheit gegeben hat und wenn er diese seine Freiheit so sehr wertschätzt, dass er sie ihm auch im Bewusstsein gegeben hat, dass der Mensch sie gegen Gott selbst wenden könne und ihn sogar leugnen würde, dann kann ich so einen Gott hochschätzen; wenn Gott dadurch sein Vertrauen gegenüber dem Menschen zum Ausdruck gebracht hat, dann hat er auch Anspruch auf mein Vertrauen.

Wenn es in der Welt Atheisten und ihren Atheismus gibt, muss in ihr auch die zweite Möglichkeit, nämlich der Glaube, existieren, sonst würde das atheistische Leugnen keinen Sinn ergeben. Die Welt ist überaus bunt, kompliziert und *ambivalent* und deshalb lässt sie viele Interpretationen zu, einschließlich der Perspektiven des Glaubens und des Atheismus. Ein Mensch muss sich entscheiden – und das ist gut so; wenn ich in einer einfachen und eindeutigen Welt leben würde, die nur eine einzige Interpretation zuließe, würde ich mich in ihr ohne Zweifel langweilen und wäre in der Versuchung, meine Eintrittskarte in eine solche Welt zurückzugeben.

Mein damaliges Lebensgefühl, die Dankbarkeit für diese bunte Welt und die Freude über das Geschenk des Lebens strebten eher intuitiv zur Welt des Glaubens hin als zum Atheismus, auch wenn ich von jener Glaubenswelt nur eine sehr vage Vorstellung hatte, den Atheismus dagegen gut kannte. Ich fing an, immer mehr auf die Sinnhaftigkeit der Welt und die unerschöpfliche geheimnisvolle Tiefe der Wirklichkeit zu vertrauen als auf die einfachen und banalen Formeln jener Ideologie des »wissenschaftlichen Atheismus«, die vom Regime vorgesetzt wurden; jenes Regimes, das nicht nur die Freiheit der Religion, sondern auch die Freiheit wissenschaftlichen Forschens, künstlerischen Schaffens und des Kulturlebens überhaupt beseitigt hatte.

Wie für viele Suchende in meiner Generation ging auch für mich das Klopfen an das Tor der »verbotenen Stadt«, der Welt der Religion, zunächst einher mit dem Interesse am Buddhismus und an den fernöstlichen geistlichen Wegen. Um den Schatz unter der Türschwelle des eigenen Hauses zu finden, muss man sich häufig zunächst auf den Weg in die Ferne begeben, erzählt eine schöne chassidische Geschichte. Als ich selbst viel später Menschen in die Kirche aufgenommen habe, die, bevor sie zum Christentum konvertierten, einige Jahre Zen oder Yoga praktizierten, habe ich sie nie dazu bewegen wollen, diese Zeit der Suche zu verteufeln. Häufig ist es mir begegnet, dass Menschen, die auf eine ernsthafte Art Yoga- oder Zen-Meditationen betrieben und die damit verbundene disziplinierte Lebensweise und Ordnung eingehalten haben, auf das geistliche Leben im Christentum viel besser vorbereitet waren als diejenigen, die bis zu ihrer Konversion in einer rein materialistischen Umgebung aufgewachsen waren.

Anziehungskräfte

Nach einer gewissen Zeit, in der ich vom Buddhismus verzaubert war, habe ich jedoch in der umfangreichen Bibliothek meines Vaters Bücher von G. K. Chesterton entdeckt, vor allem seine *Orthodoxie*. Chestertons Bücher haben mir geholfen zu begreifen, dass das glückliche Ende von Reisen in die attraktive Ferne die überraschende Entdeckung des eigenen Zuhauses ist. Chesterton und weitere englische Autoren wie Graham Green, Dorothy L. Sayers und C. S. Lewis, später sind Kardinal Newman und der Poet Gerald Hopkins dazugekommen, haben mir ermöglicht, *das Christentum als die Religion des Paradoxons* zu entdecken und die Kathedrale der katholischen Dogmatik als eine Schatzkammer, in der es ständig etwas zu entdecken gibt. Das Dogma hörte auf, ein Gespenst zu sein; ich konnte es mit der Zeit nicht mehr als Symbol der Erstarrung und als Hindernis des freien Denkens wahrnehmen, sondern als Frucht einer dramatischen Entwicklung begreifen und den Ausflug in die Geschichte des Dogmas und der Entwicklung des Christentums als faszinierendes intellektuelles Abenteuer. Rückblickend sehe ich, dass die Begegnung gerade mit dem englischen Katholizismus eine glückliche Fügung war; denn der englische Minderheitenkatholizismus war von jenem Triumphalismus des österreichisch-ungarischen Katholizismus frei, der vielen früheren Generationen von Tschechen die Kirche und die Religion verleidet hat. An Chesterton, jenem ständig überraschenden Entdecker von neuen Bedeutungen der »gewichtigen Kleinigkeiten« des Alltags, jenem scharfen Polemiker und ironischen Kritiker scheinbar natürlicher Ansichten und Vorurteile der Moderne, schätzte ich auch seinen Humor, den ich immer für den untrüglichen Ausdruck einer geistlichen Gesundheit und einer gesunden Spiritualität gehalten habe.

Der Katholizismus hat mich zunächst ästhetisch angezogen. Die geistliche Musik und die Architektur der Kirchen waren in Prag zu Zeiten der grauen Eintönigkeit und der flachen Banalität des »Sozialistischen Realismus« eine unübersehbare Erinnerung an die Vergangenheit, die in den kommunistischen Lehrbüchern als »die Zeit der Finsternis« geschildert wurde. Uns jedoch lockte gerade alles, was die kommunistische Schule dämonisiert hatte, und so hatte für uns – ähnlich wie einst für die Romantiker, die sich darum bemühten, alles zu entdecken, was die Aufklärung als Finsternis abgelehnt hatte – jene Verbindung von Gotik und Barock in den Prager Kirchen einen überwältigenden Zauber. Kann man ein intellektuelles und ästhetisches Verzaubertsein von einer Religion und den politischen Widerstand gegenüber einer vom Staat aufgezwungenen Ideologie jedoch schon als Glauben bezeichnen?

Freundschaft von Glauben und Zweifeln

In den Ferien habe ich mich dann in die Bibel vertieft. Ich habe sie jedoch falsch gelesen, wie jeder sie falsch liest, dem verborgen geblieben ist, dass sie eine Bibliothek ist und nicht ein Buch, das ein Mensch vom Anfang bis zum Ende wie einen Roman lesen sollte, und verständlicherweise habe ich mich irgendwo in der Mitte des Buches Levitikus verloren. Aber ich habe weiter geblättert und die Geschichten von König David und die ihm zugeschriebenen Psalmen ins Herz geschlossen. Während dieser Ferien habe ich mir einen Tag freigenommen, um einen Ausflug zu einer damals verlassenen und halb zerstörten Wallfahrtskirche im Sudetenland zu unternehmen; ich habe mir gesagt, dass ich dort eine endgültige Entscheidung treffen werde, dass ich dort die Frage beantworten werde, ob ich wirklich an Gott glaube. Ich empfing dann weder eine Offenbarung noch eine spektakuläre Erleuchtung, aber ich habe das Vaterunser gebetet, und auf meine Frage habe ich im Stillen »ja, ich glaube« geantwortet.

Mit diesem Finden des Glaubens hat jedoch meine Suche, mein Nachdenken und Zweifeln nicht im Geringsten aufgehört. Ich musste lange suchen und ein Schiff des Glaubens finden, das stabil genug war, um mich auch mit der ganzen Last meiner kritischen Fragen und Zweifel tragen zu können. Mit der Zeit habe ich ein solches Schiff gefunden, und an Bord haben sich mein Glaube und meine Zweifel allmählich angefreundet; es scheint mir, dass diese Teile meines Geistes und meines Herzens damals einen Pakt über ihre Zusammenarbeit geschlossen haben und dass der ständige Dialog, den sie miteinander führen, ihnen sichtlich Freude bereitet. Immer dann, wenn es scheint, dass die Zweifel verstummen, erwachen in meinem Glauben vor lauter Angst, dass er sich vielleicht den verführerischen Klippen des Fundamentalismus und Fanatismus annähern würde, selbst Zweifel und kritische Fragen. Wenn mein Glaube geschwächt ist, wenn er nicht ausreichend von meiner Gebetspraxis und Meditation genährt wird oder wenn er von der Konfrontation mit den Karikaturen des Glaubens müde ist, die ihm ständig begegnen, missbrauchen meine stärkenden Zweifel trotzdem solche Momente nicht, um triumphalistisch das Ruder zu ergreifen; der zweifelnde Teil meiner Seele weiß, dass ihr ein Leben ohne Glauben, ohne diesen Partner, der zugleich Zielscheibe seiner Kritik ist, langweilig vorkommen würde. Die Zweifel bringen mich nicht vom Glauben zum Unglauben, sie vertiefen eher meinen Glauben, sie machen ihn reifer und durchdachter.

Mitte der 60er-Jahre war ich bereits eine gewisse Zeit lang Christ im Geist und im Herzen, kannte aber keinen gläubigen Christen. Die Kirche war für mich etwas Abstraktes. Ich beschäftigte mich mit ihrer Vergangenheit, mit ihrem »kulturellen Erbe«, aber ich habe nur wenig danach geforscht, wie christliche Gemeinschaften in jener Zeit lebten, was sich in den Kirchen abspielte und wie das, wodurch die institutionelle Kirche lebte, damit zusammenhing, was gerade in mir geschah. Auch später bin ich immer wieder Menschen begegnet, für die die Konversion ihr privates intellektuelles Abenteuer darstellte, die aber kein Bedürfnis verspürten, ihren neu entdeckten Glauben in die Strukturen der »organisierten Religion«, in die Kirche, einzubringen, von der sie übrigens in der Regel nicht viel wussten. Die Kirche war unter der kommunistischen Regierung völlig aus der Öffentlichkeit verdrängt – in der Tschechoslowakei noch viel drastischer als in den Nachbarländern. Deshalb konnten einige Generationen leben, ohne dass sie der Welt der Kirchen, deren wirklichem Leben, praktisch je begegnet wären.

Die böhmischen Länder, die infolge der komplizierten Religionsgeschichte und der antiklerikalen Züge des Nationalismus schon in der Zeit zwischen den beiden Weltkriegen im beträchtlichen Maß säkularisiert waren, schienen offensichtlich den Strategen des Stalinismus das geeignete Terrain für das Experiment einer totalen Auslöschung aller Religion zu sein, für den Aufbau einer »Stadt ohne Gott«. Nachdem sich die Prophezeiung von Marx nicht erfüllt hatte, dass mit der Enteignung der Produktionsmittel und mit dem Installieren einer klassenlosen Gesellschaft die Religion automatisch absterben werde, entschlossen sich die kommunistischen Regimes dazu, dieses Absterben mit allen ihnen zur Verfügung stehenden Mitteln, mit Repression und Zensur zu forcieren. Aber in einer Sache haben sich die Kommunisten verrechnet: Die Tschechen sympathisierten häufig mit den Verfolgten. In den 50er-Jahren wurde in den stalinistischen Gefängnissen und Arbeitslagern eine unerwartete Ökumene geboren: Inhaftierte Priester und katholische Intellektuelle stellten unter den anderen Gefangenen eine große moralische Autorität dar, und Christen aus anderen Konfessionen und Vertreter des säkularen Humanismus näherten sich dort an. Als tschechische Theologen in der Mitte der 60er-Jahre nach häufig zehn oder mehr Jahren aus dem Gefängnis entlassen wurden und vom gerade zu Ende gegangenen Zweiten Vatikanischen Konzil erfuhren, haben sie die Vision des Konzils von einer ökumenisch geöffneten, vom Triumphalismus befreiten Kirche mit großer Genugtuung wahrgenommen – gerade von einer solchen Kirche hatten sie in den Gefängnissen, Uranbergwerken und Zwangsarbeitslagern geträumt, gerade eine solche Kirche hatten sie dort in einem gewissen Sinn erlebt. Nach einer kurzen Phase der Lockerung zur Zeit des Prager Frühlings sind dann nach dessen Niederschlagung 1968 in den 70er- und 80er-Jahren während des »Normalisierungsregimes« gerade aus ihren Reihen die Initiatoren des christlichen Dissidententums und der »Untergrundkirche« hervorgegangen, mit der auch ich dann mein Leben verbunden habe.

Kirche in bescheidener Gestalt

Jener Teil der Kirche, der sich in dem engen, vom Staat tolerierten Raum bewegte, nahm die Reformen des Konzils meistens nur sehr oberflächlich und formal an. Die vom Staat kontrollierten Priester hatten keine Möglichkeit, die Werke der bedeutenden Theologen des 20. Jahrhunderts – Rahner, Ratzinger, Küng, Congar oder Chenu – zu studieren, die Berater des Konzils und Autoren oder Inspiratoren der Konzilsdokumente waren. Ohne die Kenntnisse dieses gedanklichen Kontextes konnten sie aber nur schwer den Sinn der Veränderungen begreifen, die das Konzil mit sich brachte. Und so beschränkte sich die nachkonziliare Erneuerung auf die Neuregelung der Liturgie, auf die Umkehrung der Zelebrationsrichtung zum Volk hin und auf das Ersetzen des Lateins durch die Nationalsprachen. Kein Wunder, dass die »offizielle Kirche« junge, sich auf einer geistlichen Suche befindenden Menschen nicht besonders angezogen hat. Und den Weg zu den »illegalen Strukturen« zu finden, wie sie die kommunistische Propaganda genannt hat, war nicht ganz einfach.

Aber auch in den »offiziellen Strukturen« fanden sich Priester, die zwar bestimmte Kompromisse mit dem Regime und viele Einschränkungen akzeptieren mussten, aber nichtsdestotrotz richtungsweisend waren. Für mich und für viele andere war das der legendäre Pfarrer der Kirche Unserer Lieben Frau vor dem Teyn im Herzen des alten Prags, Jiří Reinsberg, der ein origineller Prediger, ein weiser und gütiger Beichtvater und nicht zuletzt ein brillanter Erzähler einer Unzahl von Anekdoten war. Er zeigte mir das menschliche Gesicht der Kirche, führte mich ein in die Welt der Liturgie, die er selbst als kleiner Junge im Prager Emmaus-Benediktinerkloster kennengelernt hatte und eröffnete mir den Weg zu den Sakramenten, besonders zur Eucharistie. Aus dem »Sympathisanten« wurde so ein »praktizierender Katholik«.

Josef Ratzinger schrieb einmal, dass sich der Mensch bewusst sein sollte: Wenn er Christus empfängt, empfängt er damit auch ein »gewisses Ungemach seiner Familie« mit, ähnlich wie er durch eine Heirat neben dem auserwählten Lebenspartner oder der Lebenspartnerin eine weitere Verwandtschaft dazugewinnt, die er nicht ganz frei auswählen kann. Das Christentum ist kein »privates Unternehmen«, die Gemeinschaft des Glaubens gehört zur Biosphäre des Glaubens dazu. Ich hatte das Glück, dass ich die Kirche in einer bescheidenen, aber umso überzeugenderen Gestalt kennenlernen durfte. Kleine christliche Gemeinschaften, die bis zum Herbst 1989 ihre religiösen und kulturellen Aktivitäten vor dem Ausspähen durch die kommunistische Zensur und der Geheimpolizei verbergen mussten, wurden zu Inseln der geistigen Freiheit, zu denen sich instinktiv immer mehr junge Menschen, Studenten und Künstler hingezogen fühlten. Es war eine Kirche, die allen Eigentums und jedes gesellschaftlichen Einflusses beraubt war, die beständig den unterschiedlichsten Arten von Verfolgungen und Schikanen seitens der Staatsmacht ausgesetzt war.

Gerade dieser Gestalt von Kirche habe ich das Ja meines Glaubens gegeben; ich entschied mich dazu, gerade dieser Gestalt von Kirche als

Priester zu dienen, als im Geheimen geweihter Priester der »Untergrund-kirche« mit allen Risiken, die diese »illegale Tätigkeit« mit sich brachte. Ich habe nicht damit gerechnet, dass ich die Freiheit der Kirche jemals erleben werde, eher mit der wahrscheinlicheren Alternative, dass mich die Geheimpolizei ausfindig macht und ich im Gefängnis enden werde. Nur habe ich gebetet, dass dies nicht zu früh kommen möge, weil ich mich lange auf meinen Dienst vorbereitet hatte und ich mich nicht für einen Menschen halte, der sich um jeden Preis nach dem Martyrium sehnt. Die Tatsache, dass ich mich für den priesterlichen Dienst »im Untergrund« entschieden habe – in meinem Zivilberuf war ich die meiste Zeit über Psychotherapeut für Alkoholiker und Drogenabhängige –, war nicht nur eine »Notlösung«, also die Folge dessen, dass ein Mensch mit einem abgeschlossenen Hochschulstudium und mit einem schlechten »Kaderprofil« damals keine Chance hatte, in das offizielle, vom Staat völlig kontrollierte Priesterseminar aufgenommen zu werden. Ich habe in der Verbindung von Priestertum und Zivilberuf, einem Priestertum, das auf diese Weise ganz in die säkulare Umwelt inkarniert war, in die uns Gott gestellt hat, nicht nur eine gewisse Fortsetzung der Tradition der »Arbeiterpriester« gesehen, sondern auch ein Experiment, das für eine ferne Zukunft der Kirche einmal wertvoll sein kann. Auch nach dem unerwartet schnellen Fall des kommunistischen Regimes bin ich der Ver-bindung von Priestertum und Zivilberuf treu geblieben, bis heute bin ich Pfarrer der Akademischen Gemeinde in Prag und gleichzeitig Professor an der »weltlichen« Philosophischen Fakultät der Karlsuniversität. Ich bin überzeugt, dass gerade diese Verbindung, die eine unmittelbare Kenntnis der »zivilen Umgebung«, der Sprache und der Lebens- und Denkweise der Menschen außerhalb der Kirche mit sich bringt, in meinem pastoralen Wirken Früchte getragen hat.

Konfrontationen

»Ein Schäfer soll nach den Schafen riechen«, fordert Papst Franziskus. Dass ich allerdings auch stark nach jenen Schafen gerochen habe, die nicht in den kirchlichen Schafstall gehören, brachte mir im kirchlichen Milieu viele Jahren lang Komplikationen ein. Es war für mich nicht leicht, mich in den traditionellen Strukturen der Kirche heimisch zu fühlen, und ich habe erfahren müssen, dass viele Menschen im kirchlichen Milieu mich bald »nicht einmal mehr riechen konnten«. Bald nach dem Fall des Kommunismus habe ich begriffen, dass nicht nur das Wirken in der »Untergrundkirche«, sondern auch das Wirken in den offiziellen Strukturen der Kirche sein Kreuz mit sich bringt. Viele Christen in den postkommunistischen Ländern haben bei der Begegnung mit der Kirche des Westens einen »Kulturschock« erlitten. In einer Kirche, die dem Druck der Verfolgung ausgesetzt war, herrschte Solidarität, Meinungsunterschiede oder Kritik in den eigene Reihen haben wir instinktiv ins Unbewusste verdrängt. Die theologische Pluralität und die kritische Grundhaltung in den Kirchen der westlichen Welt mit einer kritischen Einstellung gegenüber kirchlichen Autoritäten, einschließlich des Papstes, hat manche Christen hierzulande überrascht. Diejenigen, die ohne Feind nicht mehr leben konnten, haben die Stelle, die durch den Fall des Kommunismus frei geworden war, augenblicklich mit einem neuen Feind besetzt, mit dem »westlichen Liberalismus«. Das war bei mir nicht der Fall, denn in die geheimen Seminare in Privatwohnungen in Prag oder Brünn kamen manchmal an Wochenenden als Touristen getarnt bedeutende Theologen und Philosophen aus dem Westen, die für uns Vorträge hielten und aktuelle Fachliteratur einschmuggelten. Bestimmte Gruppen der »Untergrundkirche« waren vom zeitgenössischen theologischen und philosophischen Denken im Westen nicht derart isoliert.

Für mich persönlich verursachte die Konfrontation mit dem Zustand der »offiziellen Kirche« einen viel größeren »Kulturschock«, der in einem einigermaßen dramatischen Konflikt mit der damaligen konservativen Leitung der Prager Theologischen Fakultät und meinem Weggang von dieser Fakultät nach nicht einmal drei vollen Jahren kulminierte. Ich will jedoch nicht das wiederholen, wovon ich schon früher an anderer Stelle gesprochen habe.[17] Ich erzähle daher nur in Kürze meine Geschichte als den Kontext meiner Glaubensgeschichte. Die ständige Konfrontation mit der säkularen Welt, mit verschiedenen Arten des Glaubens und Unglaubens, mit Ersatzreligionen sowie den bunten Früchten des geistlichen Suchens und des »religiösen Dilettantismus« hat keine besonderen Erschütterungen meines Glaubens mit sich gebracht.

Imagination und Denken

Mein Glaube nährte sich seit meiner Konversion bis hin zu den dramatischen Veränderungen Ende der 80er-Jahre aus verschiedenen Quellen.
Am Anfang war das das Beispiel des schon erwähnten herausragenden
Priesters Jiří Reinsberg, seine originellen Predigten und seine tiefgehende
liturgische Kultur, die ihre Wurzeln in der benediktinischen Tradition
der Erzabtei Beuron[18] und der Theologie der Liturgie Guardinis hatten.
Mein »Einführungskurs in den Glauben« verlief, nachdem ich ihn um die
erste Beichte gebeten hatte, peripatetisch, indem ich ihn fast täglich auf
dem Weg vom Altstädter Pfarrbüro nach Hause in das damalige Rand-
viertel Prags begleitete, wo wir beide wohnten. Eifrig las ich Bücher von
Theologen, insofern sie mir damals in die Hände kamen, zunächst vor allem Romano Guardini, aber auch Belletristik – Green, Mauriac, Werfel,
Bernanos, Benson und tschechische katholische Autoren wie Zahradníček,
Čep und Durych; ein nicht wegzudenkender Bestandteil meines Glaubenslebens war ein von der bildenden Kunst und der Musik durchdrun-
genes Christentum. Zum Glauben gehören Imagination und Denken;
beim Studium der Philosophie entdeckte ich den Existenzialismus und
die Dialogische Philosophie für mich, Gabriel Marcel, Martin Buber
und Emanuel Lévinas und natürlich die Vorgänger des Existenzialismus,
Pascal und Kierkegaard. Sie haben mein Verständnis des Christentums
als einer Religion des Paradoxons beeinflusst, ein Motiv, das mich schon
bei Chesterton an der Schwelle meiner Konversion gefesselt hatte. Ich
entdeckte viele katholische Heilige und die Verschiedenheit ihrer Spiri-
tualitäten und verliebte mich vor allem in Jesuiten; jedes Jahr im Advent
versuchte ich, täglich die Meditationen nach dem Buch der Geistlichen
Übungen des heiligen Ignatius durchzugehen. Einmal eröffnete mir in
den Ferien die Lektüre von Teilhard de Chardin eine neue Dimension
des Glaubens: die kosmische Mystik, die Begeisterung über die Dynamik
des Evolutionsprozesses, der in Christus als im Punkt Omega kulminiert,
dem Fluchtpunkt der Entwicklung der Natur und der menschlichen Geschichte. Später prägte das Studium der Tiefenpsychologie C. G. Jungs
und seiner Schüler und der Logotherapie Viktor E. Frankls nicht nur
mein Denken über die Religion, sondern auch mein Erleben des Glau-

bens; den kosmischen Christus Teilhards ergänzte somit komplementär der Gott in den Tiefen des Unbewussten.

Die Tiefenpsychologie hat mir geholfen, die quälende Frage zu beantworten, warum ich mich mit manchen »Ungläubigen« dauerhaft besser verstehe als mit einer Reihe von eifrigen Christen. Wenn es so ist, dass das Leben unsere Psyche zum großen Teil in den Tiefen des Unbewussten verborgen ist und sein bewusster Teil nur eine unscheinbare Schicht »oberhalb der Wasseroberfläche« ist – ähnlich wie bei Eisbergen –, dann ist es möglich, dass für unseren Glauben etwas Ähnliches gilt, der doch die Ganzheit unseres geistigen und geistlichen Lebens durchdringt. Es gibt Menschen, deren bewusster, sichtbarer und hörbarer Teil der Persönlichkeit voll gesättigt ist, ja sogar übersättigt ist von der Religion; sie sind in der Lage, mit einem bisweilen schwer zu ertragenden Eifer von ihr zu sprechen. Aber wenn man sie näher kennenlernt und ein wenig in ihr Inneres blickt, kann man sich des Eindrucks nicht erwehren, dass ihre Religion nur an der Oberfläche zu Hause ist, während sie tiefer, in dem, was die Tiefenpsychologie das Unbewusste und die Bibel das Herz nennen, geschlossen, kühl, egoistisch, »gottlos« sind. Und im Gegenteil dazu kann man des Öfteren Menschen begegnen, von denen die »Gnade im Herzen« direkt ausstrahlt, die wirklich eine *anima naturaliter christiana*[19] haben, bei denen jedoch aus irgendeinem Grund dieses innere Licht nicht an die Oberfläche durchgedrungen ist, in den bewussten Bereich, sodass sich diese Menschen für Ungläubige halten.

Ähnlich hat mir die Tiefenpsychologie, die Lehre von der »Übertragung« und die Projektion des eigenen »Schattens« auf andere Menschen geholfen, den Mechanismus zu begreifen, der zur Entstehung von Fanatismus bei militanten Gläubigen und militanten Atheisten gleichermaßen führt. Menschen, die ihre Haltung zum Leben wirklich tief verinnerlicht und durchdacht haben, müssen diese in der Regel nicht ununterbrochen krampfhaft verteidigen, kämpferisch propagieren, und sie müssen auch nicht ständig ihre Gegner angreifen. Eine krampfhafte kämpferische Haltung und Unverträglichkeit sind dagegen charakteristisch für diejenigen, die in ihrem Inneren von ungelösten und unterdrückten Zweifeln hin und her gerissen werden. Sie sind weder in der Lage noch bereit, sich mit ihren Zweifeln konfrontieren zu lassen, weswegen sie diese auf andere projizieren, die sie der »Ketzerei« und einer perversen Denkweise beschuldigen, dabei aber nicht zugeben, dass sie in Wirklichkeit mit ihrem eigenen »Schatten« kämpfen.

Das Dunkel bleibt

Auch auf meinem Glaubensweg sind begreiflicherweise kritische Fragen und Zweifel zu vielen Aspekten der Religion aufgetaucht. Eine Reihe von Fragen bleibt für mich offen, und manchmal taucht auch das, was ich für mich als bereits gelöst gehalten habe, wieder in das Dunkel ein. Mit der Zeit habe ich aber herausgefunden, dass die Prüfungen und »Krisen des Glaubens« besonders nah an der Schwelle des Empfangs eines neuen wichtigen Einblicks, eines Lichtstrahles auftauchten, der es mir ermöglichte, auf dem Glaubensweg weiter voranzugehen und tiefer in den Glauben einzutauchen. Das hat dazu geführt, dass ich mich später auf Augenblicke der Krise beinahe schon gefreut habe, weil sie mir signalisierten, dass eine neue Landschaft erscheinen wird, wenn ich nur geduldig den Engpass durchschreite, und ich dann das, was mir für einen Moment als eine unpassierbare Wand eines Hochgebirges erschien, »von der anderen Seite« betrachtet als einen lächerlich kleinen Hügel ansehen werde. Und wegen so etwas Banalem hätte ich beinahe den Glauben verloren!, sage ich mir dann. Ein Steinchen erscheint immer größer und schärfer, wenn es im Schuh drückt, als wenn man es dann auf den Weg geworfen hat.

Der polnische Philosoph und katholische Priester Jozef Tischner sagte einmal, dass er noch nie jemanden getroffen habe, der aufhören würde, in die Kirche zu gehen, weil er *Das Kapital* von Marx gelesen habe; ich jedoch kenne viele, die nicht mehr in die Kirche gehen, weil sie die dummen Predigten ihres Pfarrers nicht mehr ertragen konnten. Die Lektüre der Werke atheistischer Autoren – und ich habe viel von ihnen gelesen – haben meinen Glauben nie allzu sehr erschüttert. Bei den Dummen habe ich mich gelangweilt oder ironisch unterhalten gefühlt, bei den Scharfsinnigen wie Nietzsche oder Sartre oder den Erfinderischen wie Freud habe ich mit Dankbarkeit die Kritik an den verkümmerten Formen der Religion angenommen; nicht einverstanden war ich, wenn sie diese Kritik verabsolutierten und so die Religion als solche entweihen wollten.

Das, was meinen Glauben einmal wirklich erschüttert hat – und bis heute bin ich Gott und denen, die er dazu benutzt hat, für diese Erschütterung dankbar –, betraf meinen »Kulturschock« nach 1989, und zwar nicht den Schock über die Kirche im Westen, sondern über die Kirche in meiner Heimat. Während der ganzen Zeit meines Wirkens in der »Untergrundkirche« haben mich wirklich große Priesterpersönlichkeiten begleitet. Ich war in dem Sinn naiv, dass ich die Erfahrung mit ihnen auf meine Vorstellung vom gesamten Klerus übertragen habe. Nach dem Fall des Kommunismus kam jedoch vieles ans Tageslicht, was wir uns im Untergrund nicht realistisch genug und ohne Illusionen vorstellen und eingestehen konnten. Zwar ist etwas Verfolgung für die Kirche immer gesund und nützlich. Wenn aber der Mangel an Sauerstoff, an gesunder Luft der Freiheit zu lange dauert, beginnen Gesellschaft und Kirche, die ein Teil derselben ist, wie ein Organismus, besonders wie das Gehirn ohne Sauerstoffversorgung zu degenerieren. Der geschlossene Raum wird von Schimmel befallen, und man stellt auf einmal fest, was man lange Zeit nicht bemerkt hat: dass man in ihm langsam nicht mehr atmen kann. Viele anfängliche Schritte der Kirche in dem unerwartet breit geöffneten Raum der Freiheit waren ungeschickt und unglücklich, die Kirche hat häufig begonnen, sich statt nach vorne rückwärts zu bewegen, instinktiv und ängstlich hat sie sich in die Gestalt der Vergangenheit zurückgezogen, die aber wirklich schon vergangen war. Über den Strom der Geschichte lässt sich sagen: Du trittst nie zweimal in denselben Fluss.

Plötzlich verstand ich, warum bald, nachdem die Kirche damals im Römischen Reich erst die Freiheit und kurz darauf gesellschaftliche Privilegien erhalten hatte, ein Massenexodus von vielen Christen in die Wüsten Syriens, Palästinas und Ägyptens stattfand. Diese Wüstenväter und Wüstenmütter hätten vor allem Ruhe für ein konzentriertes Meditieren gebraucht, wird oft behauptet; ich glaube dagegen, dass sie es vor allem mit denjenigen Christen nicht aushalten konnten, die sich zu schnell im Römischen Reich etablierten und konform mit diesem gingen. Sie wollten in der Wüste ein »alternatives Christentum« gründen – und teilweise ist ihnen dies offensichtlich geglückt. Der Kirche gelang es später, diese Gestalt des Christentums in Form der Mönchsorden beispielsweise eines Benedikts von Nursia zu integrieren, die sich aus dem Infragestellen von bestehenden Herrschafts- und Gesellschaftsstrukturen durch die Wüstenväter wie Hieronymus oder andere entwickelt hatten.

Manches verlassen

Während der 90er-Jahre des 20. Jahrhunderts und zu Beginn des neuen Jahrtausends verlor die Kirche in der Tschechoslowakei breite Schichten von Sympathisanten aus der Zeit vor dem Fall des Kommunismus. Ein Teil der Untergrundkirche zog sich wieder in ihr Schneckenhaus und in den Protest zurück, dieses Mal allerdings gegenüber der »offiziellen Kirche«. Aber auch hier gilt: Du trittst nie zweimal in denselben Fluss. Ich habe versucht zu begreifen, dass eine radikal veränderte gesellschaftliche, politische und kulturelle Situation eine neue Strategie der Kirche erfordert und dass es zur Übertragung der wertvollen Erfahrungen aus der Zeit der Verfolgung der Fähigkeit bedarf, unterscheiden zu können; es bedarf der Kreativität und des Mutes, manches zu verlassen, woran wir uns gewöhnt haben und was uns mit der Zeit nett und angenehm wurde.

Mein Versuch, den frischen Wind der Freiheit in die muffigen Räume der Theologischen Fakultät zu lassen, die von der Peripherie des kulturellen und gesellschaftlichen Lebens nach Prag und in den Verbund der Universität zurückgekehrt war, endete in einer harten Auseinandersetzung mit der konservativen Leitung und meinem erzwungenen Übergang von der Theologischen an die Philosophische Fakultät. Bald zeigte sich, dass dies für mich ein sehr glücklicher Schritt war. Zunächst aber befand ich mich in einem Schockzustand, der meinen Glauben wie nichts zuvor und nichts danach bis auf den heutigen Tag erschüttert hat. Mir wurde bewusst, dass ein Teil der kirchlichen Funktionäre genauso denkt und spricht, wie es die totalitären kommunistischen Machthaber taten, und dass sich ihre Beziehungen zu Wahrheit, Macht und Freiheit auffallend ähneln, genauso wie ihre Vorstellungen vom »verdorbenen Westen«.[20]

Warum hat mich damals die Krise meiner eigenen (in vielem illusorischen und naiven) Erwartungen und Vorstellungen von der Kirche so tief getroffen? Warum verließ mich auf einmal die Stärkung im Gebet, warum fühlte ich mich, als würde mich jemand in eine tiefe Zisterne werfen, warum kamen Gedanken in mir hoch, dass ich mich vor Jahren auf einen Weg begeben habe, der ins Leere führt? Warum kam mir Gott vor, als sei er taub? Der Versuch, meine schmerzhaften Erlebnisse in diesem Konflikt zu verdrängen und schnell zu vergessen, misslang. Nach einiger Zeit machten sich bei mir physische Schwierigkeiten bemerkbar, die offenkundig einen psychosomatischen Ursprung hatten; etwas Ähnliches habe ich weder vorher noch nachher erlebt. Die Enttäuschung über dieses christliche Umfeld traf mich derart heftig, dass ich einen Schmerz im Körper, in der Seele, im Geist spürte.

In der Zeit, als ich in der Untergrundkirche wirkte und vor allem in den Jahren des Übergangs von der Ära des Polizeiregimes in die politisch freie Gesellschaft, hatte sich mein Glaube offensichtlich zu sehr an die Kirche geklammert. Im Unterschied zu den individualistischen Anfängen meiner Konversion rückte in den Jahren, als es um das Überleben der Kirche und der wenigen Inseln der geistigen Freiheit in unserem Land ging, aber auch in der Zeit, als die Kirche sich mit einem Mal vor die Aufgabe gestellt sah, ihren Platz und ihre Botschaft in radikal veränderten gesellschaftlichen Verhältnissen zu finden, die Kirche langsam ins Zentrum meines Glaubens. Rückblickend muss ich zugeben, dass ich eine Zeitlang mehr an die Kirche als an Christus dachte. Offensichtlich bedeutete deshalb für mich die Verletzung meines Vertrauens in die Kirche einen schmerzhaften Eingriff in tiefe Schichten meines Glaubens. Deshalb spiegelte sich die Krise, die, von außen betrachtet, keine allzu ernste Bedeutung hatte, auch in meiner Beziehung zu Gott wider: Ich erlebte eine verhältnismäßig kurze, aber bittere »Nacht des Glaubens«. Ich sah mich der Erfahrung des Schweigens Gottes, der Abwesenheit Gottes ausgesetzt.

»Wohin ist Gott? Ist er abgereist?« Ist die Kirche wirklich nur die Gruft und Grabkammer eines toten Gottes? Der Text Nietzsches, mir schon jahrelang gut bekannt und im Prolog dieses Buches bewusst bedacht, sprach zu mir auf einmal neu und eindringlich. Es war notwendig, wieder Vertrauen zu fassen, nicht nur in die Kirche, sondern auch in Gott.

Die Frage nach der Mitte des Glaubens

Wenn ich heute Konvertiten auf den ersten Schritten ihres Glaubensweges begleite, frage ich sie, was aus dem großen Schatz, den das Christentum darstellt, momentan in der Mitte ihres persönlichen Glaubens steht. Die Antworten sind überraschend unterschiedlich. Für die einen bildet die Vorstellung Gottes als Garant einer sinnvollen Ordnung der Welt, als Quelle der Schönheit, die durch die Herrlichkeit der Natur aufscheint, den Schwerpunkt seines Glaubens; die anderen werden von den biblischen Geschichten und der Poesie der Psalmen angesprochen, wieder andere von der Person Christi, seiner Lebensgeschichte und Lehre, der Bergpredigt, der Aufforderung zur Vergebung und zur grenzenlosen Liebe; anderen imponiert die Kirche mit der Pluralität ihrer Erscheinungsformen, sie sind fasziniert von den Persönlichkeiten der Heiligen oder von lebenden Zeugen des Glaubens, denen sie begegneten. Ich bereite sie darauf vor, dass sich im Verlauf der Jahre ab und zu der Schwerpunkt des Glaubens ändert, ich sage ihnen, dass es nützlich ist, sich von Zeit zu Zeit selbst zu fragen, was für einen selbst jetzt in diesem Augenblick im eigenen Glauben das Wichtigste ist, worauf man sich stützen kann und was dagegen am Rand steht. Das Christentum ist eine Stadt mit vielen Toren, es gibt in ihr »viele Wohnungen«, die Welt des Glaubens spiegelt schon hier auf der Erde die verheißene Buntheit und Vielfalt des göttlichen Königreiches wider.[21] Das persönliche Heranreifen im Glauben, das individuelle Wandern durch die Landschaft des Glaubens erinnert manchmal an einen Weg durch einen dichten Wald oder ein Labyrinth, nichtsdestotrotz ist diese Welt innerlich strukturiert. Wenn es im Glaubensleben zu Erschütterungen oder Krisen kommt, ist es entscheidend, welche Entfernung der persönliche Schwerpunkt des Glaubens von der wirklichen Mitte des Christentums hat. Wenn ein Mensch sich an dessen Rand befindet, wenn er sich daran festhält, was im Christentum zweitrangig ist, verläuft eine solche Erschütterung in der Regel dramatischer; wenn er jedoch in der Zeit der Krise nicht in Panik verfällt, wenn er Geduld, Mut und Ausdauer oder zumindest Vertrauen und Hingabe aufbringt, kann ihn im Gegensatz dazu die Krise in Richtung Mitte verschieben, kann sie ihn wie eine mächtige Welle aus seichtem Wasser in die Tiefe schleudern.

Die Kirche – eine Brücke

Ohne Frage ist die Kirche für den Glauben sehr wichtig, sie fügt unseren persönlichen Glauben wie ein Steinchen in ein Mosaik ein, bietet einen Kontext, schützt vor Einseitigkeiten und vor der Gefahr des Dilettantismus religiöser »Privatunternehmer«, bietet eine feste Grundlage, auf der man aufbauen, Geschichten, an die man anknüpfen kann, begehbare Wege, auf denen wir sicherer und schneller zum Ziel gelangen können. Trotzdem ist die Kirche nur eine Brücke, die notwendig ist, um vorwärts zu kommen, sie ist aber nicht selbst das Ziel. Das, was wir kennen und erfahren, ist immer nur ein bestimmter kleiner Ausschnitt aus der ganzen Wirklichkeit der Kirche, die sich auf der weiten Oberfläche unseres Planeten und unserer Geschichte ausgebreitet hat. Wenn die Gestalt der Kirche, an die wir uns festhalten und in der wir uns heimisch fühlen, aus irgendeinem Grund erschüttert wird oder wenn aus irgendeinem Grund unsere Beziehung zu ihr erschüttert wird, kann auch unser Glaube in eine riskante Situation geraten. Ich kenne eine ganze Reihe von Menschen, deren Glaube so sehr durch schmerzhafte Erfahrungen im kirchlichen Milieu verletzt wurde, dass sie sich von solch einem Unfall nicht mehr erholt haben.

Die Turbulenzen, in die die Kirche in der Konfrontation mit der späten Moderne am Ausklang des 20. Jahrhunderts geraten ist, und die zu Beginn des 21. Jahrhunderts enthüllten skandalösen Fälle innerhalb der Kirche[22] hatten zur Folge, dass sich besonders im Westen neben den praktizierenden Katholiken eine stetig wachsende informelle Kirche ehemaliger Katholiken ausgebildet hat, die die Kirche formal verlassen haben. Daneben gibt es auch eine Menge von »Katholiken unter Vorbehalt«, die in den Reihen der Kirche passiv ausharren, sich jedoch nur teilweise mit der Lehre und Praxis der Kirchenleitung identifizieren. Diesen »verlorenen Söhnen und Töchtern« zuzuhören und ernsthaft mit ihnen ein Gespräch zu führen – geduldig, respektvoll und bemüht, sie zu verstehen –, wird zu den wichtigen pastoralen Aufgaben der Kirche in den bevorstehenden Jahrzehnten gehören.

In einer Reihe von Fällen waren die verletzenden Erlebnisse mit der Kirche (ganz gleich, ob es dabei um eigene Erfahrungen oder um die erwähnten Skandale ging, von denen die Medien breit berichteten) nur die Sprengkapsel oder der letzte Tropfen auf einen Boden, der von einem sich bereits lange hinziehenden unreflektierten Prozess einer allmählichen Entfremdung vom kirchlichen Milieu geprägt war. Viele Mitglieder der Kirche empfanden die kirchliche Umgebung schon lange als langweilig, stereotyp, unkreativ und starr, als Gegensatz zu dem, wie sie selbst die Welt um sich herum erlebt und wahrgenommen haben. In den Jahrzehnten nach dem Zweiten Vatikanischen Konzil verließ ein Teil jener Katholiken die Kirche, denen die Reformen des Konzils zu weit gingen, genauso wie ein Teil jener Katholiken, denen diese Reformen nur halbherzig oder nur ungenügend in der Praxis umgesetzt erschienen. Der größte Teil dieser beiden Gruppen, der konservativen und der progressiven, ist jedoch formal in der Kirche geblieben. Von Zeit zu Zeit tut er aber auf verschiedene Weise seine Unzufriedenheit kund. Ich habe neben einer Reihe von Laien auch viele Priester kennengelernt, die traumatische Erlebnisse und Enttäuschungen in der Kirche entweder zum Abschied aus der Kirche oder in einen Zustand einer dauerhaften Verbitterung geführt haben.

Zum Glück ist es mir damals, in der ersten Hälfte der 90er-Jahre, gelungen, diesen beiden unglücklichen Endpunkten der Krise auszuweichen. Das Medikament, das ich bekam, befreite mich nicht nur vom Schmerz, den ich spürte, sondern führte meinen Glauben und mein theologisches Denken tiefer und näher zur Mitte des Christentums: zur Ostergeschichte. Ich griff damals nach den Texten der karmelitischen Mystik, insbesondere denen des heiligen Johannes vom Kreuz. Später entdeckte ich den geistlichen Weg der heiligen Thérèse von Lisieux für mich. Die Schriften Johannes' vom Kreuz, einschließlich der Kommentare Edith Steins, kannte ich schon vorher, ich hielt darüber sogar Vorträge und zitierte sie in Essays, die ich bereits während des kommunistischen Regimes für Zeitschriften im Selbstverlag verfasste. Aber erst jene Erlebnisse, die mich tief berührten, eröffneten mir ein weitaus tieferes Verständnis der Lehre von jener dunklen Nacht, in der nur noch der Durst nach dem Licht unser Begleiter ist, in der die bisherigen Sicherheiten zusammenbrechen und in eine Sackgasse geraten, in der viele religiöse Illusionen absterben und nur noch der »nackte Glaube« bleibt.

Kreuz und Auferstehung

Ich begriff, dass der Kern des Christentums die österliche Botschaft vom Kreuz und der Auferstehung ist, vom Tod und von der Auferstehung der Toten. Der Mensch muss jenen Grund berühren, den Aufschrei der Verlassenheit Jesu am Kreuz, damit er sich auf den Weg zu den Sonnenstrahlen des Ostermorgens machen kann. Die Botschaft von der Auferstehung versteht der Mensch wahrscheinlich nur in dem Maß, in dem er zuvor fähig war, die Finsternis des Karfreitags zu erleben.

Es gibt tatsächlich Momente, in denen wir wirklich intensiv jene Dunkelheit des Kreuzes am eigenen Leib erfahren, die sich auf Calvaria, der Schädelstätte, zur Mittagsstunde ausbreitete; diese können sogar lange Zeit andauern. Das Licht der Auferstehung nehmen wir jedoch nicht wahr und können es in unserem Zustand als Pilger auf den irdischen Wegen nicht vollständig und unmittelbar als eine evidente Wirklichkeit spüren. Diese Lichttropfen können wir nur in den kleinen Muscheln unseres Glaubens und unserer Hoffnung aufnehmen, diesen Schatz haben wir nur in zerbrechlichen »Tongefäßen«[23]. Wir können nicht in der Wolke des Lichts drei dauerhafte Hütten bauen, wonach sich die drei Jünger auf dem Berg Tabor sehnten.[24] Gerade die drei Zeugen des Lichtes auf dem Berg werden Zeugen der Dunkelheit und der Angst im Garten Gethsemane sein. Die Dunkelheit ist die Realität unserer Welt, und es gibt wohl Menschen, denen es gegeben ist, sie manchmal tiefer und empfindlicher wahrzunehmen. Die Fülle der Welt ist die Realität des Zielzustands, zu dem wir bis dato nur in der Kraft der Hoffnung und des Glaubens pilgern können, und nur der Glaube und die Hoffnung erlauben es uns, ab und zu die Strahlen dieses Lichtes in unsere Gedanken und Herzen hineinzulassen, damit wir wieder Kraft für die nächste Etappe des Weges haben.

Ich habe begriffen, dass der Kinderglaube vom Vertrauen in die Eltern getragen wird oder von den Bräuchen und Gewohnheiten des Umfelds traditioneller Frömmigkeit geschützt wird. Auch der Anfangseifer und die ursprüngliche Begeisterung eines Konvertiten müssen einmal absterben. Dieses Absterben kann manchmal still und beinahe unmerklich geschehen, manchmal ist es schmerzhaft und dramatisch, ähnlich wie es sich mit den verschiedenen Verläufen des Übergangs von der Kindheit in das Erwachsenendasein verhält. Am Übergang von der Kindheit in das Erwachsensein des Glaubens kann sich ein tiefer Abgrund der Diskontinuität auftun, und es gibt offenbar viele Menschen, die die Brücke über diesen Abgrund nicht gefunden haben, deren Glaube also gescheitert ist, nie erwachsen wurde. Diejenigen, die nicht zum Ufer eines erwachsenen Glaubens gelangt sind, müssen nicht notwendigerweise Atheisten werden; ich vermute, dass viele infantile Religiositäten oder der religiöse Fundamentalismus und Fanatismus Gestalten eines Glaubens sind, der die Brücke des Übergangs zum Erwachsensein nicht gefunden hat oder der vor jener Finsternis und Tiefe auf dem Weg zurückgeschreckt ist.

Als ich über Thérèse von Lisieux las, dass sie ihre Erfahrung der Dunkelheit und der Verlassenheit von Gott so interpretierte, dass Gott sie an den Tisch zu den Ungläubigen gesetzt habe und dass sie diesen Zustand als die Weise ihrer liebevollen Solidarität mit denen annahm, die das Licht des Glaubens nicht besitzen, eröffnete sich mir damit ein völlig neues Verständnis für Atheisten und eine neue Beziehung zu ihnen.[25] Neben dem arroganten wissenschaftlichen Atheismus der kommunistischen Ideologie oder dem postulatorischen Atheismus eines übermäßigen menschlichen Egos (»Wenn es Gott gäbe, wie könnte ich es ertragen, dass ich nicht Gott bin?«[26]) existiert auch ein Atheismus des Schmerzes: Ich würde gerne glauben, aber schmerzhafte Erfahrungen mit dem Bösen in der Welt oder in meinem eigenen Leben erlauben es mir nicht.

Atheismus des Schmerzes

Ich glaube, dass gerade diese Art des Atheismus von unserer Seite einen anderen Zugang verdient als der kämpferische, Gläubige verachtende Atheismus. Den Atheismus des Schmerzes sollten wir nicht mit den Argumenten aus den apologetischen Handbüchern erschlagen, sondern ihn umarmen, integrieren: zeigen, dass die christliche Erfahrung des Glaubens auch diese Augenblicke kennt, dass die zentrale Geschichte des Christentums, das österliche Drama, auch die Finsternis des Karfreitags und den Aufschrei der Verlassenheit Jesu beinhaltet. Vielleicht schauen der schmerzhafte Atheismus und der österliche Glaube denselben Berg des Leids an, dessen Gipfel von der Wolke des Geheimnisses verhüllt ist, nur interpretieren sie ihn jeweils anders. Ich bin überzeugt, dass zur Reife des Glaubens die Fähigkeit gehört, ohne Angst auch diese Weisen der menschlichen Existenz zu erfassen und einzuschließen, denen wir aus dem Schatz des Glaubens nur die Hoffnung dazugeben können, dass der Karfreitag nicht das letzte Wort ist, dass es – mit Worten des Dichters Jan Zahradníček gesprochen – niemandem gelingen wird, die Geschichte am Nachmittag des Karfreitags anzuhalten.

Aus der Erfahrung der Überwindung der Glaubensprüfung, der ich einmal ausgesetzt war, ist mein Buch *Geduld mit Gott* entstanden, in dem ich mich bemüht habe zu zeigen, dass sowohl ein gewisser Typ des Atheismus als auch vielleicht jede Art eines wirklich lebendigen Glaubens den Augenblick der Abwesenheit Gottes kennen und dass der Unterschied zwischen dem Glauben und dem Atheismus (und auch einer oberflächlichen emotionalen Gläubigkeit und dem religiösen Fundamentalismus) in der Geduld liegt. Während sich der Atheismus das Schweigen Gottes als den Tod Gottes auslegt, die emotionale Religiosität ihn mit ihrem Halleluja überschreit und der Fundamentalismus ihm gleichgültig gegenübersteht, ist der reife Glaube geduldig: Der Glaube, die Liebe und die Hoffnung sind der dreifaltige Ausdruck unserer Geduld angesichts des Schweigens Gottes.[27]

Die Vielfalt des gelebten Atheismus

Auf kämpferischen Atheismus mit lautstarken Argumenten trifft man in einer persönlich geführten Auseinandersetzung zwischen Glauben und Unglauben eher selten. Denn dieser Konflikt vollzieht sich existenziell nie allein auf der Ebene klar umzirkelter Positionen in rational zugänglicher Debatte. Schnell realisieren wir, dass hinter den mehr oder weniger aggressiv vorgetragenen Lebensentwürfen sehr verschiedene biografische, gesellschaftliche oder auch kirchliche Erfahrungen stehen. Diese können von schlichter Unkenntnis, ausgefallener Sozialisation bis zu alles Leben erschütternden Krisen reichen. Auch Gleichgültigkeit jeglichem bohrenden Fragen gegenüber mag weit verbreitet sein. Doch Unglauben kann im Gegensatz dazu häufig auch aus Schmerz, aus Enttäuschung oder aus kindlich gebliebenem, dem Leben nicht mehr gerecht werdenden Rückzug hervorbrechen. Vielgestaltig wie das Leben in einer einzelnen Biografie und dann in den Biografien der Zeitgenossen um uns herum zeigt sich der Atheismus: einmal konsequent, dann wieder nur als eine Phase der geistigen Entwicklung. Wirklich interessant wird daher die Auseinandersetzung mit den verschiedenen Formen des Atheismus erst dann, wenn Unglauben oder Glauben nicht als getrennte Dimensionen, sondern als die zwei Seiten einer Medaille betrachtet werden. Im Übrigen eine Medaille, die sich durchaus auch in der Tasche des Gläubigen finden lässt. Glaube und Unglaube sind also keine gut sortierten Kopfgeburten aus Worten, Sätzen und Formeln. Es geht um Lebensorientierung, um Vertrauen und existenzielle Verantwortung – mit oder ohne Gott, in Gott und wohl immer wieder auch und wohlverstanden gott-los.

Mit der Hypothese Gott – oder ohne sie

Tomáš Halík

Der Apatheismus – die Gleichgültigen

»Ich komme aus einer atheistischen Familie« – das ist die häufigste Antwort von Teilnehmern des Kurses zu den Grundlagen des Glaubens, den wir regelmäßig in der Prager Akademischen Gemeinde veranstalten, wenn wir sie fragen, aus welchem Umfeld sie kommen, was sie bereits vom Christentum wissen und welcher Gestalt des Christentums sie eventuell schon einmal begegnet sind.

In der Tschechischen Republik und in den Bundesländern auf dem Gebiet der ehemaligen DDR lebt wohl der höchste Anteil von Atheisten auf diesem Planeten. Für viele Einwohner dieser Länder bedeutet die Aussage »Ich bin Atheist« einfach »Ich bin normal« – ich gehöre (ganz natürlich) zur Mehrheit, nicht zu irgendeiner Minderheit von Sonderlingen. In diesem Umfeld bedeutet das Bekenntnis »Ich bin Atheist« in der Regel kein Bekenntnis zu irgendeiner gedanklichen Richtung, sondern einfach »Ich bin ohne Bekenntnis« und noch häufiger »Ich gehe nicht in die Kirche« – ich war noch nie in einem Gottesdienst und sehe keinen Grund, warum ich dorthin gehen sollte, weil das, was dort womöglich geschieht, mein Leben nicht betrifft und nicht zu meiner Welt gehört. Ist die Bezeichnung Atheist für diese Menschen zutreffend?

Gemäß einer sarkastischen Definition, die wohl im Kreis der Schüler Martin Heideggers die Runde machte, dass ein »Atheist ein Mensch ist, der ständig an Gott denkt«, wären diese Menschen keine Atheisten, sondern eher *Apatheisten*: An Gott denken sie nicht einmal in der Weise, dass sie seine Existenz leugnen würden.

Die Apatheisten sind der Religion gegenüber apathisch, gleichgültig – und zwar nicht nur gegenüber den religiösen Antworten, sondern auch gegenüber den Fragen, die der Glaube stellt. Ein Apatheist lässt sich nicht vom Glauben und von Überlegungen zum Thema Religion behelligen, er verliert nicht einmal Zeit damit, gegen den Glauben zu polemisieren.

Apatheismus ist damit das nächste Stadium, das ganz natürlich an den oberflächlichen Mehrheitsatheismus der Menschen anknüpft, die das ablehnen, was sie sich selbst unter den Begriffen Gott, Religion, Glaube oder Kirche vorstellen. In den Ländern Mittelosteuropas waren und sind dies manchmal immer noch sehr vage, häufig merkwürdige Vorstellungen, das Ergebnis einer jahrzehntelangen Wirkung des kommunistischen Schulwesens, das anstelle einer wie auch immer gearteten soliden Bildung auf dem Gebiet der Religion nur ideologische Phrasen bot. Menschen in den Ländern, in denen die Kirche aus dem öffentlichen Leben gedrängt worden war und in denen die Möglichkeiten des Reisens sehr eingeschränkt waren, hatten nur wenig Gelegenheiten, die Propaganda des Regimes mithilfe eigener Erfahrungen zu korrigieren. Auch wenn die Mehrheit nie den Kommunismus vergötterte und der Ideologie des Regimes misstraute, haben sich doch viele gedankliche Stereotypen im kollektiven Unterbewusstsein eingenistet, und diese überleben noch lange nach dem Fall der kommunistischen Regimes. Mit dem Ende der alten Regimes endete auch das ideologische Monopol des marxistisch-leninistischen Atheismus, aber das Wissensvakuum auf diesem Gebiet besteht weiterhin. An die Stelle der verschwundenen Staatsideologie sind die Schlagzeilen der Boulevardmedien über Skandale in den Kirchen getreten, in Tschechien dazu noch der Widerhall der politischen Streitigkeiten um die Rückgabe des vom sozialistischen Staat konfiszierten kirchlichen Eigentums – und das sind in der Regel die ersten und einzigen Assoziationen, die Menschen in der Tschechischen Republik kommen, wenn sie Begriffe aus dem religiösen Vokabular hören.

Den Kirchen ist es nicht gelungen, religiöse Begriffe in die Alltagssprache jener Menschen zu übersetzen, die keinen Kontakt mit dem kirchlichen Milieu haben; es ist ihnen nicht gelungen, sich als ein natürliches Mitglied der Gesellschaft zu präsentieren und die traditionelle kirchliche Gestalt des Glaubens als eine Möglichkeit und glaubwürdige Alternative auf dem plötzlich geöffneten freien Markt der Ideen und Angebote verschiedenster Lebens- und Glaubensstile. Auf dem bunten religiösen Markt nach der Aufhebung der ideologischen Zensur und des staatlichen

Monopols auf die Kultur konnten sich kommerzielle Nachahmungen verschiedener Motive fernöstlicher Religionen mehr Geltung verschaffen, indem sie als billige Instantgetränke den Durst nach der Transzendenz schnell und einfach stillten und stillen.

Dagegen stieß ein weiteres Angebot, das nach dem Fall des kommunistischen Regimes auftauchte, nämlich der Fundamentalismus amerikanischer evangelikaler Missionare, in dem traditionell skeptischen tschechischen Umfeld zumeist auf die Unterschiedlichkeit der kulturellen Mentalität und hatte nur eine begrenzte Wirkung, während die kommerziellen Imitationen fernöstlicher Spiritualität (»Die geheimnisvolle Weisheit Tibets in zehn Lektionen – einfach und schnell«) als eine anspruchslose Ergänzung zum Volksatheismus beziehungsweise Apatheismus nicht weiter zu stören scheinen.

Es könnte den Anschein haben, dass ein typischer tschechischer Ungläubiger noch kein Apatheist ist, weil er oft über die Kirche erbost ist, respektive über jenes Bild der Kirche, das er aus den Medien kennt und von seiner Umgebung übernimmt. Entkirchlichung ist nicht dasselbe wie Entchristianisierung. Der Antiklerikalismus und die Angriffe auf die Kirche müssen nicht zwangsläufig atheistische Wurzeln haben. Manchmal verrät sogar gerade die Erbitterung über das »irdische Personal Gottes« die Tatsache, dass ein Kirchenkritiker (häufig unbewusst) die Ansprüche ernst nimmt, die das Evangelium aufstellt, und darüber verärgert ist, dass diejenigen, die diese Ansprüche verkünden, ihnen nicht genügen. Harte Worte gegenüber verschiedensten negativen Aspekten und Erscheinungsformen der Kirche erklangen immer auch aus dem Mund tief gläubiger Menschen, ja, auch vieler Heiliger; empörte Kritiker der Kirche finden sich sowohl unter den Gläubigen als auch unter denjenigen, die sich als Atheisten bezeichnen. Bei ehemaligen Christen ist ihre Empörung ein Beweis dafür, dass ihnen die Kirche noch immer nicht gleichgültig ist. Wenn ein Apatheist negative Äußerungen über die Kirche wiederholt, tut er dies meist ohne Erbitterung, weil sie sich eher auf ein übernommenes Klischee beziehen, über das er nicht mehr nachdenkt – Gott, die Kirche und die Religion gehören nicht zu den Themen, denen er seine Aufmerksamkeit schenkt.

Der verbreitete Volksatheismus in den postkommunistischen Ländern ist nur in Randbereichen kämpferisch, eher geht er leicht in den

Apatheismus über. Beide gedeihen in einem Klima, das wir als religiösen Analphabetismus bezeichnen könnten – den völligen Mangel solider
Kenntnisse und authentischer Erfahrungen auf dem Gebiet der Religion.
Die öffentliche Sphäre erinnert mich daher in manchem an die Szene aus
jenem berühmten Gleichnis vom tollen Menschen Nietzsches: Auch hier
würde ein Mensch, der Gott sucht, oftmals Verwunderung hervorrufen
und ironischen Blicken begegnen.

Dem Apatheismus begegnen wir jedoch nicht nur in den postkommunistischen Ländern, er ist auch in den anderen Teilen Europas stark
verbreitet. Wir stoßen heutzutage auf ihn in verschiedenem Ausmaß in
den anderen Ländern des Westens und sogar außerhalb des Westens in
den sozialen Gruppen, die vom westlichen Bildungstyp beeinflusst sind.
Woher stammt der Apatheismus?

Der Agnostizismus – die Nichtwissenden

Der radikale Atheismus, der einem bestimmten Typus vor allem der
französischen Aufklärung und den Ideologien des 19. Jahrhunderts ent-
stammt, war nicht so erfolgreich, wie es zu Anfang schien. Während des
20. Jahrhunderts verbreitete sich vor allem in den gebildeten Schichten
eine ruhige Form der Distanz zur Religion, insbesondere zu ihrer traditionellen kirchlichen Form, nämlich der *Agnostizismus*. Dieser war besonders
für die Gebildeten attraktiv, die die Haltung des damaligen kirchlichen
Milieus gegenüber der Entwicklung der Wissenschaften und der modernen Kultur allgemein als zu engstirnig, verständnislos und dünnhäutig
wahrgenommen haben. Im Gegensatz zu der arroganten Selbstsicherheit
religiöser Fundamentalisten, die glaubten zu wissen, dass Gott existiert,
und zu der gleichermaßen arroganten Selbstsicherheit der Atheisten, die
glaubten zu wissen, dass Gott nicht existiert, erschien der Agnostizismus
als eine intelligente Haltung derjenigen, die *wissen, dass sie das nicht wissen*: Die Frage der Existenz Gottes hielten sie für vom Standpunkt der
Vernunft aus unentscheidbar. Immanuel Kant, der größte geistliche Vater des modernen Agnostizismus, hatte erklärt, dass er die Kompetenz
der Vernunft in religiösen Fragen einschränke, um damit einen Raum
für den Glauben freimachen zu können.

das Vorhandensein letzter Erkenntnis verneinend (Weltanschauung)

Diese Unterscheidung fand schon bald eine Analogie in der modernen politischen Philosophie und Staatsordnung, die den Staat vor der realen Gefahr fortwährender religiöser Kriege schützen sollte: Der Staat musste demnach religiös neutral sein, die Religion aus dem öffentlichen Raum ausziehen in die Sphäre privater Meinungen. Die Beziehung von Religion und Politik schien durch das Modell der Trennung von Staat und Kirche definitiv gelöst zu sein, das die bürgerliche Gesellschaft vor der Dominanz einer mächtigen Kirche schützen sollte und die Freiheit der Kirchen und der Religion vor dem Absolutismus des Staates. Dieses Modell funktionierte bis zu dem Augenblick, in dem die Kirchen das Monopol auf die Religion verloren und die Nationalstaaten das Monopol auf das politische Leben und zeitgleich in der politischen Szene massiv religiöse Bewegungen auftraten, die weder die Gestalt einer Kirche hatten, noch eine Autorität, die sie eindeutig repräsentieren könnte, um Partner des Staates zu sein.

Sowohl der Versuch Kants, den Glauben aus dem Gebiet der reinen Vernunft in das Gebiet der Moral, der praktischen Vernunft, umzusiedeln, als auch die ganze aufklärerische Auffassung von Religion mussten früher oder später auf ernste Einwände stoßen. Geht es ihnen nicht um eine neue Version des alten Versuchs, den Glauben und die Vernunft zu trennen, den wir schon von Ockham und Luther kennen? Verflüchtigt sich nicht etwas von der Religion, wenn wir sie den Grenzen der bloßen Vernunft unterwerfen oder sie auf die Moral reduzieren? Kann ein gesunder Glaube irgendwo jenseits der Stadtmauern der Vernunft leben? Und kann ein europäischer Humanismus, wenn er sich auf einen Rationalismus stützt, der von der Welt des Glaubens, der Liebe und der Hoffnung abgetrennt ist, noch Humanismus bleiben? Wenn die Religion aus dem öffentlichen Leben ausgewiesen wird, was tritt an die freigewordene Stelle? Wird nicht das »Prinzip der Laizität« selbst bald zu einer Religion eigener Art und muss es sich dann nicht der Versuchung der Intoleranz erwehren?

Ähnlich wie der Glaube und der Atheismus, so hatte und hat auch der Agnostizismus viele Gestalten. Auf der einen Seite der Bandbreite gibt es ein ehrerbietiges Stillwerden vor dem Geheimnis: Hier nähert sich der Agnostizismus der tiefen Tradition der *negativen Theologie*, die der christlichen Mystik entwachsen ist: Wir können keine Aussagen darüber machen, was Gott ist, sondern nur darüber, was er nicht ist. Auf der anderen Seite der Bandbreite steht ein Desinteresse an der Religion, weil das, was sich der Kompetenz der Vernunft und der wissenschaftlichen Rationalität entzieht, einer ernsthaften Aufmerksamkeit nicht würdig ist. Aus dieser Randerscheinung des Agnostizismus erwächst der Apatheismus, der sich von der Religion und der christlichen Kultur so sehr entfernt hat, dass er an ihr jegliches Interesse verloren hat. Eine andere Begleiterscheinung des Agnostizismus ist der säkulare Humanismus, der viele Merkmale der christlichen Kultur übernimmt, zum Glauben in seiner traditionellen kirchlichen Gestalt und zur Kirche jedoch eine große Distanz aufweist.

Die säkularen Humanisten

War die Familie, in der ich aufgewachsen bin, atheistisch? Wenn ich meine Eltern Atheisten nennen würde, weil sie nur auf dem Standesamt geheiratet haben, nicht zu Gottesdiensten gingen, mich zwar taufen ließen, aber mich nie in den Glauben einführten und über ihn zu Hause nie sprachen, dann handelte es sich um einen ganz anderen Atheismus als den, welchen der Staat propagierte, in dem wir damals lebten. Der Atheismus des Regimes, das sich zur Ideologie des Marxismus-Leninismus bekannte, war sehr militant. Streng genommen ging es eher um eine Konkurrenzreligion als um einen reinen Atheismus: Die Welt des Kommunismus hat in vielem die Religion kopiert, sie bemühte sich, deren Dogmen und Zeremonien durch eigene zu ersetzen, und was die Inquisition und die Hexenverfolgungen anbetrifft: Hierin hat der Kommunismus alles übertroffen und perfektioniert, was er so gerne bei seiner Schilderung der Geschichte des Christentums als verabscheuungswürdig hervorgehoben hat.

Die Familie, in der ich aufgewachsen bin, lebte in stiller Opposition zum Regime und der herrschenden Ideologie. Darf ich aber den *säkularen Humanismus* meiner Eltern, der vom Geist der Nachkriegs-Tschechoslowakei, von Masaryk und Čapek beeinflusst worden war, überhaupt Atheismus nennen? Meine Eltern gingen noch zu Zeiten der österreichischen Monarchie in die Schule, Religion war damals Pflichtfach, und ich denke, dass sie ihre Katecheten nicht in schlechter Erinnerung hatten. Aus der schulischen Religionserziehung haben sie sicher viel Gutes mitgenommen: die Kenntnis der biblischen Geschichten und des liturgischen Jahres, den Respekt vor den Geboten des Dekalogs und viele weitere Werte der christlichen Kultur, die unbestritten den Hintergrund für ihr Leben bildeten. Das, wovon sie sich trennten, war die Praxis der Kirche, nicht des Christentums; der Glaube hatte bei ihnen seine kirchliche Form verloren und sich in die humanistische Kultur inkarniert. Biblische Geschichten hatten ihren Platz zwischen den griechischen Mythen und den alten tschechischen Sagen und Legenden gefunden (und so wurden sie mir auch zu Hause präsentiert), liturgische Feiern, zum Beispiel zu Weihnachten und Ostern, wurden zu Folklore, wurden zu häuslichen Feiern, die zwar eine wirkungsvolle Ästhetik und Poesie besaßen, aber keinen ausdrücklichen Verweis auf die Kirche, auf Kirchengebäude oder auf Gott beinhalteten. Ich wusste, woher die Feiertagsbräuche kamen und was an Weihnachten und Ostern gefeiert wird, doch entstammte dies meinem Empfinden nach alles der Welt der Märchen und Legenden, der meine Eltern schon entwachsen waren und an die sie sich so erinnerten, wie sich Erwachsene eben an ihre Kindheit erinnern.

Meine Eltern haben sich von der Kirche und der traditionellen Religion nicht auf dramatische Weise getrennt, sie sind ihr einfach entwachsen, wie ein Mensch aus Kinderkleidern herauswächst. Religion haben sie als Schulfach »absolviert«, sie schlossen es mit Prüfungen und der ersten heiligen Kommunion ab, aber damit war dieser Weg beendet. Sie wussten wahrscheinlich auch nicht allzu genau – wie so viele in jenen Zeiten –, warum dieser Weg weitergehen sollte und wie er in ihrem Erwachsenenleben aussehen könnte, in einem Leben, das andere Sorgen, andere Themen, andere Moden und andere Inspirationen mit sich brachte. Mit Sicherheit spielte auch der Umstand eine Rolle, dass ihre Pubertät in die Zeit fiel, als die Habsburger Monarchie zu Ende ging und damit in eine Zeit, die vom Taumel der Geburt des Nationalstaates, der demokratischen Republik, eines quasi-religiösen Vertrauens in den Fortschritt, in die Humanität und in die wissenschaftliche Rationalität geprägt war, und in die Zeit des Nationalismus, der die Richtung »Weg von Wien, weg von Rom« diktierte.

Als der damalige Papst die Forderungen zahlreicher Reformer aus den Reihen des tschechischen katholischen Klerus – wie die Aufhebung des Zölibats, die Demokratisierung der Kirche, die Einführung der Volkssprache in die Liturgie und die Rehabilitierung von Jan Hus – strikt ablehnte, erschütterte dies die katholische Kirche in der Tschechoslowakei über einige Jahre hinweg in ihren Grundfesten. Viele Gläubige verließen sie, ein Teil der Priester spaltete sich ab und bildete eine Nationalkirche, die Tschechoslowakische Hussitische Kirche. In dieser Zeit ist auch mein Vater zusammen mit anderen 18-Jährigen Gymnasiasten ins Pfarrhaus nach Taus gegangen, wo er geboren war, um sich im Geist der damaligen Revolutionsstimmung aus der Kirche austragen zu lassen; später aber sagte der damalige Dekan seiner Mutter, dass er diesen revolutionären Protest als einen Bubenstreich eingeordnet und ihn nicht in die Kirchenbücher eingetragen hatte.

Mehr als ein halbes Jahrhundert später habe ich meinem Vater kurz vor seinem Tod aus dem Militärdienst einen Brief geschrieben, in dem ich mich für seine damalige Aufrichtigkeit bedankte. Wenn er mich nämlich zu einer Religion geführt hätte, an die er selbst nicht glaubte (wie es in vielen Familien geschah), so wäre es viel schwieriger für mich gewesen, einen freien Raum für meinen eigenen Weg zu finden, der mich in der Zeit, als wiederum ich 18 Jahre alt war, zur Kirche führte. Ich bedankte mich bei meinem Vater dafür, dass er für mein Christentum viel mehr getan hat, als wenn er mir den Katechismus beigebracht hätte: Er hat mir mit seinem Leben, mit seiner Liebe, mit seiner Beziehung zu mir gezeigt, was das Wort »Vater« bedeutet, das im christlichen Glauben eine so große Rolle spielt. Seit diesem Brief ist wieder ein halbes Jahrhundert vergangen, ich selbst bin zum »geistlichen Vater« für viele Menschen geworden. Während der Jahre, in denen ich junge Konvertiten geistlich begleitete, die aus Familien kamen, in denen ein Elternteil – oft der Vater – fehlte, war ich oftmals Zeuge davon, wie schwer sich viele damit taten, das *Vaterunser* zu beten, weil für sie das Wort Vater leer blieb, weil es nicht von einer tiefen positiven Erfahrung erfüllt und oft sogar von verletzenden, traumatischen Erlebnissen belastet war.

Sigmund Freud hielt das Bild Gottes für die Projektion der Erfahrung mit dem eigenen Vater. Ohne Zweifel hatte er damit Recht, dass die Auffassung Gottes als Vater häufig mit dem Erleben des eigenen Vaters aus psychologischer Sicht zusammenhängt. Ich denke jedoch, dass der Zusammenhang der paternalistischen religiösen Vorstellung mit der persönlichen Vatererfahrung heute eher die Verbreitung des Atheismus und seiner psychologischen Grundlagen als die Ausbildung des Glaubens erklärt. Hinter der häufig auftretenden Ablehnung des Vater-Gottes stehen oft schwere Probleme mit dem eigenen Vater, manchmal seine Verwerfung, weil er nicht das erfüllt hat, was ein Mensch unbewusst von einem Vater erwartet.

Meine Eltern waren also eher Kulturchristen als Atheisten. Ihre kulturelle und geistige Biosphäre war die säkularisierte Gesellschaft. Die Säkularisierung bedeutete die Distanzierung von der traditionellen kirchlichen Gestalt des Christentums, aber nicht die Ablehnung des Christentums als solchem. Der säkulare Humanismus absorbierte eher viele Werte des Christentums und inkarnierte sie in einen neuen kulturellen Kontext. Daher ist er eher ein »ungewolltes Kind« des traditionellen Christentums als sein Antipode, und auf seine Auseinandersetzungen mit der kirchlichen Gestalt des Christentums könnte man eher manche psychoanalytischen Modelle der Dynamik familiärer Beziehungen anwenden als das einfache Modell eines Streites der wissenschaftlichen Rationalität und des religiösen Obskurantismus. Im säkularen Humanismus steckt viel mehr Christentum, als seine Vertreter es zugeben würden.

Der Atheismus besitzt, ähnlich wie die christliche Religion, offensichtlich einen festen Kern und dann eine Peripherie; wenn wir beide Haltungen als zwei dunkle Mittelpunkte graphisch darstellen würden, um die herum sich immer hellere, weniger deutliche konzentrische Kreislinien gruppieren, dann würde sich der säkulare Humanismus dort befinden, wo sich diese Kreislinien überschneiden. Er besitzt wahrscheinlich die gleiche Entfernung zum traditionellen kirchlichen Glauben wie zum radikalen Atheismus mancher Aufklärer.

Eine häufig auftretende Gestalt des säkularen Humanismus nenne ich »Etwasismus« – und ich halte ihn für die am weitesten verbreitete Religion in unserem Kulturraum. Das Credo dieser Religion (oder wenn man so will, dieses religiösen Dilettantismus, dieser einfach zu Hause zusammengebastelten Religion) lautet: An Gott glaube ich nicht, in die Kirche gehe ich nicht, aber »es gibt Etwas über uns«. Jenes »Etwas« kann sicher als Herausforderung für einen Theologen begriffen werden, das es zu interpretieren gilt.

Die Verbindung von Glaube und Vernunft

Der Agnostizismus und der säkulare Humanismus einschließlich des unorthodoxen »Euromarxismus« wurden in der Zeit vor und nach dem Zweiten Vatikanischen Konzil für katholische Theologen zu einem beliebten Dialogpartner. In der Konzilskonstitution *Gaudium et spes* ist diese neue Haltung der Kirche zum Atheismus kodifiziert. Während früher Atheisten für die Kirche Sünder und Irrgläubige waren und man als Ursache des Atheismus entweder ein moralisches Defizit (ein Atheist will Gott nicht anerkennen, weil er sonst dessen moralische Ansprüche annehmen müsste) oder ein intellektuelles Defizit (ein Atheist ist nicht fähig oder bereit, die vorliegenden Beweise für die Existenz Gottes nachzuvollziehen und anzunehmen) angenommen hatte, näherten sich jetzt die Atheisten im Bewusstsein der Katholiken der Position von getrennten Brüdern an, mit denen einen trotz aller Unterschiede doch immer auch etwas verbindet. Zur Hauptursache des Atheismus wurde jetzt das schlechte Beispiel der Christen, ihr »Anti-Zeugnis«, erklärt.

Einen der größten Schritte hin auf die Welt der Agnostiker und der säkularen Humanisten (»einer gesunden Laizität«) machte von Seiten der katholischen Kirche ein Papst, der gewöhnlich für sehr konservativ gehalten wird: Benedikt XVI. So wie der evangelische Theologe Friedrich Gogarten zwischen der Säkularisation (der legitimen Frucht der biblischen »Entzauberung der Welt«) und dem Säkularismus (der einseitigen ideologischen Interpretation der Säkularisation) unterschied, so unterschied Joseph Ratzinger/Benedikt XVI. sorgfältig zwischen der Ideologie des Laizismus, die versucht, die Religion und das Christentum aus dem öffentlichen Raum zu verbannen, und einer »gesunden Laizität«, die die legitime Autonomie der weltlichen Werte und der weltlichen Ordnung gegenüber einer klerikalen Bevormundung und dem Versuch einer ideologischen Kontrolle verteidigt.

In seinem denkwürdigen Dialog mit Jürgen Habermas in München im Jahr 2004 forderte der damalige Kardinal Ratzinger zur Beendigung

»des Kalten Krieges zwischen dem Glauben und dem europäischen Rationalismus« auf. Er betonte, dass die katholische Kirche die Spielregeln einer demokratischen pluralen Gesellschaft akzeptiere, in der der Glaube und die aus ihm hervorgegangenen moralischen Grundsätze nicht mit einer anderen Macht durchgesetzt werden können als mit der Überzeugungskraft der Argumente. Es existierten jedoch Werte, zu denen zum Beispiel die grundlegenden Menschenrechte gehören, deren Respektierung die grundlegende Bedingung für das Überleben einer freien, menschenwürdigen Gesellschaft sei und die nicht den momentanen politischen Stimmungen oder faszinierenden Ideologien preisgegeben werden könnten. Ratzinger hat deshalb sowohl vor einem Staat gewarnt, der sich selbst zur Quelle der Wahrheit und des Rechts machen möchte, als auch vor einer »Demokratie ohne Werte«, die zu einer Tyrannei der Mehrheit führen könnte. Jener Dialog Kardinal Ratzingers mit Jürgen Habermas endete mit der Übereinkunft, dass sich der christliche Glaube und der säkulare Humanismus gegenseitig benötigen, um ihre eigenen Einseitigkeiten überwinden zu können. Glaube ohne Vernunft und Vernunft ohne Glauben können gefährlich sein.

In seinem Vortrag an der Universität Regensburg erklärte Ratzinger beziehungsweise dann als Papst Benedikt XVI., dass die Verbindung von Glauben und Vernunft einen Dialog der Kulturen und Religionen ermögliche, eine Prävention gegen Gewalt darstelle und dass eine logische Folge dieser Verbindung der Grundsatz der Religions- und der Gewissensfreiheit sei. Sowohl der Glaube als auch die Vernunft brauchten notwendig zu ihrem Leben und zu ihrer Entwicklung den Raum der Freiheit. Später, bei einer Ansprache in Prag, fügte er hinzu, dass die gegenwärtige säkulare Kultur nicht toleranter und vernünftiger würde, wenn sie den Glauben als einen legitimen Dialogpartner ablehnen würde, sondern, ganz im Gegenteil, verletzlicher würde. Wenn sie sich in sich selbst einschlösse, dann würde sie nicht fähig sein, eine der größten Aufgaben unserer Zeit zu erfüllen: den Dialog der Kulturen und der Religionen zu führen in einer globalisierten Welt. Wörtlich sagte er: »Eine Vernunft, die dem Göttlichen gegenüber taub ist und Religion in den Bereich der Subkulturen abdrängt, ist unfähig zum Dialog der Kulturen, dessen wir so dringend bedürfen.« Die Verbindung des biblischen Glaubens mit der

Rationalität der klassischen Metaphysik hält er für eine schicksalhafte und nicht auflösbare Ehe.

Benedikt XVI. versteht den säkularen Humanismus, der aus der Aufklärung hervorgegangen ist, und die Botschaft der Kirche nicht als Konkurrenten, sondern als sich ergänzende konstitutive Elemente der europäischen Kultur und als Verbündete gegen den Fundamentalismus und den Irrationalismus. Im Gespräch mit Journalisten während eines Fluges zu seinem Besuch in Portugal erklärte er: »In diesen Jahrhunderten der Dialektik zwischen Säkularismus und Glaube gab es immer Personen, die Brücken bauen und einen Dialog ins Leben rufen wollten, aber leider dominierte die Tendenz des Gegeneinanders und des gegenseitigen Ausschlusses. Heute sehen wir, dass genau diese Dialektik eine Chance darstellt, dass wir die Synthese und einen inhaltsreichen und tiefgehenden Dialog finden müssen. In dem multikulturellen Umfeld, in dem wir uns alle befinden, sieht man, dass eine rein rationalistische europäische Kultur ohne die transzendente religiöse Dimension nicht in der Lage wäre, mit den großen Kulturen der Menschheit in Dialog zu treten, die alle diese transzendente religiöse Dimension haben, die eine Dimension des menschlichen Wesens ist. (...) Daher würde ich sagen, dass die Präsenz des Säkularismus etwas Normales ist, aber die Trennung, das Gegeneinander von Säkularismus und der Kultur des Glaubens, ist anormal und muss überwunden werden. Die große Herausforderung dieser Zeit ist, dass sich die beiden begegnen und so ihre wahre Identität finden. Das ist, wie erwähnt, eine Sendung Europas und eine menschliche Notwendigkeit in dieser unserer Geschichte.«[28]

Bereits am Vorabend seiner Wahl zum Papst machte er den Agnostikern, »unseren ungläubigen Freunden«, einen interessanten Vorschlag: Während die Aufklärer versucht hätten, moralische Normen festzulegen, die auch im Fall *etsi Deus non daretur* (»auch wenn Gott nicht existieren würde«) gelten würden, könnte heute derjenige, »der keine Weise finden kann, wie er Gott akzeptieren könne«, Gott zumindest als Hypothese annehmen und so leben, *velut si Deus daretur*, als wenn Gott existierte. So wiederholte ein Papst an der Schwelle des 21. Jahrhunderts letztlich das Angebot, das bereits Pascal seinen zweifelnden Zeitgenossen vorgelegt hatte: Setzt auf Gott, ihr könnt nicht verlieren.

Die Christen: gute Atheisten?

Ist der Atheismus stets mit dem Christentum unvereinbar? Oder existiert auch ein »christlicher Atheismus«? Der tschechische Kardinal und jesuitische Theologe Tomáš Špidlík überraschte oft Atheisten mit einer Behauptung: »Auch wir Christen waren doch 400 Jahre lang Atheisten!« Er wollte damit sagen, dass für mehr als drei Jahrhunderte die Christen in der antiken heidnischen Umwelt – ähnlich wie die Juden – als Atheisten galten, weil sie die römische Religion und die griechische Mythologie ablehnten. Wir haben bereits gesagt, dass der Atheismus streng genommen nicht die Ablehnung Gottes ist, sondern des Theismus, und dass es viele Arten des Theismus gibt, viele Arten der Religiosität, die christliche Theologen mit Recht als mit dem christlichen Glauben unvereinbar ablehnen. Der Hauptfeind des christlichen Glaubens ist also nicht der Atheismus – im Sinne der Ablehnung bestimmter religiöser Vorstellungen und Theorien –, sondern der Aberglaube, die Idolatrie, der Götzendienst; diese hat der biblische Glaube immer als eine Lästerung, als Sünde gegen den Glauben abgelehnt. Der kritische Atheismus kann eine ikonoklastische Rolle einnehmen, er kann ein Verbündeter des Glaubens sein in dessen Kampf gegen Karikaturen und Ersetzungen, gegen die menschlichen, allzu menschlichen Bilder Gottes, die zu schaffen und zu verehren vom biblischen Glauben verboten wurde.

Die Idolatrie ist die Absolutsetzung relativer Werte. Der Glaube an einen Gott bedeutet die Ablehnung der Vielgötterei, in unserer Zeit die Ablehnung nicht berechtigter Ansprüche vieler irdischer Wirklichkeiten oder menschlicher Ideen auf religiöse Verehrung. Jesus trat auf als jemand, der viele Werte relativierte, einschließlich einer ganzen Reihe von religiösen Traditionen und Bräuchen; es scheint, dass das Einzige, was ihm absolut und göttlich erschien, die Liebe war. Kein Wunder, dass strengen Vertretern des biblischen Glaubens in der antiken Welt viele religiöse Kulte als »atheistisch« erschienen.

Lässt sich jedoch überhaupt ein Typus einer gelebten Religion finden, der ganz von den Merkmalen der Idolatrie und des Aberglaubens frei wäre? Kann selbst der Glaube, der aus der biblischen Tradition hervorgeht, dauerhaft ohne Bilder, ohne göttliche Namen und ohne die Sprache der

Philosophie und der Dichtkunst auskommen? Ist nicht schon die Bibel selbst in einer mythologisch-poetischen Sprache geschrieben und bietet sie uns nicht viele derart suggestive Bilder und Geschichten, dass diese uns leicht vergessen lassen, dass es sich bei ihnen *nur* um Bilder und Metaphern handelt? Ist nicht schon Paulus in den heiligen Hain auf dem Areopag in Athen eingetreten, um seine Predigt an einem der dortigen Altäre zu beginnen und Verse aus der griechischen religiösen Poesie zu benutzen? Bleibt der »nackte Glaube« nicht das Vorrecht der Mystiker, während ihn die Schultheologie in die Begriffe der griechischen Metaphysik kleidet und das Volkschristentum in ein buntes Kleid aus Fantasie, Märchen und Aberglauben? Wer entscheidet jedoch, welches Ausmaß an Elementen aus der heidnischen Philosophie in der Theologie und dem landläufigen Aberglauben in bestimmten Typen des Volkschristentums das Gesicht des Christus der Evangelien und seinen Geist so sehr verdecken, dass eine solche Religiosität das Recht verlöre, sich christlich zu nennen?

Manche radikalen protestantischen Theologen lehnen die Religion ab, weil sie mit diesem Begriff die gotteslästerliche und törichte Bemühung bezeichnen, mithilfe menschlicher Kräfte und Mittel zu Gott zu gelangen und so de facto die Hinneigung Gottes zum Menschen in seinem Wort, in Jesus Christus, abzulehnen, in diesem unverdienten Geschenk der Gnade. Den Glauben – die Offenheit für die Gnade, für die Offenbarung Gottes in seinem Wort – verstehen sie deshalb als einen Gegensatz zur Religion; das Christentum ist demnach nicht religiös und antireligiös. Karl Barth sah im Gott der Religion – in vollem Einklang mit dem Atheismus Ludwig Feuerbachs und seiner Erben – nur die menschliche Projektion und deshalb Blasphemie. Für Dietrich Bonhoeffer war der »mächtige Gott« der religiösen Fantasie ein Gegensatz zum Gott der Evangelien, der sich in der Ohnmacht Christi am Kreuz offenbarte.

Die Autoren der Theologie des Todes Gottes in den 60er-Jahren des 20. Jahrhunderts und diejenigen, die unter den postmodernen Theologen und den A-Theologen ein paar Jahrzehnte später daran anknüpften, haben sich bemüht, den radikal christlichen prophetischen Sinn der berühmten Äußerung des »tollen Menschen« Nietzsches zu finden. Sie waren der Meinung, dass ihnen für die Botschaft vom Tod Gottes bereits »die Ohren gewachsen waren«; dass das, was sich in der Finsternis des Karfreitags ereignet hat, erst jetzt voll zu Wort komme, und dass es nötig sei, das säkulare Zeitalter als den *kairos*, als die gekommene Zeit für den christlichen Glauben wahrzunehmen. Der alte Gott (oder der klassische metaphysische Gottesbegriff) ist wirklich gestorben. Jedoch eröffnet diese Krise der Religion neue und tiefere Möglichkeiten für das Christentum, ein neues Verständnis des Evangeliums, eine erneuerte Nachfolge Jesu in der Selbsthingabe für die anderen. Die einzige christlich authentische Transzendenz ist das Leben, das sich für die anderen hingibt: Diese Lehre Dietrich Bonhoeffers, die durch sein eigenes Opfer auf der Hinrichtungsstätte eines nationalsozialistischen Gefängnisses bekräftigt wurde, beeinflusste sowohl die Theologie des Todes Gottes, als auch die Befreiungstheologie.

Der unorthodoxe Marxist Ernst Bloch schrieb einen provokanten Satz: »Nur ein Atheist kann ein guter Christ sein, gewiss aber auch: Nur ein Christ kann ein guter Atheist sein.« Bloch und Fromm haben einen meiner Lehrer an der Universität und meinen späteren Kollegen inspiriert: Milan Machovec, einen der Protagonisten des marxistisch-christlichen Dialogs der 60er-Jahre, Autor von Werken über Jesus für Marxisten und Marx für Christen. Die Ironie des Schicksals wollte es, dass dieser humanistische Marxist, der nach der sowjetischen Okkupation im Jahr 1968 vom kommunistischen Regime hart verfolgt wurde, Organist in einer Prager Kirche wurde. Nach seiner Rückkehr an die Universität nach dem Fall des Regimes haben wir jeden Donnerstag gemeinsam die Pause zwischen seiner und meiner Vorlesung verbracht. »Es quält mich immer der Gedanke, ob dort im Weltall etwas unserer menschlichen Vernunft entspricht«, sagte er mir bei einer unserer letzten Begegnungen.

Wenn der von Nietzsche inspirierte Atheismus recht hatte und der Gott im Jenseits, der irgendwo hinter den Kulissen der Natur und der Geschichte wohnt, wirklich unwiederbringlich verschwunden ist, sind wir Menschen dann gezwungen, die kosmische Einsamkeit anzunehmen, auf das große Du zu verzichten, das ein entgegenkommendes und verständliches Gegenüber unseres Ichs wäre? Die Versuche, diesen leeren Raum mit Spekulationen über Außerirdische in den alten und neuesten Mythen und Filmmärchen auszufüllen, werden die menschliche Sehnsucht nach jenem Du offensichtlich nicht stillen können.

Die Vorstellung Gottes als einer »wissenschaftlichen Hypothese zur Erklärung der Entstehung des Weltalls«, gegen die Dawkins und seine Anhänger energisch kämpfen, genauso wie die ähnlich naive Vorstellung eines Gottes hinter den Kulissen, eines Gottes als eines »Seienden unter Seienden« (wenngleich auch »des höchsten Seienden«), werden wahrscheinlich viele heutige Christen (mich eingeschlossen) nicht allzu sehr vermissen; ich habe den Eindruck, dass sie diese meistens schon längst hinter sich gelassen haben, dass die »neuen Atheisten« mit einem sinnlosen Gepolter die bereits geöffnete Tür erobern. Welcher Gott befindet sich aber hinter dieser Tür?

Ich verstehe jedoch die ängstliche Frage, ob der Zusammensturz der alten Vorstellungen wirklich einen neuen Weg zum Gott des christlichen Glaubens öffnen wird, ob die Vertreibung aus dem Paradies der traditionellen Religiosität nicht nur unsere verletzbare Nacktheit entblößen und uns in eine kalte Einsamkeit und in die Finsternis, »fort von allen Sonnen« vertreiben wird.

Das Christentum – die Religion des Paradoxons

Ich habe davon gesprochen, dass sich mir einmal das Christentum als die Religion des Paradoxons eröffnet hat. Seine katholische Version habe ich für mich auch deshalb als geistliches Zuhause gewählt, weil sie dem protestantischen *sola – nur* (nur der Glaube, nur die Gnade, nur die Schrift) das katholische Prinzip des *et ... et*, des nicht nur, sondern auch entgegensetzt.

Eines der Paradoxa des Christentums, wie ich es verstehe, ermöglich es, das zu verwirklichen, wonach sich Nietzsche und Jung so sehr gesehnt haben: Die Ganzheit der Wirklichkeit zu umfassen, nicht nur das Licht des Tages, sondern auch die Dunkelheit der Nacht. Ja, mein Verständnis des Christentums ermöglicht es mir, nicht nur die Wahrheit des Glaubens anzunehmen, sondern auch eine gewisse Wahrheit des Unglaubens – die Erfahrung des Tragischen und der Absurdität als einer wahrheitsgemäßen Beschreibung einer durch die Sünde zerrissenen Welt. Schon die Kirchenväter der Antike haben in dem am Mast angebundenen Odysseus ein Vorbild des gekreuzigten Christus gesehen. Wenn ich »durch das

Kreuz Christi der Welt gekreuzigt bin«[29], kann ich dem Gesang der Sirenen zuhören – auch jenen, die die Tragik der Welt sehen –, ohne in die Gefahr zu geraten, tragisch zu stranden. Die »Wahrheit der Nacht« kann einen Menschen allzu stark faszinieren und ihn in Melancholie und Resignation hinabziehen[30]. Aber die Schatten, Schmerzen und dunklen Geheimnisse der Welt und der menschlichen Existenz nicht sehen zu wollen, das Geheimnis des Bösen und des Leids zu banalisieren, würde bedeuten, im seichten Wasser eines billigen Optimismus stecken zu bleiben. Das Christentum in der Gestalt eines widerspruchslosen geschlossenen ideologischen Systems oder einer oberflächlich lächelnden Religion von billigen und einfachen Antworten auf die komplizierten Fragen des Lebens war mir immer fremd. Wenn ich ein wirklicher Jünger Christi sein will, kann ich mir nicht die Ohren vor dem schmerzlichen Aufschrei Jesu am Kreuz verstopfen. Vom Glauben erwarte ich nicht nur Antworten, sondern auch den Mut, im offenen Raum der Frage zu verharren, in der dunklen Wolke des Geheimnisses.

Das Christentum so zu verstehen und zu erleben, wurde mir durch das Miterleben des Rhythmus' des liturgischen Jahres und das zyklische Lesen der biblischen Erzählungen in der Liturgie eröffnet. Hier wechseln sich Fastenzeit und Ostern, Advent und Weihnachten ab, das Licht auf dem Berg Tabor und die Finsternis im Garten Gethsemane, die Krippe und das Kreuz, das Kreuz und die Auferstehung. Auf die Frage von Pilatus antworte ich nicht mit einer relativistischen Skepsis gegenüber der Wahrheit, sondern mit dem Verweis auf die unerschöpfliche Tiefe und Mannigfaltigkeit der Wahrheit des Christentums: Die Wahrheit des Karfreitags ist eine andere als die Wahrheit des Ostermorgens – und doch gehören beide zur Wahrheit des Lebens.

Zweifel des Alters

Gott suchen wir heute nicht in den kosmischen Weiten; es genügt uns, dass er mit uns in den Erzählungen wohnt, welche die Bibel und die Tradition überliefern. Nicht nur die Dynamik des liturgischen Jahres, sondern auch der Rhythmus meines eigenen Lebens ermöglichen es mir, den Reichtum und die Mannigfaltigkeit der biblischen Erzählungen zu entdecken. Die gleiche Geschichte klingt anders, wenn man sie als Kind, als Erwachsener oder als alter Mensch hört.

Ja, auch das Alter bietet eine neue Perspektive im Lesen der Bibel und in der Erfahrung des Glaubens. »Je älter ich bin, desto näher und gleichzeitig ferner ist für mich Gott«, sagte einmal eine alte Ordensfrau zu mir. Ich habe sie damals nicht verstanden, ich war 20 Jahre alt. Ich durchlebte die Verliebtheit eines Konvertiten, das Staunen über die ersten Schritte auf den Entdeckungsreisen zu bisher verborgenen Geheimnissen des Glaubens. Ich freute mich, wie viel davon ich auf diesen Reisen noch vor mir hatte. Und wirklich, das Abenteuer der Suche nach Gott und die frohe Entdeckung des Sinnes der Spuren, die er uns hinterlassen hat, erfüllte den Großteil des folgenden halben Jahrhunderts meines Lebens. Erst das Alter erlaubte es mir, die bittere Weisheit des Buches Kohelet zu schätzen und den Taumel zu erleben, der Hiob ergriffen hatte, als der Herr aus dem Sturmwind zu ihm sprach und ihm die abgrundtiefe Unbegreiflichkeit des Lebens und der Welt zeigte. Ja, dies ermöglichte mir, jenen Satz über die Abwesenheit Gottes zu begreifen, den ich damals aus dem Mund der Ordensschwester gehört hatte.

Bei meiner einzigen Begegnung mit einem der größten Theologen des 20. Jahrhunderts sagte mir dieser Mann, der am Ende seines Lebens in einem Seniorenheim seinen Dienst tat: »Warum hat noch niemand etwas von den tiefen religiösen Zweifeln geschrieben, denen so viele alte Menschen ausgesetzt sind?«

Die Zeit der Jugend endet in dem Augenblick, wenn uns die ursprüngliche Illusion verlässt, dass wir unsterblich sind und dass wir alles, von dem wir träumen, im Leben verwirklichen können. Die tschechische Redensart »Das habe ich vergessen wie den Tod« ist dafür bezeichnend; unser Tod wohnt mit uns in der Wohnung des Vergessens. Das Alter ruft dieses Thema aus der Dämmerung der verdrängten Probleme, abgelegten Erinnerungen und tabuisierten Fragen hervor. Der Tod schaut uns über die Schulter wie der Ritter auf dem bekannten Stich von Albrecht Dürer.

Der Tod geht uns nichts an; denn solange wir existieren, ist der Tod nicht da, und wenn der Tod da ist, existieren wir nicht mehr. Dieser naive Satz Epikurs wird mit der Naivität der Jugend hinweggeweht. Wir sind noch hier, aber unser Tod ist bereits bei uns als zudringliches Thema und auch als Frage: *Werden wir* wirklich *nicht sein,* wenn der Tod da sein wird?

Nicht nur das Sein Gottes und das Sein nach dem Tod, sondern allein schon unser Sein und das Nicht-Sein sind ein großes Geheimnis. Wir wissen, was das Sein der gegenständlich Seienden in der Welt bedeutet, und während unseres Lebens entdecken wir allmählich, was unser menschliches Existieren bedeutet, unser »Da-Sein«, unser Vorhandensein in der Welt und in der Zeit. Wir ahnen, dass unser Tod die Art und Weise unseres Seins radikal prüfen, unsere Existenz in der Form unseres Vorhandenseins in der Welt vernichten und dass er das Ende unseres Seins als eines Seienden unter Seienden sein wird. Erst jener Augenblick wird beweisen, ob wir noch etwas anderes sind, ob wir noch etwas anderes sein werden. »Jetzt sind wir Kinder Gottes. Aber was wir sein werden, ist noch nicht offenbar geworden«, sagt die Schrift geheimnisvoll.

Was werden wir sein? Vermag unser Glaube, die Angst, die aus dieser Frage atmet, in eine ruhige Erwartung oder sogar in ein Sich-Freuen auf den Tod und auf das Leben nach dem Tod zu verwandeln, von dem wohl viele Heilige gesprochen haben? Gerieten sie aus dieser ihrer frohen Ruhe nicht auch manchmal auf die dunklen Gebirgspässe der Angst und der Zweifel, wie wir sie kennen? Kannten auch sie Momente, wie sie Thérèse von Lisieux in ihrem langen Sterben erlebt hat, als sie bekannte: Mir kommen Gedanken der schlimmsten Atheisten? Und werden auch wir einmal ein anderes ihrer Bekenntnisse verstehen können, dass der Glaube sie verlässt, aber dennoch die Liebe bleibt? Alles wird vergehen, lehrte schon Paulus, nur die Liebe bleibt.[31] Überlebt die Liebe auch die beiden anderen der drei »göttlichen Tugenden«?

Ja, wir sind in der Lage, uns aus der Erfahrung vieler Prüfungen und Krisen wohl einen »nackten Glauben« vorzustellen, von der die spanische Barockmystik spricht. Sind wir jedoch in der Lage, uns eine »nackte Liebe« vorzustellen, eine auch ihres Gegenstands beraubte Liebe, wenn sich die Sicherheiten des Glaubens, ja, sogar Gott selbst in der Finsternis verstecken? Ist das jene Ferne Gottes, die nicht einmal seine Nähe ausschließt? Ist das jenes Paradox, von dem die alte Ordensfrau gesprochen hat?

Schon einmal habe ich von der paradoxen Einheit der göttlichen Transzendenz und Immanenz geschrieben, der unendlichen Ferne und

Unbegreiflichkeit und unendlichen Nähe. Wir sehen und begreifen das, was uns gegenübersteht, was als Gegen-Stand vor uns steht. Gott existiert aber nicht *in der Welt der Gegenstände*. (Nur mit diesem Zusatz kann ein Theologe jenen Satz unterschreiben, aus dem der Atheismus einen Teil ausreißt, nämlich »Gott existiert nicht«). Ich habe dich draußen gesucht, während du drinnen warst, sagt der heilige Augustinus zu Gott. Vielleicht befreit erst der Tod dieses »Drinnen« in der Tiefe unseres Ichs, wenn er uns aus all dem herausführen wird, womit wir uns häufig identifizieren und an dem wir festhalten, obgleich dies alles nur zu jenem »Draußen«, zu jener Oberfläche unseres Lebens gehört, zu unserer Welt, nicht jedoch zu unserem Selbst, zu unserem wirklichen, wahren und unverwechselbaren Ich. Vielleicht kann erst der Tod jenen Abstieg aus dem Ego zum Selbst vollenden, jenen Abstieg, der der Inhalt und das Ziel des geistlichen Lebens ist. Vielleicht werden wir erst im Tod oder hinter dem Tor des Todes unser Ich in seiner ganzen Wahrheit sehen.

Die Ewigkeit, nach der die menschliche Seele dürstet, ist die ewige Gegenwart, die Befreiung von der Trauer, die mit der Vergangenheit verbunden ist, und von der Angst, die mit der Zukunft verbunden ist. So interpretiert in seinem letzten Buch, das er kurz vor dem Tod schrieb, John S. Dunne die Aussage von Dag Hammarskjöld: »Für alles, was war – danke! Zu allem, was sein wird: Ja!« Ja, wenn unser geistliches Leben irgendeine tröstende Erkenntnis angesichts der Zweifel des Alters mit sich bringt, dann ist es die Einsicht, dass schon jetzt und hier, wenn wir wirklich voll in der Gegenwart leben, auf eine bestimmte Weise nicht nur der Tod mit uns ist, sondern auch die Ewigkeit Gottes.

Religiös unempfindlich bis spirituell suchend – das bewegte Bild des Atheismus

Anselm Grün

Banal bis militant

Wenn wir in unsere Gesellschaft schauen, so begegnen wir verschiedenen Formen des Atheismus. Da gibt es den selbstzufriedenen Alltagsatheismus, der sich gar nicht um die Frage nach Gott kümmert. Er begnügt sich damit, die alltäglichen Fragen nach Vergnügen, nach Erfolg, nach Geld, nach Bewältigung des Alltags zu beantworten. Tiefere Fragen verleugnet er. Man gibt sich einfach dem Konsum hin und dem, was heute »in« ist, was man heute an Kleidung tragen, was man an »Lifestyle« nach außen zum Ausdruck bringen sollte. Es ist ein äußerlicher Atheismus, platte Alltäglichkeit, Weigerung, tiefere Fragen zu stellen. Diese Form des Atheismus führt zur Banalität des Lebens.

Dann gibt es den Atheismus, der sich wehrt gegen allzu konkrete Gottesvorstellungen. Es gibt den suchenden Atheismus, der auf der Suche nach dem Geheimnis des Menschen, nach dem Geheimnis der Welt ist. Dieser Atheismus ist durchaus offen für Gott. Aber er wehrt sich gegen zu konkrete Gottesbilder. Diese Art des Atheismus ist für jeden Christen eine beständige Herausforderung. Und es ist gut, dass wir uns auf das Gespräch mit suchenden Atheisten einlassen. Sie zwingen uns, unsere eigenen Gottesbilder zu hinterfragen und nach dem Gott zu suchen, der den Fragen der Atheisten standhält.

Wir stoßen zudem auf den militanten Atheismus, der die Gläubigen beschimpft, dass sie infantil geblieben seien. Heute bedient sich der militante Atheismus vor allem des Arguments, dass die Religionen schuld seien an allen Kriegen in dieser Welt. Der militante Atheismus zeigt, dass die Menschen nicht um die Gottesfrage herum kommen. Wer ihm anhängt, wettert so vehement gegen die Gläubigen, weil er selbst verunsichert ist. Er spürt den Zweifel in seinem eigenen Herzen, ob an der Gottesfrage nicht doch etwas dran sein könnte. Joseph Ratzinger meint, auch der Atheist sei ständig vom Zweifel geplagt, ob seine Erklärung der Welt wirklich stimme: »So wie also der Gläubige sich fortwährend durch den Unglauben bedroht weiß, ihn als seine beständige Versuchung empfinden muss, so bleibt dem Ungläubigen der Glaube Bedrohung und Versuchung seiner scheinbar ein für allemal geschlossenen Welt.«[32] Und er zitiert die jüdische Geschichte, die Martin Buber aufgezeichnet hat: »Einer der Aufklärer, ein sehr gelehrter Mann, der vom Beditschewer gehört hatte, suchte ihn auf, um auch mit ihm, wie er's gewohnt war, zu disputieren und seine rückständigen Beweisgründe für die Wahrheit seines Glaubens zuschanden zu machen. Als er die Stube des Zaddiks betrat, sah er ihn mit einem Buch in der Hand in begeistertem Nachdenken auf und ab gehen. Des Ankömmlings achtete er nicht. Schließlich blieb er stehen, sah ihn flüchtig an und sagte: ›Vielleicht ist es aber wahr‹. Der Gelehrte nahm vergebens all sein Selbstgefühl zusammen – ihm schlotterten die Knie, so furchtbar war der Zaddik anzusehen, so furchtbar sein schlichter Spruch zu hören. Rabbi Levi Jizchak aber wandte sich ihm nun völlig zu und sprach ihn gelassen an: ›Mein Sohn, die Großen der Thora, mit denen du gestritten hast, haben ihre Worte an dich verschwendet, du hast, als du gingst, darüber gelacht. Sie haben dir Gott und sein Reich nicht auf den Tisch legen können, und auch ich kann es nicht. Aber, mein Sohn, bedenke, vielleicht ist es wahr.‹ Der Aufklärer bot seine innerste Kraft zur Entgegnung auf; aber dieses furchtbare ›Vielleicht‹, das ihm da Mal um Mal entgegenscholl, brach seinen Widerstand.«[33]

Anonymer Theismus im Atheismus

In den 60er-Jahren hat Karl Rahner sich mit dem Phänomen des Atheismus beschäftigt. Auch er unterscheidet verschiedene Formen. Aber er nennt andere als die drei, die ich oben aus meiner Erfahrung beschrieben habe. Eine Form ist für Rahner die, die durch die Säkularisation entstanden ist. In der Welt vermisst man Gott nicht. Vor lauter Welt kommt Gott nicht vor. Er meint: »Der Säkularisationsatheismus muss also ganz anders behandelt werden als zum Beispiel ein Atheismus eines tragizistischen Pessimismus, der erklärt, nach Auschwitz könne man nicht mehr

an Gott glauben, oder als ein Atheismus, der nur die Scheu ist, die transzendentale Verwiesenheit des Menschen auf das absolute Geheimnis in
und über seinem Dasein zu thematisieren, der nur fürchtet, einen Götzen anzubeten, wenn man anfängt, von Gott zu sprechen und ihn in das
Kalkül seines Lebens einzusetzen, der aus Respekt gegen Gott gottlos
sein und in der schweigenden Wüste seines Daseins ehrlich und tapfer
verbleiben will, in der so etwas wie Gott nicht zu finden ist, ja gar nicht
gesucht werden darf, wenn Gott Gott bleiben soll.«[34]

Einen reinen Atheisten kann es nach Rahner nicht geben, da es ihn
»wegen eines anonymen und unthematischen transzendentalen Theismus
auch im erklärten Atheisten nicht geben kann«.[35] Dieser Satz Rahners
ist nur verständlich, wenn man seinen transzendentalen Ansatz mit ein-
bezieht: Er geht davon aus, dass der Mensch bei allem, was er denkt,
immer schon über das konkrete Objekt hinaus denkt auf einen absoluten
Horizont hin, der letztlich Gott ist. Für Rahner gibt es keine menschliche
Existenz, »in der nicht wenigstens anonym, unthematisch, transzendental
(oder wie immer man das Gemeinte nennen mag) eine Begegnung mit
Gott sich ereignet. Denn überall dort, wo eine Wahrheit absolut gesetzt
wird, ist mit transzendentaler Notwendigkeit, wenn auch vielleicht ganz
anonym, Gott gegeben, auch dann noch, wenn dieser Mensch diese transzendentale Implikation nicht zu thematisieren und ins Wort zu bringen
vermag oder wenn er sich in freier Schuld diesem radikalen Geheimnis
seines Daseins versagt und verschließt.«[36]

Dann spricht Rahner von einem Atheismus religiöser Unempfäng-
lichkeit und Gleichgültigkeit. Damit sind Menschen gemeint, die gar
keine Antenne für Gott haben. Und er spricht von einem theoretisch
sehr reflektierten Atheismus und einem militanten Atheismus.[37] Früher
hatten die Menschen einen natürlichen Gottesbegriff, auch wenn der mit
dem wirklichen Gott nicht viel zu tun hatte. Wenn dieser Gottesbegriff
wegfällt, hat sich an der Situation des Menschen vor Gott nicht viel
geändert. Denn jeder Mensch ist in seinem Inneren auf Gott verwiesen,
auch wenn das heute oft nicht mit dem Wort Gott ausgedrückt wird[38].

Rahner nennt den Säkularisationsatheismus »banausisch«: »als die
Haltung und den Geistes- und Lebenshorizont derjenigen, die es aus
den verschiedensten sehr verständlichen Gründen nicht oder noch nicht

so weit gebracht haben, explizit und begrifflich objektivierend über die funktionalen Zusammenhänge der einzelnen Momente ihres Daseins und der Welt hinauszublicken und sich dem absoluten Geheimnis zu stellen, das ursprünglich, aber schweigend dieses Ganze der Welt umfasst, innerhalb deren allein sie sich bewegen.«[39]

Rahner hält nichts von einem theoretischen Beweis Gottes, um den Atheisten zu überzeugen, es geht ihm vielmehr um eine Initiation, eine Einweihung in eine ursprüngliche Gotteserfahrung. Seiner Ansicht nach sollte man dem Atheisten nicht nur theoretisch seine transzendentale Verwiesenheit auf Gott zeigen, sondern dem konkreten Menschen aufzeigen, »wo er namenlos und unauffällig in seinem Leben, ob er will oder nicht, diese Erfahrung macht, dann ist die Rede von der Möglichkeit und Notwendigkeit der Einweihung in eine ursprüngliche Gotteserfahrung doch nicht nur ein leeres Gerede.«[40] Die Voraussetzung für diese Initiation ist, »wenn die Verkündiger des expliziten Theismus existenziell mehr von den Anfechtungen erfahren hätten, aus denen die verschiedenen Formen des Atheismus und vor allem des Säkularisationsatheismus entstehen«[41].

Der leidende Atheismus

Bernhard Welte, der katholische Religionsphilosoph, unterscheidet vier Formen des Atheismus[42]: 1. Der »negative« Atheismus: Die Frage nach Gott fällt aus. Der Mensch ist so sehr mit der Erforschung der Welt beschäftigt, dass er die Frage nach Gott gar nicht stellt. 2. Der »kritische« Atheismus: Das selbstmächtige Denken stürzt Gott. Der kritische Atheismus lehnt den wissbaren und klar definierten Gott ab, aber nicht das Geheimnis jenseits aller wissbaren Dinge. 3. Der »kämpferische« Atheismus: Der Mensch will selbst Gott sein. Welte sieht den Willen zur Macht als den wahren Grund für diese Form des Atheismus: »Das Pathos der schrankenlosen Freiheit kann den schrankensetzenden Gott [...] nicht dulden«[43]. 4. Der »leidende« Atheismus: Der Mensch ver-zweifelt am Leiden. Diese Form des Atheismus fragt: »Kann es einen Gott geben, wenn die von ihm angeblich geschaffene Welt so sehr durchdrungen ist von Leid und Unrecht?«[44]

In Gesprächen mit Menschen begegne ich vor allem diesem »leidenden« Atheismus. Da kann einer nicht mehr an Gott glauben, weil in seinem

Leben so viel schief gelaufen ist. Ein Mann hat seine Frau durch Krebs verloren. Sein Sohn hat Suizid begangen. Es ist nicht nur das Leid, das diesen Menschen von Gott weggebracht hat, sondern einfach die Sinnlosigkeit des Lebens: Was hat es für einen Sinn, dass eine Mutter früh stirbt, dass ein junger Mann nicht mehr leben will und kann? Im Gespräch mit einem leidenden Menschen darf ich nicht vorschnell darlegen, dass das Leid einen Sinn hat und dass man sich im Leid von Gott gehalten fühlen soll. Das sind für den Leidenden leere Worte. Ich muss erst die Sinnlosigkeit des Leids mit ihm aushalten, ich muss seine Verzweiflung und Rebellion aushalten, um dann erst einmal mich selbst zu fragen: Was würde für mich in dieser Situation der Glaube bedeuten? Könnte ich da trotzdem am Glauben festhalten? Und was ist das für ein Gott, der mir dieses Leid zumutet? Karl Rahner meint, ich müsse die Unbegreiflichkeit des Leids aushalten und in ihr nach der Unbegreiflichkeit Gottes Ausschau halten. Und vielleicht kann ich mich dann nach Rebellion und Verzweiflung irgendwann in die Unbegreiflichkeit Gottes hinein ergeben und vertrauen, dass ich in ihr der unfasslichen Liebe Gottes begegne.

Das absolute Geheimnis suchen

Ich begegne dem Atheismus auch in einer Form, der in der Enttäuschung durch gläubige Menschen seinen Grund hat, wenn jemand zum Beispiel schlechte Erfahrungen mit der Kirche gemacht hat. Da war eine junge Frau voller Begeisterung Ministrantin. Doch als sie einen Wunsch des Pfarrers nicht erfüllte, beschimpfte er sie, ihr Gottesbild brach zusammen. Wenn dieser Pfarrer, der so fromm predigt, so unbeherrscht ist, dann hat der ganze Glaube doch keinen Sinn. Sie hat sich von Gott abgewandt. Aber eigentlich war diese Abwendung von Gott ihre Form, die Aggression gegenüber dem Pfarrer auszuleben. Oft sind es persönliche Gründe, die dazu führen, dass man nicht mehr an Gott glauben kann. Wenn die, die den Glauben verkünden, unglaubwürdig sind, dann bestraft man sie gleichsam dadurch, dass man sich auch von Gott abwendet.

Viele, die sich von Gott abgewandt haben und aus der Kirche ausgetreten sind, wenden sich in der Lebensmitte oder danach wieder dem Glauben zu. Doch es gibt auch das andere Phänomen, dass Menschen im Alter an allem zu zweifeln beginnen, was sie bisher geglaubt haben. Das beginnt mit dem Zweifel am ewigen Leben und endet in der Frage, ob es Gott überhaupt gibt. Auf einmal kommt einem alles hohl vor. Man erkennt, dass man bisher einer Illusion gefolgt ist. Der Skeptizismus alter Menschen ist weit verbreitet. Manchmal stellt dieser Skeptizismus einfach die alte Sicherheit infrage. Er ist eine Herausforderung, neu zu fragen, was mir die alten Aussagen über Gott bedeuten. Aber es gibt auch eine Haltung bei älteren Menschen, die sich in ihrer Skepsis eingerichtet haben und nicht mehr wollen, dass sie von Gott darin verunsichert werden.

Dann treffe ich immer häufiger auf Menschen, die einfach keine religiöse Sozialisation erlebt haben. Ich erschrecke oft, wenn mir Menschen aus der früheren DDR erzählen, dass sie völlig areligiös erzogen worden sind. Es war nicht nur die sozialistische Propaganda, die den Glauben lächerlich machen wollte. Es herrschte einfach keine religiöse Atmosphäre. Man sprach nicht über Gott. Man rechnete nicht mit ihm. Das ist alles eine fremde Welt für sie. Viele haben sich in einer oberflächlichen Welt eingerichtet. Sie haben genug mit ihren Problemen am Arbeitsplatz, in der Familie, im Staat zu tun und verspüren gar nicht das Bedürfnis, nach Gott zu suchen und in Gott eine Hilfe für ihr Leben zu entdecken. Der Kampf ums tägliche Dasein genügt ihnen.

Aber dieses areligiöse Klima prägte nicht nur die frühere DDR. Auch im Westen erlebe ich immer mehr junge Menschen, die nicht mehr religiös sozialisiert wurden. Sie haben keine Verbindung zur Kirche. Ihre Eltern erzählten ihnen nichts von Gott, gingen oder gehen nicht mehr zum Gottesdienst und hindern sie sogar noch daran, wenn sie als Kind beispielsweise den Wunsch äußern, Ministrant zu werden. Die Kinder finden in den Eltern keine Unterstützung für ihre Suche nach Gott, sondern im Gegenteil: Die Eltern leben ihnen vor, dass man Gott nicht braucht zum Leben. Wir wissen nicht, wie sich diese Generation, die heute ohne Gott groß wird, in 20 Jahren verhalten wird. Es besteht die begründete Annahme, dass immer weitere Kreise sich von der Kirche, aber auch von Gott verabschieden.

Allerdings gibt es unter diesen Menschen, die sich von der Kirche abgewandt haben, auch viele, die weiterhin auf der Suche nach ihrer je eigenen Spiritualität sind. Sie besuchen Meditationskurse. Sie lesen esoterische

Bücher. Sie interessieren sich für Engel und für spirituelle Heilkräfte. Sie sind offen für das Göttliche und haben offensichtlich eine spirituelle Sehnsucht. Die Frage ist, wie wir diese vielen suchenden Menschen erreichen und wie wir ihr Herz berühren können. Oft haben diese Menschen ein sehr vages Gottesbild. Aber immerhin sind sie offen für Transzendenz. Wenn ich der Theologie Karl Rahners folge, dann ginge es darum, ihre Suche nach dem Geheimnis ernst zu nehmen und so mit ihnen ins Gespräch zu kommen, dass sie erkennen: Im Grund suche ich das absolute Geheimnis, das sich in Jesus Christus für uns Menschen geoffenbart hat, das sichtbar und erfahrbar geworden ist in diesem Menschen Jesus, der vor 2000 Jahren gelebt und uns Worte hinterlassen hat, die unser Herz und unseren Verstand aufschließen für das Geheimnis unseres Lebens und damit für das Geheimnis Gottes.

Die Konversion zum Suchen

Eine eigentümliche Heimatlosigkeit trotz aller Sehnsucht nach Geborgenheit gehört nicht nur zu dem die Sinnangebote verkostenden Menschen von heute. Sie scheint auch Merkmal einer Religiosität, die zwar um Spuren überindividuellen Glücks weiß, sich aber nicht einfügen möchte in feststehende fromme Häuser. In verblüffender Solidarität suchen Gläubige und Ungläubige, sie erfahren eine Verwandtschaft im Fragen, tasten nach Perspektiven für ihre Lebensreise. Jedenfalls haben Suchende aus verschiedenen Richtungen viel gemeinsam.

Auf der anderen Seite neigen die um ihre verkapselte Identität Fürchtenden mit konträrer geistiger Herkunft leicht dazu, jene Suchenden in heftiger Gemeinsamkeit als Abweichler auszugrenzen – auch mit Gewalt.

Die lebenslange Suche ist gleichwohl anstrengend, kostet Mut, kennt Abschiede und Verluste, weiß aber auch um fragilen Gewinn und befreiende Antworten. Suchende und Fragende werfen eher keine Bomben; sie unterstellen auch dem anderen ein Stück Wahrheit auf dem Weg. Leben im Fragment! Wahrheit, aus der man leben kann, zeigt sich als Stückwerk wie in einem Spiegel als Vorschein. Vollendung steht immer aus.

Die Befreiung zur Suche – Gottheiten in vielfältiger Gestalt loswerden, nennt das dieses Buch – wäre der entscheidende Schritt, um aus alltäglicher Selbstbezogenheit, aus satter Abschottung und ideologischem Bescheidwissen aufzubrechen. Suchende nehmen Witterung auf, sie lassen immer wieder Vertrautes und kennen eine geschenkte und ihnen auf dem Weg zuwachsende, mit Recht als göttlich empfundene Kraft, sich dem abgründigen Leben zu stellen. Glauben als Suche kreist unauflöslich um die sich gegenseitig erläuternde Verwiesenheit von Weg und Wahrheit und Leben.

Gott wittern

Anselm Grün

Suchen und spüren

Das deutsche Wort »suchen« kommt von der indogermanischen Wurzel »sag«, die »witternd nachspüren« bedeutet. Das Wort bezog sich ursprünglich auf den Jagdhund, der witternd die Fährte des Tieres aufnimmt, das er verfolgt, dem er nachspürt, um es zu suchen. Zum Suchen gehört das Spüren. Das Wort »Spur« stammt auch aus der Jagdsprache. Der Spürhund spürt den Spuren nach, die das Wild auf dem Boden hinterlassen hat. Wenn wir diese beiden Worte auf das Suchen der Menschen beziehen, dann sind suchende Menschen die, die etwas wittern, die etwas spüren vom Geheimnis Gottes, das sie umgibt. Sie erkennen Gott nicht, so wie der Hund das Wild nicht sieht. Aber der Hund spürt etwas. Er wittert den Geruch des Wildes. Aber er sieht auch die Spuren, die das Tier auf der Erde hinterlassen hat. Sehen und Riechen sind die beiden Sinne, die mit dem Suchen und Spüren verbunden sind.

Suchende Menschen haben im Gespür, dass es etwas gibt, was größer ist als sie selbst. Sie spüren dem Geheimnis nach. Sie sehen die Spuren der Schönheit in der Schöpfung. Sie sehen die Spuren von Intelligenz, wenn sie die Pflanzen und Tiere und ihr Verhalten studieren. Da erkennen sie Spuren von etwas, das sie übersteigt. Die griechische Philosophie hat für das Suchen zwei andere Begriffe gebildet: »erkennen« und »betasten«. Paulus schreibt im Römerbrief: »Was man von Gott erkennen kann, ist ihnen offenbar. Gott hat es ihnen offenbart. Seit Erschaffung der Welt wird seine unsichtbare Wirklichkeit an den Werken der Schöpfung mit der Vernunft wahrgenommen, seine ewige Macht und Gottheit« (Röm 1,19f). Die Griechen sprechen hier davon, dass das Auge der Vernunft die unsichtbare Wirklichkeit Gottes schaut (*nooumena kathorathai*). Die lateinische Übersetzung liefert hier die beiden Begriffe *intellecta conspiciuntur*: Es wird eingesehen, erkannt, mit dem Verstand begriffen und zugleich gesehen. Was wir sehen, verstehen wir auch. Und der Verstand kann an dem, was er sieht, den Schöpfer erkennen. Das ist eine Einsicht des Verstandes, des Intellekts, der in das hinein sieht, was sich ihm von außen darbietet. Paulus sagt von den Menschen, dass sie alle Gott erkannt haben, aber sie haben ihn »nicht als Gott geehrt und ihm nicht gedankt« (Röm 1,21). Jeder suchende Mensch kann nach Paulus Gott in den Werken der Schöpfung erkennen.

Betasten

Der Evangelist Lukas, der auch als der Verfasser der Apostelgeschichte im Neuen Testament anzusehen ist, verbindet das Suchen mit dem Betasten. In der Areopagrede sagt Paulus von den Menschen: »Sie sollten Gott suchen, ob sie ihn ertasten und finden könnten; denn keinem von uns ist er fern« (Apg 17,27). Für Lukas, der die griechische Philosophie wohl am besten von allen Schriftstellern des Neuen Testaments kennt, ist es die Aufgabe jedes Menschen, Gott zu suchen. Das Suchen findet für ihn über das Ertasten statt. Indem ich die Blumen, die Bäume, die Tiere, die Haut des Menschen betaste und streichle, berühre ich mit meinen Händen das Geheimnis Gottes. Im Betasten spüre ich etwas vom Geist Gottes. Das Betasten ist emotionaler als das Sehen. Es meint ein intensives Wahrnehmen der Gegenwart Gottes in den Dingen dieser Welt, ein Dasein in Gottes Nähe, die uns umgibt. Von dieser heilsamen und belebenden Nähe Gottes sagt Lukas: »In ihm leben wir, bewegen wir uns und sind wir« (Apg 17,28).

Wir sind also in allem, was wir betasten, von Gott selbst umgeben. Wir können Gott spüren. Hier ist neben dem Riechen und dem Sehen noch der Tastsinn angesprochen. Wer wirklich das betastet, was sich ihm darbietet, der erahnt in allem, was er berührt, Gottes Liebe und Gottes Geheimnis. Es ist interessant, dass gerade die Griechen, zu denen man Lukas zählen kann und denen man nachsagte, dass sie Verstandesmenschen seien, das Betasten als wichtigen Weg der Gottsuche und der Gotteserfahrung sehen. Wenn ich ganz in meinen Sinnen bin, dann geht mir auf, was über allen Sinnen liegt. Wenn ich bewusst das Gras oder die Blume betaste, geht mir das Geheimnis der Schönheit auf. Und im Geheimnis der Schönheit begegnet mir das Urschöne, das für die platonische Philosophie letztlich Gott ist.

Die Suche endet nie

Jesus verheißt dem, der sucht, dass er auch findet: »Bittet, dann wird euch gegeben; sucht, dann werdet ihr finden, klopft an, dann wird euch geöffnet« (Lk 11,9). Das griechische Wort für suchen, *zetein*, beinhaltet sowohl das Suchen, Nachforschen, als auch das Nachfragen. Ähnlich ist es mit dem lateinischen Wort *quaerere*, das immer zugleich suchen als auch fragen bedeutet. Gott suchen heißt also, nach Gott zu fragen, die richtigen Fragen zu stellen, zu forschen, was es mit der Welt auf sich hat, wie wir die Welt verstehen können. Wer so sucht und fragt, der wird finden. Er wird das auffinden, was er gesucht hat. Das lateinische Wort für finden, *in-venire*, meint ursprünglich: Ich trete auf etwas, ich treffe jemanden oder etwas an, ich komme hinein in etwas, in jemanden. Im Wort Jesu hängt das Suchen mit dem Anklopfen zusammen. Und das Finden mit dem Öffnen. Wenn ich in etwas hineinkomme, dann öffnet sich mir ein neuer Horizont. Dann entdecke ich auf einmal eine Weite, ein Geheimnis, das größer ist als ich selbst. Finden meint also nicht, dass ich das Gesuchte, den Schatz, die Brille, gefunden habe und an mich nehmen kann. Finden bedeutet vielmehr, dass ich die Spur Gottes gefunden habe und dass das Finden mich motiviert, weiterzusuchen.

Benedikt versteht den Mönch als einen, der sein Leben lang Gott sucht. Der Mönch hat Gott also nicht gefunden. Er hat nur immer wieder die Spur Gottes in seinem Leben gefunden. Und das treibt ihn an, weiterzusuchen, bis er Gott wirklich findet.

Auch die frühen Mönche haben diese Gottsuche mit einem Bild aus der Jagd veranschaulicht. Da heißt es: Ein Hund, der die Spur des Hasen in seiner Nase hat, folgt dieser Spur durch alle möglichen Sträucher, durch Dornen und Disteln, bis er den Hasen erreicht. Die anderen Hunde, die nur zusehen, wie der Hund den Hasen verfolgt, folgen dem Hund. Aber sobald sich dornige Sträucher in den Weg stellen, kehren sie um. So mahnen uns die Mönche, die Spur Gottes in unserer Nase aufzunehmen und uns dann nicht von Dornen abhalten zu lassen, dieser Spur zu folgen, bis wir Gott wirklich erfahren. Aber diese Erfahrung Gottes ist nie endgültig. Sie treibt uns an, von Neuem der Spur Gottes zu folgen, bis wir ganz eins werden dürfen mit Gott.

Wer sucht, der ist auf dem Weg zu Gott. Das Suchen verbindet den Atheisten und den Theisten, den Ungläubigen und den Gläubigen. Es kommt darauf an, aus Gläubigen, die meinen, sie würden Gott schon kennen und besitzen, wieder suchende Menschen zu machen. Und es kommt darauf an, aus gleichgültigen Atheisten suchende Atheisten zu formen. Suchende Menschen treffen sich auf ihrer Suche. Sie verstehen sich. Sie deuten das Ziel ihres Suchens jedoch anders. Der Gläubige hat den Hasen schon gesehen, den er verfolgt. Der Atheist hat nur einen Geruch vom Hasen in seiner Nase. Aber sie beide verfolgen den gleichen Weg. Und auf diesem Weg können sie gemeinsam laufen und sich gegenseitig stützen und stärken. Wenn der Hase, also Gott, dann wirklich auftaucht, werden beide sich wundern. Er wird immer noch anders aussehen, als sowohl Christen wie Atheisten es sich vorgestellt haben. Aber beide lassen dann das Geheimnis des unbegreiflichen Gottes stehen. Sie verneigen sich vor ihm, ohne ihn für sich vereinnahmen zu wollen.

Suchen und Fragen

Zum Suchen gehört, wie gesagt, das Fragen. Als Menschen sind wir immer auch fragende Menschen. Wir stellen Fragen an andere, an das Leben, an Gott. Aber als Menschen lassen wir uns auch infrage stellen: von anderen, die kritisch beurteilen, was wir tun. Wir Gläubige lassen uns von Atheisten in Frage stellen. Eine Frage stellen heißt, so sagt es uns die deutsche Sprache, eine Furche graben. Wenn wir uns infrage stellen lassen in unserem Glauben, dann lassen wir in den Acker unserer Seele eine Furche graben. Und in dieser Furche kann eine neue Saat aufgehen. Da kann unser Glaube neu aufblühen. Er bleibt nicht in seinen festen Bahnen. Er wird immer wieder aufgelockert, damit er mehr Frucht bringt. Die Frage zwingt uns, immer tiefer zu überlegen: Wer bin ich eigentlich? Was ist das Leben? Was ist der Mensch? Was oder wer ist Gott? Und wenn ich der Frage bis auf den Grund folge, führt sie mich letztlich vor das Geheimnis. Wenn ich zum Beispiel frage: Wer bin ich?, werde ich von all den äußerlichen Antworten – ein Mann, ein Mönch, ein Deutscher, ein Autor, ein einfühlsamer Mensch usw. – immer tiefer in den Grund meiner Seele vorstoßen. Dort werde ich keine Antwort mehr finden. Dort wird mir das unaussprechliche Geheimnis meines wahren Selbst aufgehen. Und dieses wahre Selbst ist immer schon mit Gott verbunden. In diesem wahren Selbst erahne ich das einmalige Bild, das Gott sich von mir gemacht hat. Und auf dem Grund meiner Seele stoße ich auf das Geheimnis, das größer ist als ich: das Geheimnis Gottes.

So geht es darum, dass wir nicht aufhören zu fragen. Schon das Kind stellt ständig Fragen. Wenn es etwas tun soll, fragte es: Warum? Wenn es etwas beobachtet, fragt es: Warum ist das so? Warum macht der das? Warum ist die Welt überhaupt? Wo wohnt Gott? Was macht Gott? Welche Gedanken hat er? Manche Eltern sind genervt vom ständigen Fragen des Kindes. Aber all das zeigt uns, dass die Frage wesentlich zu unserem Menschsein gehört. Wir sollten auch als ältere Menschen nie aufhören zu fragen. Solange wir fragen, sind wir auf der Suche, bleiben wir lebendig. Wer aufhört zu fragen, der bleibt innerlich stehen.

Staunen und Sich-Öffnen

Zum Fragen gehören das Sich-Wundern und das Staunen. Staunen, so sagen uns die griechischen Philosophen Platon und Aristoteles, ist der Anfang aller Philosophie. Die stoische Philosophie dagegen meint: Der Weise staunt nicht mehr. Denn er nimmt das Staunen als Anlass, die Ursache zu erforschen. Und wenn er die Ursache erkannt hat, hört das Staunen auf. Diese beiden Haltungen haben sich bis in die heutige Zeit erhalten. Manche meinen, man brauche nur genügend zu forschen, dann würde man alle Ursachen und Zusammenhänge erkennen. Dann gibt es kein Staunen und Sich-Wundern mehr.

Doch für mich sind Platon und Aristoteles überzeugender: Wir kommen nie zum Ende mit dem Staunen. Und wir werden nie alle Ursachen erkennen, sondern immer wieder vor dem Geheimnis staunend stehen bleiben, das wir nur bewundern können. Zur Bewunderung gehört jedoch auch die Furcht, das Erschrecken, das Betroffensein. Das griechische Wort dafür heißt *thaumazein* und meint: sich wundern, staunen, erstaunen, aber auch: ehren, verehren, etwas hochschätzen. Das ist eine Haltung, die dem Menschen ziemt. Der Mensch wird nur Mensch, wenn er sich für etwas öffnet, das größer ist als er selbst, wenn er staunen kann vor der Schönheit: vor dem Geheimnis eines Sonnenaufgangs oder Sonnenuntergangs, wenn er staunend stehen bleibt vor dem Geheimnis eines Wasserfalls, eines Regenbogens. Der staunende Mensch ist neugierig. Er will das, was ihn verwundert, erforschen, verstehen. Aber in seinem Versuch zu verstehen wird er immer wieder neue Wunder erfahren, vor neuen Geheimnissen stehen bleiben.

In den Evangelien beschreibt vor allem Lukas die Reaktion der Menschen auf die Wundertaten Jesu mit dem Wort *thaumazein*: Alle staunten über das, was Jesus getan hat (vgl. Lk 9,43 und Lk 11,14). Die Menschen staunen auch über die Worte Jesu (Lk 4,22). In der Kindheitsgeschichte staunen alle über die Worte der Hirten und über das, was ihnen der Engel über das Kind in der Krippe gesagt hatte. Maria und Joseph staunen über die Worte des greisen Simeon, der in dem Kind das Licht der Welt erblickt. Das Staunen ist für Lukas ein Zeichen, dass in diesem Menschen Jesus etwas Göttliches aufscheint und in seinen Worten und Taten göttliche Kraft wirkt. Das Staunen öffnet die Menschen für das Geheimnis Jesu. Zwar erkennen sie in ihm nicht den Sohn Gottes. Aber sie legen diesen Jesus nicht fest auf das, was ihnen bereits vertraut ist, zum Beispiel auf einen jüdischen Rabbi oder einen griechischen Arzt und Wunderheiler. Sie sind offen für das Geheimnis Jesu. Diese Haltung täte auch uns heute gut: Wir lassen offen, wer dieser Jesus ist. Wir lassen offen, was die Welt wirklich bedeutet. Aber wir sind auch offen für das, was unseren Verstand übersteigt. Wir öffnen uns für das göttliche Geheimnis, das im Menschen Jesus, in der Schöpfung und in unserem eigenen Herzen aufscheint.

Die Religion und der geistlich suchende Mensch

Tomáš Halík

Suchende und heimisch Gewordene

Eine der bemerkenswertesten Feststellungen der gegenwärtigen Religi-
onssoziologie lautet, dass die Haupttrennungslinie auf dem Gebiet der
Religion – zumindest in der westlichen Welt – heute nicht zwischen »den
Gläubigen und den Ungläubigen« hindurchführt, sondern zwischen »Suchenden und heimisch Gewordenen«.[45] Fügen wir hinzu, dass sich sowohl
Menschen finden lassen, die in den traditionellen Gedanken- und Insti-
tutionsstrukturen einer Religion heimisch geworden und damit zufrie-
den sind, als auch solche, die ohne Nachfragen die dogmatische Gestalt
von Atheismus oder Materialismus annehmen. Auch die zweite Gruppe,
die »Suchenden«, lässt sich sowohl unter Gläubigen als auch unter denjenigen finden, die sich nicht zu einem religiösen Glauben bekennen. Es
gibt viele Gläubige, die ihren Glauben nicht als »eine feste Burg« wahrnehmen oder als eine geschlossene Schatzkammer, ja sogar nicht einmal
als ein angenehmes, von den Vorfahren vererbtes Zuhause, sondern als
einen ununterbrochenen Weg, als Mühe, dem Ruf Jesu zu folgen: Fahrt
hinaus, wo es tief ist! Es gibt auch viele, die als Atheisten oder Ungläubige bezeichnet werden oder sich selbst so bezeichnen, die jedoch bei Weitem nicht »religiös unmusikalisch« oder blind für die geistliche Dimension des Lebens sind. Auch sie sind Suchende, sie sind ebenfalls Pilger
auf geistlichen Wegen, nur sind sie nicht in der Lage, einer bestimmten
Gestalt von Religion insoweit zuzustimmen, dass sie sich in ihr drei Hütten bauen wollten wie die Apostel auf dem Berg Tabor; sie haben keinen
Augenblick der Konversion oder der Erleuchtung erlebt, bei dem sie sagen wollten: »Verweile doch! Du bist so schön!«

Und vergessen wir auch nicht jene Suchenden, deren Zahl in unserer
Welt vielleicht am stärksten zunimmt – diejenigen, die sich weder für

Gläubige noch für Ungläubige halten, die zur »grauen Zone« zwischen Glauben und Unglauben gehören und in gewissem Sinn beides gleichzeitig sind: Gläubige und Ungläubige, *simul fidelis et infidelis*. Sie kennen Momente des Glaubens genauso wie des Zweifelns und des Unglaubens, und wahrscheinlich wären sie selbst nicht in der Lage, zu entscheiden, welche der beiden Erfahrungen wirklich ihr Zuhause ist, welcher sie den Status von Realität zusprechen und welche sie für Verführung und Trug halten sollten. Es gibt Menschen, die in Momenten schmerzlicher Nächte beten, die aber Gott keinen Platz in der Welt ihres Alltags einräumen, und es gibt wiederum solche, deren Tage und Nächte vom Rhythmus der Gebete und Gottesdienste geprägt sind, die aber in schlaflosen Nächten von depressiven Augenblicken der Dunkelheit ohne Glauben und ohne Hoffnung überfallen werden. Bei manchen Menschen wohnt der Glaube in der Welt des Tages und der Unglaube in der Welt der Nacht, bei anderen verhält es sich umgekehrt. Diese Spannung zweier Seelen in einem Körper führt bei manchen Menschen zu einer erschöpfenden, lähmenden inneren Entzweiung, andere dagegen regt sie zu weiterem Fragen, Suchen und Nachdenken an.

Die Sehnsucht und der Glaube

In dem reizvollen und weisen Buch von C. S. Lewis, *Dienstanweisungen für einen Unterteufel*, fürchtet sich der Satan davor, dass ein Mensch, der die Welt der einfachen Parolen verlässt und tiefer nachzudenken beginnt, bereits auf das gefährliche Spielfeld des Feindes (nämlich Gottes) geraten ist. Vielleicht könnten wir ganz ähnlich sagen, dass derjenige, der wirklich sucht und sich die Fragen nach einem tieferen Sinn stellt, bereits das Feldlager der »Ungläubigen« verlassen hat und dorthin auch nicht zurückkehren wird, auch wenn er in keiner Wohnung, die ihm die gegenwärtigen religiösen Strömungen und Institutionen bieten, eine dauerhafte Bleibe finden mag. Schon allein die Sehnsucht, die den Menschen auf den Weg des Suchens führt, ist vielleicht mehr als nur ein »Vorgeschmack« des Glaubens; die Sehnsucht ist ein dynamischer Bestandteil des Glaubens. Ein Glaube ohne das Element der Sehnsucht ist lahm, wenn nicht gar tot. Durch den Durst nach Sinn, nach der Wahrheit, nach dem Guten ist der Mensch bereits auf das Territorium des Glaubens vorgedrungen, er ist ihm schon näher gekommen, als dass er sich nur in der Vorhalle des Tempels oder im »Vorhof der Heiden«[46] aufhalten würde; vielleicht wohnt Gott auch lieber in der Leidenschaft des Herzens als in den Sicherheiten der Vernunft.

Schon lange beschäftigt mich der Gedanke, dass wir einem Menschen, der sich nicht sicher ist, ob er gläubig oder ungläubig ist, die Frage stellen sollten, ob er will, dass es Gott gibt.[47] Es kann sein, dass sich jemand nicht sicher ist, ob er wirklich weiß, was die Behauptung bedeutet, dass »Gott existiert«, was eigentlich das Wort »Gott« und was »existieren« im Falle Gottes bedeutet (und vielleicht weiß er nicht, dass diese Unsicherheit der menschlichen Erfahrung Thomas von Aquin an den Beginn seiner Lehre von Gott stellte), trotzdem sehnt er sich inbrünstig danach, dass es einen Gott gibt. Es gibt jedoch auch Menschen, die an der Existenz Gottes nicht zweifeln, aber es bevorzugen würden, dass es Gott nicht gäbe, und sei es auch nur deshalb, weil sie gern diesen allgegenwärtigen Zeugen ihrer Taten, Worte und Gedanken loswerden würden oder weil ihre Vorstellung von Gott gleichzeitig Urheber und Produkt ihrer Angst und Schuldgefühle ist. Nachdem wir die Religionskritik Feuerbachs und Freuds absorbiert haben, fürchten wir zu Recht, dass unser Glaube an Gott, unser Bedürfnis nach Gott und unsere Vorstellung von Gott nur eine bloße Projektion unserer Wünsche oder Befürchtungen ist. Sagt aber unser Durst etwas über der Existenz der Quelle aus?

Sollen wir jene heilige Unruhe des sich sehnenden Herzens, jene *iniquitudo cordis*, von der Augustinus sprach, für eine Bewegung halten, die Gott selbst in den Menschen hineingelegt hat und mit der er ihn zu sich zieht, für jenes »sanfte, leise Säuseln«, in dem sich der Herr dem Propheten Elija auf dem Berg Horeb offenbarte[48], oder sollen wir ihr als einer möglichen Quelle von Illusionen misstrauen, welche die Wahrheit verdecken, dass Gott selbst nur eine Illusion ist, ein Produkt der menschlichen Wünsche, wie es die Atheisten vermuten? Müssen wir nicht das Bedürfnis nach Gott verdächtigen, dass es auf gotteslästerliche und törichte Art und Weise eine menschliche Leiter in den Himmel bauen will, während wir darauf angewiesen sind, dass sich Gott selbst in seinem Wort uns zuneigt, wie radikale protestantische Theologen behaupten?

Die menschliche Sehnsucht nach Gott belebt unzweifelhaft unsere Vorstellungskraft. David Tracy behauptet, dass sich die katholische und die protestantische Mentalität in der Beziehung zu Metapher und Imagination unterscheiden. Die Metapher verbindet die Ähnlichkeit mit der Unähnlichkeit. Der Katholizismus vertraut mehr der Imagination und den Metaphern, weil er die Immanenz Gottes in der Welt betont, er vertraut mehr auf die Analogie, auf die *Ähnlichkeit* zwischen der Schöpfung und Gott. Der Protestantismus betont dagegen die Transzendenz Gottes, seine Ferne und Verborgenheit, die *Unähnlichkeit* zwischen Gott und der Welt, den tiefen Abgrund zwischen Gott und seiner Schöpfung, einschließlich der menschlichen Vernunft und der Sehnsucht, diesen Graben, der durch die Ursünde entstand. Der Katholizismus bietet der menschlichen Imagination eine reichere Inspirationsquelle, er bietet eine Welt der Geschichten und Sakramente, der Kerzen und des Weihrauchs, der Legenden und der Reliquien, der feierlichen Prozessionen und des stillen Halbdunkels in den Kirchen mit ihren farbigen Fenstern. Der Protestantismus korrigiert nüchtern die fromme Fantasie und reißt uns aus unseren Träumen hinaus in die frostige und neblige Zeit der Verborgenheit und Ferne Gottes. Diese Zeit können wir sicher auch als den Advent einer großen Erwartung begreifen.

Verweise und Hinweise

Angesichts dessen, dass ich das Paradoxon der Verbindung von Immanenz und Transzendenz, von Nähe und Ferne Gottes, für einen wesentlichen Zug des Christentums halte, habe ich nie verstanden, warum diese beiden Mentalitäten gegeneinanderstehen sollten. Die eine und die andere können nur dann in die Irre führen, wenn wir sie voneinander trennen. Wenn wir uns zu sehr an die göttliche Immanenz, an die Spuren Gottes in der Welt, heften, könnten wir vergessen, dass dies alles nur Verweise und Hinweise sind, also der Finger, der auf den Mond zeigt, aber nicht der Mond selbst, wir könnten der Idolatrie verfallen. Andererseits können wiederum ein übertriebenes Fasziniertsein von der Abwesenheit Gottes und ein übereifriger Ikonoklasmus, das Zerstören aller religiösen Bilder, Vorstellungen und Begriffe, das Misstrauen gegenüber dem Weg der menschlichen Vernunft und des menschlichen Herzens hin zu Gott auf dem Weg einer radikalen negativen Theologie bis in den Abgrund der Verneinung Gottes selbst führen.

Der Glaube vermag es, eine wunderschöne, erhabene Kathedrale der Religion zu erbauen – und die Kulturgeschichte ist ihm für diese Arbeit und deren Früchte dankbar –, aber er darf in ihr nicht dauerhaft heimisch werden. In den vielen Erdbeben und Stürmen, in welchen die großartigen Kirchen einstürzten, war sicher der Herr zugegen und sprach mit diesen Ereignissen zu seinem Volk, wie er auch durch die Propheten zu seinem auserwählten Volk oder aus Sturmwind und Gewitter zu Hiob sprach. Ja, es gab und es gibt Menschen, die selbst im Moment der Erschütterung der religiösen Sicherheiten den Glauben nicht verlieren, sondern im Gegenteil dazu fähig sind, zu Gott zu sagen: »Ich lege meine Hand auf meinen Mund« und auch: »Vom Hörensagen nur hatte ich von dir vernommen; jetzt aber hat mein Auge dich geschaut.«[49] Eine Krise ist immer gleichzeitig auch eine Chance – das gilt ebenso für religiöse Krisen, und zwar sowohl im Leben des Einzelnen als auch in der Geschichte der Kulturen.

Es wird immer Menschen geben, die für ihr Lebensgefühl ein solides Dach brauchen werden. Manche finden dieses in der Welt der Religion und andere im Lager des Atheismus. In beiden Bereichen gibt es viele Wohnungen. Aber es wird immer auch Menschen geben, die für ihre Art des Lebens und Denkens ein offenes Meer brauchen. Ich glaube, dass viele zukünftige Christen ihren Glauben als Auslaufen ins offene Meer, als ein In-See-Stechen erfahren werden; und vielleicht werden sie daher auch nicht überrascht sein, dass sich auf diesem Meer noch viele andere Schiffe befinden.

Die Irrelevanz der Religion

Wir haben von den »Suchenden und heimisch Gewordenen« gesprochen. Paul Tillich sah den Hauptunterschied zwischen denjenigen, die der Gedanke an das Letzte (*ultimate concern*) aufwühlt, und denjenigen, die er kalt lässt. Diejenigen, die mit Gott kämpften – angefangen beim biblischen Jakob bis hin zu Nietzsche –, waren offensichtlich Gott näher als die konventionellen Gläubigen und die konventionellen Ungläubigen aus der Geschichte vom »tollen Menschen«, auf die wir immer wieder zurückkommen. Ich habe bereits angedeutet, dass diejenigen am weitesten vom Mittelpunkt des Glaubens entfernt sind, die der Religion gleichgültig gegenüberstehen, die Apatheisten, und nicht diejenigen, die über die Religion mit Abscheu und Hass sprechen. »Weil du aber lau bist, weder heiß noch kalt«, ruft der Menschensohn der Apokalypse, dem letzten Buch der Bibel[50], »will ich dich aus meinem Mund ausspeien«.

Gehören jedoch alle Apatheisten zu diesen lauen Menschen? Handelt es sich bei dieser Gleichgültigkeit auch um eine Wahl, um die Frucht einer freien Entscheidung, genauso wie die Folgen bei einer klaren Zustimmung oder Ablehnung in einer Wahl? Viele Apatheisten haben offenbar ihre Position nicht gewählt, sie sind nie in eine Situation geraten, in welcher der Glaube vor ihnen als ein derart ernstzunehmendes Angebot stand, über das sie hätten ernsthaft nachdenken müssen. Die jüngste Vergangenheit in dem kleinen Teil der Welt unserer Zivilisation war dahingehend einzigartig, dass sie es dem Menschen ermöglichte, ein Leben zu führen, ohne dem Phänomen der Religion begegnen zu müssen. Dies gilt für die radikal säkularisierten Länder im Osten oder im Norden Europas, wo das Christentum entweder gewalttätig aus der Kultur und der Gesellschaft verbannt oder durch andere Lebens- und Denkweisen stillschweigend verdrängt wurde. Dies gilt jedoch auch teilweise für manche Länder des europäischen Westens und Südens, wo das Christentum derart absorbiert und in die Kultur assimiliert wurde, dass die Menschen aufhörten, es wahrzunehmen. Das Christentum wurde derart lange als ein natürlicher Bestandteil der Gesellschaft begriffen, dass die Menschen kaum bemerkten, dass seine Präsenz in der gelebten Kultur systematisch geschwächt wurde und sich allmählich verliert. Aus Europa, insbesondere aus dem Europa nach der 68er »Kulturrevolution«, nach dem Widerstand gegen die Autoritäten, der in der Gestalt der radikalen linken Studentenbewegungen zwar politisch besiegt wurde, kulturell aber gewonnen hat und den Lebensstil der Menschen in Europa dauerhaft beeinflusste, wurde ein singuläres Gebiet für den religiösen Apatheismus. Eine ganze Generation in der zweiten Hälfte des 20. Jahrhunderts konnte in den wirtschaftlich hochentwickelten Ländern des Westens bequem so leben, »als würde es

Gott nicht geben« – *etsi Deus non daretur.* Kein dramatischer, schmerzhafter oder befreiender Abschied von der Religion war dazu nötig.

Es brauchte keine Revolutionsguillotine; der Mord Gottes, von dem Nietzsche sprach, wurde vom stillen Tod Gottes in der Sprache abgelöst. Die Massenmedien, die langsam begannen, die bisherigen Formen der zwischenmenschlichen Kommunikation in den Schatten zu stellen, zu ersetzen und zu verdrängen, brachten eine neue, völlig säkulare Sprache mit sich, in der religiöse Begriffe höchstens als Metaphern dienten; sie propagierten einen Lebensstil und Lebensrhythmus, in dem das kontemplative Element keinen Platz mehr fand. Die Religion wurde für den Großteil der Europäer der späten Moderne zu einer fremden, fernen, unverständlichen und uninteressanten, archaischen Sprache. In Amerika gliederte man die fundamentalistische Gestalt der Religion aufgrund des zweifelhaften Verdienstes der Fernsehprediger in die allgegenwärtige Unterhaltungsindustrie ein, und sie wurde so auch zu einer politischen Macht. Europäische Medien haben zwar eine bestimmte Zeitlang beispielsweise die charismatische Gestalt von Johannes Paul II. als einen Star bei Massenveranstaltungen wahrgenommen. Bald aber drückten sie ihm den Stempel eines Konservativen auf – sodass er fortan nicht mehr das stereotype mediale Bild der Kirche als einer obskuren Erscheinung am Rand der modernen Gesellschaft stören konnte. Die Religion hörte auf, ein relevantes und interessantes Thema zu sein.

Religion kehrt zurück

Gegen Ende des 20. Jahrhunderts begann sich die Situation zu verändern. Die Religion kehrte in die Welt der Politik zurück. Manche bemerkten dies bereits zu Zeiten der »Islamischen Revolution« Khomeinis im Iran, andere erst am 11. September 2001 und wieder andere erst dann, als sie von einer unerwarteten Welle von Migranten überrascht wurden, insbesondere von Flüchtlingen, die vor dem Terror der Sekten des radikalen Islamismus nach dem misslungenen Arabischen Frühling nach Europa unterwegs waren. Die Schlagworte »Gott kommt wieder« oder »Die Rückkehr Gottes« verstärken den Eindruck, dass die postmoderne Zeit eine postsäkulare Zeit sein wird, dass zu den Hauptthemen des

21. Jahrhunderts, wenn nicht des ganzen dritten Jahrtausends die Religion gehören wird. Im säkularen, atheistischen, agnostischen und apatheistischen Umfeld großer Teile Europas wird die Rückkehr der Religion vor allem mit dem religiös begründeten Terrorismus verbunden. Die Religion kommt als Bedrohung zurück. Als das Gespenst des Kommunismus, das nach der sich selbsterfüllenden Prophezeiung von Marx und Engels seinen eineinhalb Jahrhunderte dauernden Spaziergang durch die europäische Geschichte und die Weltgeschichte beendet hatte, begann – nach einer kurzen Ruhephase, die voll war von Illusionen über das »Ende der Geschichte« und dem weltweiten Sieg der liberalen Demokratie – in Europa das nächste Gespenst umzugehen, das Gespenst der Religion.

In der Umgebung des weit verbreiteten »religiösen Analphabetismus« konnten der spätmoderne Atheismus, der Agnostizismus und der Apatheismus gut gedeihen. Diese Gesellschaften hatten nicht mehr mit der Rückkehr irgendeiner Gestalt von Religion oder der Rückkehr des Religiösen überhaupt gerechnet. Und insbesondere auf diese Gestalt von Religion waren sie nicht vorbereitet. Die säkulare Welt erlitt einen Kulturschock. Die Drohungen der Fanatiker, die sich auf den Islam berufen, und die Welle von Migranten aus muslimischen Ländern ließ einen Teil der Europäer (vor allem in jenen Ländern, in denen die Menschen den Islam nur aus Fernsehreportagen über Terroristen kennengelernt haben) in Panik und Angst verfallen. In einigen Ländern breiteten sich Hysterie und Hass aus, die sich gegen diese Flüchtlinge wandten, manchmal allgemein gegen Muslime und zugleich gegen jene Europäer, die es ablehnten, sich diesen Stimmungen anzuschließen.

Die Angst und Aggressivität – Stimmungen, aus der nationalistische, neonazistische und extrem rechte politische Gruppierungen Nutzen zu ziehen begannen – hatten offensichtlich ihre tieferen Wurzeln in persönlichen Frustrationen, im Gefühl von Entwurzelung, Desorientierung und der psychologischen und geistlichen Obdachlosigkeit vieler Menschen oder ganzer sozialer Gruppen. Jetzt endlich bot sich ihnen ein genau umrissenes Ziel, um ihre angestaute negative Energie herauszulassen. Endlich tauchte hier ein lang vermisstes Objekt auf, eine Leinwand, auf die es möglich war, ein Feindbild zu projizieren, und eine moralische Rechtfertigung für Akte des Hasses zu erlangen, egal, ob bei lauten Demonstrationen oder in der Anonymität der Nutzer von sozialen Netzwerken. Da die Menschen übersättigt und gelangweilt von der klassischen Pornografie sind, konsumieren sie jetzt in denselben Medien die »politische Pornografie« in der Gestalt von erregenden Aufnahmen von Terrorakten und Gefangenenmorden. Die daraus resultierenden unterdrückten Schuldgefühle, weil man psychologisch gesehen an Terrorakten teilgenommen hat, führen zu einer sich nach außen wendenden Aggressivität, die bisher zum Glück meistens auf der Ebene von verbaler Aggressivität bleibt.

Die Terroristen, die am Beginn des 21. Jahrhunderts unsere Öffentlichkeit in Atem halten, berufen sich auf den Islam. Die neue Welle des Hasses gegenüber der westlichen Gesellschaft, die aus den Wurzeln von Christentum, Judentum, der griechisch-römischen Antike und aus dem Humanismus der Renaissance und der Aufklärung erwachsen ist, bediente sich in diesem Fall nicht mehr der Rhetorik der Ideologie des Rassenhasses wie die Nationalsozialisten oder des Klassenhasses wie die Kommunisten, sondern der Ideologie des religiösen Hasses. Diesen Umstand greifen Ideologen des militanten Atheismus gerne auf, um den Widerstand gegen diese Fanatiker und Mörder zur Agitation gegen die Religion im Allgemeinen ausnutzen zu können. Unmittelbar nach dem Angriff auf die Türme des World Trade Centers in New York beeilte sich Richard Dawkins zu behaupten, dass es nie zu einem solchen Angriff hätte kommen können, wenn es keinen religiösen Glauben an ein Leben nach dem Tod geben würde. Sehr angemessen antwortete darauf der damalige Erzbischof von Canterbury, dass es zu einem derart grausamen Attentat ebenfalls nicht hätte kommen können, wenn keine Flugzeuge existierten. Die Religion ebenso wie die Technik können zum Guten, aber auch zum Bösen genutzt werden, der Missbrauch der einen noch der anderen ist kein Argument gegen die Religion oder gegen die Technik, er ist jedoch ein triftiger Grund, beide Phänomene sorgfältig zu studieren und sich der Risiken bewusst zu sein, die damit verbunden sind, wenn sich unverantwortliche, nicht belehrbare oder böswillige Menschen ihrer bemächtigen.

Seit Mitte des 20. Jahrhunderts nimmt die Menschheit die Welt vor allem mittels der Massenmedien wahr, und die Mehrheit übernimmt unreflektiert und unkritisch deren Interpretation der Welt. Die Medien werden von einem Grundsatz geleitet: *good news are no news*. Im Wettbewerb um die Zuschauer können sie gegen ihre Konkurrenten nur mit einem immer größeren Maß an skandalösen und Schrecken einflößenden Nachrichten bestehen. Deshalb muss es nicht verwundern, dass die Religion vor allem in Gestalt von skandalösen, negativen und gefährlichen Erscheinungen in die Aufmerksamkeit der Welt, die sie für eine lange Zeit ignorierte, zurückkehrt.

Die Rückkehr der Religion hat natürlich noch andere Formen, aber sie bleiben im Schatten derer, die »fotogener« sind. Wenn wir auf der politischen Ebene bleiben, wäre es sicher angemessen, die bedeutende positive Rolle der katholischen Kirche bei friedlichen Übergängen von autoritären (rechten wie linken) Regimen zu Demokratien und bürgerlichen Gesellschaften in den verschiedensten Teilen der Welt zu erwähnen: in Spanien, Chile, Argentinien, auf den Philippinen oder in Polen. An der Lösung vieler zerstörerischer Konflikte, insbesondere in Afrika oder Südamerika, haben sowohl Repräsentanten verschiedener Kirchen mitgewirkt als auch verschiedene christliche Friedensinitiativen (stellvertretend für die vielen sei hier die Bewegung Sant' Egido genannt): als Friedensvermittler und bei der Aussöhnung, bei der Prävention von Konflikten, der Heilung ihrer langwierigen Folgen und auch bei humanitären Missionen inmitten von Tsunamis von Hass und Gewalt.

Eine weitere Form der Rückkehr der Religion ist die wiederholt auftretende Anwesenheit des Themas »Gott« in der gegenwärtigen Philosophie, beginnend mit Paul Ricœur und Emmanuel Levinas bis hin zu den postmodernen Denkern wie Jean-Luc Marion, Gianni Vattimo, Richard Kearney oder John Caputo. Des Weiteren dauert das Interesse vieler Menschen an Spiritualität, Mystik und Meditation an und vertieft sich. Gott kehrt zurück – zum Glück nicht nur auf das Schlachtfeld, sondern auch in die Hörsäle der Universitäten und in die immer zahlreicher werdenden Meditationszentren.

Spiritualität – eine göttliche Einladung

Die letzte der erwähnten Gestalten der Rückkehr der Religion, das Interesse an der Spiritualität, scheint die angemessenste Antwort auf die Sehnsucht der Suchenden zu sein. Die Mystik und die Spiritualität wurden als Bestandteile von Religion verstanden. Bis zu welchem Maß lassen sie sich von ihr abtrennen? »Ich bin nicht religiös gläubig, aber ich bin ein spiritueller Mensch« – diese Antwort hört man inzwischen häufiger als das frühere Bekenntnis »Ich bin Atheist«, und das sogar in bestimmten Kreisen von postkommunistischen Gesellschaften, die allgemein für atheistisch gehalten werden.

Wird die Spiritualität die traditionelle Religion ersetzen? Wird sich die Religion in Spiritualität verwandeln? Ernst Troeltsch hielt die Mystik für den dritten Typ der Sozialgestalten des Christentums, neben der Kirche und der Sekte, er sah in ihr eine religiöse Philosophie, die die Grenzen einzelner religiöser Systeme überschreitet. Eine gewisse Zeit lang schien es, dass die attraktivste Ware auf dem globalen »religiösen Markt« jene Cocktails sein werden, die aus verschiedenen exotischen Zutaten gemixt sind, aus mystischen Elementen mehrerer Religionen, insbesondere fernöstlicher Provenienz. In der New-Age-Bewegung wurde nicht nur die Grenze zwischen den Religionen, sondern auch zwischen Religion, Magie, Psychotherapie und Kunst verwischt. Während bisher das Interesse einer Religion ohne Kirche galt, bot sich jetzt eine Religion ohne Gott an, eventuell noch mit einer Gottheit, die aber mit den traditionellen religiösen Vorstellungen von Gott nur wenig gemein hatte. Auch die Gesellschaftsformen dieser Religiosität unterschieden sich stark von den christlichen Kirchen des Mainstreams: Entweder ging es um feste Gruppierungen und kleine geistliche Familien rund um einen geistlichen Meister oder um eine Beziehung, die der Beziehung Therapeut–Klient ähnlich war, um eine psychotherapeutische Kommunität oder um eine völlig freie Verbindung in Form einer zeitweiligen Teilnahme an großen Versammlungen oder des Empfangs der Lehre mittels Medien.

Die traditionellen christlichen Kirchen reagierten häufig mit einer Dämonisierung dieser Bewegung, die immer mehr Gestalten und Zweige aufwies, sodass der Begriff »New Age« bald aufhörte, einen klar umrissenen Inhalt zu definieren. Die Explosion des Interesses an der Spiritualität war jedoch meistens eine Reaktion auf eine »spirituelle Unterernährung« der christlichen Kirchen des Mainstreams. Der Protestantismus war mit Ausnahme der Pietisten sehr vorsichtig gegenüber der Mystik, er sah in ihr ein Relikt des katholischen Mönchtums und einen Köder, der

in die Falle des katholischen Bekehrungseifers führt.[51] Die katholische
Hierarchie war aus einem anderen Grund zurückhaltend. Sie sah in der
Mystik ein Feuer, mit dem nur Fortgeschrittene im sicheren Umfeld
der Abgeschiedenheit eines Klosters sicher hantieren können; sie hatte
schlechte Erfahrungen damit gemacht, wenn die Flamme einer religiösen
Begeisterung auf Laien übersprang und eine Reihe von häretischen Bewegungen auslöste. Die Christen in der Welt sollten mit dem Katechismus,
den Ritualen und den moralischen Vorschriften auskommen. In jenen
Momenten aber, wenn die äußere Welt in die Weite expandiert, tauchte
regelmäßig auch das Interesse an der Tiefe auf. In der Zeit, als Europa
neue Kontinente entdeckte, begann in Spanien das goldene Zeitalter der
Mystik. In der zweiten Hälfte des 20. Jahrhunderts, als die Menschheit
begann, ins Weltall vorzudringen, und der erste Mensch den Mond betrat,
begann ein weiterer *kairos*, das neue Zeitalter (New Age) des Interesses
an Spiritualität aller Art.

Kehrt Gott durch die Tür dieses Interesses an Spiritualität in die Welt
der späten Moderne zurück, oder ist die gegenwärtige Gestalt der Spiritualität eher ein Beweis für die Säkularisierung des religiösen Lebens, die
Reduktion von Religion auf psychologische Erlebnisse? Führt die transper-
sonale Psychologie, die ein Bestandteil dieser Bewegung ist, wirklich über
die Grenzen des Interesses an Selbstvervollkommnung, Selbstrealisierung,
Selbstaktualisierung des egozentrischen menschlichen Ichs hinaus, oder
ist sie nur eine weitere Variante des menschlichen Versuchs einer Selbstvergöttlichung? Begegnet dem Christentum in der Konfrontation mit
New Age etwas anderes als nur eine neue Gestalt seines alten Gegners, der
Gnosis? Bietet sich hier geistlich suchenden Menschen (einschließlich jener
Christen, die im Angebot ihrer Kirchen keine Antwort auf ihre Fragen
und auf ihre Sehnsucht nach einer tieferen und intensiveren Gestalt des
geistlichen Lebens gefunden haben) eine ehrliche und sättigende Speise
auf dem Weg oder nur ein glänzender Stein zum Spielen?

An den Ständen des gegenwärtigen religiösen Marktes finden wir unbestritten viel kitschige, billige, qualitätslose Ware, sei es in der Gestalt
literarischer Produktion oder in den Angeboten verschiedenster geistlicher
Übungen und Meditationskursen. Hier tummeln sich viele ungebetene
Gurus, die Menschen gefährlich manipulieren oder ihnen eine gefällige

und anspruchslose Religion ohne widerständige Kirche, komplizierte Theologie oder strenge moralische Ansprüche anbieten. Trotzdem sollten wir angesichts des religiösen Kommerzes nicht das Kind mit dem Bade ausgießen. Das Interesse an der Spiritualität ist unbestritten eines der *Zeichen der Zeit*, eine der wichtigen göttlichen Einladungen an Suchende, ganz gleich, ob sie sich im Inneren der Kirchen oder bereits jenseits ihrer Grenzen befinden.

Die Expeditionen von Menschen aus dem Westen in die Welt der fernöstlichen Spiritualität waren nicht ohne Nutzen. Besonders die Erfahrung mit dem Weg des Zen machte viele westliche Menschen geistlich aufmerksam, manchen öffnete sie sogar den Weg zur Wiederentdeckung der christlichen Mystik und des Christentums als solchem – und das gilt auch für einige christliche klösterliche Kommunitäten, deren geistliche Praxis lange in einem schalen Ritualismus dahinsiechte. Viele klösterliche Kommunitäten und andere Meditationszentren wurden zu Orten einer fruchtbaren Begegnung von Menschen verschiedener geistlicher Kulturen, und sie tragen damit auch zu der großen Aufgabe unserer Zeit bei: zum interreligiösen und interkulturellen Dialog. Brücken zwischen Religionen bauen nicht nur die Worte, die auf Konferenzen und feierlichen Begegnungen von Repräsentanten der Religionen gesprochen werden, sondern auch die Stille der gemeinsamen Meditation.

Erfahrungen der Tiefe

Für den Dialog mit den Menschen, die den Kontakt mit der Welt des Glaubens verloren haben oder ihn nie knüpfen konnten, ist die Frage wesentlich, was ihnen *heilig* ist. Martin Luther behauptete, dass Gott für einen Menschen das ist, was für ihn das Wichtigste ist. Wir haben schon davon gesprochen, dass es im Leben vieler Menschen eine Diskrepanz zwischen dem geben kann, was sie als den höchsten Wert in ihrem Leben bezeichnen (und häufig auch aufrichtig dafür halten), und dem, was ihr Leben wirklich bewegt, was der »archimedische Punkt« ihres Lebens ist.

Psychologen suchten in einer Reihe von Untersuchungen das, was den Menschen von heute die Erfahrung des Heiligen, des Unbedingten, des Erhabenen und des Letzten bietet. Oft ist es die Schönheit, besonders die Schönheit der Natur, für andere die der Musik und der Kunst überhaupt. Wieder andere – ganz in der platonischen Tradition – führt die erotische Erfahrung, ihr ästhetisches und ekstatisches Ausmaß die Treppen zum Altar des Höchsten hinauf. Vielleicht ist der »Gegenstand«, der einen Menschen ergreift und ihm den Unterschied zwischen Alltag und Festtag, dem Gewöhnlichen und dem Heiligen erfahren lässt, an sich zweitrangig, er bietet nur eine Gelegenheit dazu. Wesentlich dagegen ist der Charakter dieser Erfahrung selbst. Ob es um den Aufstieg auf einen Berggipfel, um das Eintauchen in die Wellen des Ozeans oder um die Sicherheit in der Umarmung eines geliebten Menschen geht, immer ist dort das Element des Herausreißens aus dem Alltag (*ekstasis*) enthalten, aber auch die Kontemplation, das Anhalten, das Verweilen. Der Mensch tritt von seiner Aktivität zurück (manchmal paradoxerweise auf dem Gipfel seiner Leistung) und öffnet sich, er lässt die Wirklichkeit auf sich zukommen – so nah, dass die Aufteilung der Welt in Objekt und Subjekt, an die wir uns so sehr gewöhnt haben, plötzlich keinen Sinn mehr macht. Immer wieder betone ich, dass Gott in der Cartesischen Objekt-Subjekt-Welt notwendigerweise zu einem Obdachlosen werden musste. Ist es nicht die Erfahrung jener Momente, in denen wir uns so tief versenken, dass diese Grenze fällt, jener Ort, an dem sich für Menschen, die über alle Meinungs- und Kulturgrenzen hinweg durch diese Erfahrung der Tiefe verbunden sind, das Verständnis dafür öffnet, wovon der Glaube spricht, wenn er das Wort »Gott« verwendet?

Das Geheimnis leben

Die Erinnerung an die Katastrophen, die Menschen über Menschen in den zurückliegenden Jahrzehnten brachten, und das Bewusstsein aktueller Gefährdungen des Menschseins verändern die Frage nach dem, was uns ausmacht. Schwer fällt der Gedanke, dass mit dem Menschen von vorneherein auch die Idee humanen Menschseins mitgegeben sei. Alle Grandiosität steht unter dem Verdacht verkappter Tyrannei. Unsere Frage nach dem Menschsein brennt mehr denn je als die Frage nach dem Schutz der Humanität in all ihrer Gebrochenheit. Wie lässt sich ein gutes Bild vom Menschen, das sein ungeheuerliches Vermögen wach im Blick hat, malen, erhalten und eben schützen? Die Bestimmung dessen, was Glaube und Unglaube sind, bewährt sich in solcher Herausforderung. Was trägt der Glaube dazu bei, dass Leben Tiefe erfährt, dass Verantwortung sich durchsetzt, dass Stehvermögen in Unrecht und Leid »leistbar« ist? Auch dem Ungläubigen wird Lebensschutz als Respekt vor dem letzten Geheimnis eines jeden einsichtig. Doch wie lässt sich solcher Respekt verankern und in Anfechtung lebendig halten? Paul Tillich hält fest: »Wer um die Tiefe weiß, der weiß um Gott.« Tiefe – Geheimnis – Verantwortung – Gott: Fürs erste nur Worte, aber doch Schutzschilde gegen grenzenlose Verfügungsgewalt und zynischen Gebrauch des Menschen. Sicher, solches Leben aus der Tiefe, solche Ahnung des Heiligen im Leben eines jeden Einzelnen kann kaum »gewusst« werden. Gläubige und Ungläubige kreisen um die nichtwissende, doch überlebensnotwendige Behauptung des Unverfügbaren. Unterschiedlich benennen sie den sie umtreibenden Grund ihrer Sehnsucht nach Leben und Liebe.

Der Weg in die Tiefe

Tomáš Halík

Glaube – eine existenzielle Orientierung

Am Ende mancher Heilungsgeschichten in den Evangelien sagt Jesus zu dem Geheilten: »Dein Glaube hat dir geholfen.« Das bedeutet: Nicht ich habe dich geheilt (nur von außen, ohne deine Teilnahme). Es bedeutet genauso wenig: Du hast dich selbst geheilt, hast dich mit deiner eigenen Kraft gesund gemacht, auch nicht mit der Kraft deines Glaubens. Der heilende Glaube liegt in der *Begegnung*, der Begegnung Gottes mit dem Menschen, hier der Begegnung eines Kranken mit Jesus; »durch ihn und mit ihm und in ihm« äußern sich die Macht und der Ruhm Gottes.

In Jesus begegnen sich das Menschliche und das Göttliche – und mit dem Glauben im christlichen Sinn des Wortes verhält es sich genauso. In der Theologie unterscheidet man die »Christologie von oben«, die Lehre von Christus, die seine Gottessohnschaft und die göttliche Natur betont, von der »Christologie von unten«, die von der historischen Gestalt des Jesus von Nazaret ausgeht. Ähnlich können wir mit Blick auf den Glauben eine Perspektive »von oben« unterscheiden, welche den Glauben vor allem als Geschenk der Gnade beschreibt, als eingegossene Tugend, und die Perspektive »von unten«, die sich auf die menschliche Seite des Glaubens fokussiert, auf seine anthropologischen Voraussetzungen: Sie untersucht die Weise der und das Maß an Offenheit des menschlichen Geistes und Herzens für das Geschenk des Glaubens und auch das, was der Glaube in einem Menschen bewirkt, wie er seine Gesinnung, seinen Charakter und sein Verhalten beeinflusst.

Auf die Frage, warum manche einen Glauben haben, andere aber nicht, warum bei manchen Menschen der Glaube schnell verwelkt und bei anderen dauerhaft Früchte trägt, antwortet Jesus mit dem Gleichnis vom Sämann (Mk 4,1–20). Gott als der freigiebige Sämann sät das Korn großzügig in alle Richtungen aus, aber der Erfolg des Säens hängt vor allem von der »Qualität des Bodens« ab. Das Geschenk des Glaubens braucht ein günstiges Ökosystem: Wenn der Samen auf einen Boden fällt, der von Dornen überwuchert ist, oder auf einen harten und steinigen Boden, ist die Wahrscheinlichkeit, dass er Wurzeln schlägt, viel kleiner, als wenn er in eine fruchtbare und aufgelockerte Erde fällt. Oft denke ich, dass der Boden aus dem Gleichnis nicht nur auf das Glaubensumfeld im Leben des Einzelnen bezogen werden kann, sondern vielleicht auch auf ganze Kulturen – falls in einem flachen, oberflächlichen und mit allerlei Unkraut überwucherten gesellschaftlichen Umfeld das Weizenkorn des Glaubens doch Wurzeln schlägt, grenzt dies dann vielleicht fast an ein Wunder.

Schon die alten Kirchenväter unterschieden den Inhalt des Glaubens vom *Akt des Glaubens*. Ich betone stets, dass ich in meinen Büchern vor allem den Akt des Glaubens in den Blick nehme, seine menschliche Seite, die Perspektive »von unten«; die Fragen nach dem Inhalt und dem Gegenstand des Glaubens überlasse ich der Forschung der Kollegen aus dem Bereich der Dogmatik. Aber ist es wirklich möglich, den Akt des Glaubens und seinen Inhalt so scharf voneinander zu trennen?

Einen Glauben ohne Inhalt und ohne Gegenstand, ein gegenstandsloses und inhaltsloses Gläubigsein würden wir nur schwer als christlichen Glauben bezeichnen. Sicher, die Christlichkeit des Glaubens besteht in ihrer Ausrichtung auf Jesus Christus. Folgt jedoch aus der einzig denkbaren Ausrichtung auf Christus, dass die Person von Jesus Christus, seine Geschichte und das, was die Kirche über ihn sagt, explizit der *Gegenstand* des Glaubens ist? Oder können wir auch einem Glauben einen christlichen Charakter zuschreiben, der sich zwar nicht *explizit* auf die Person Jesus bezieht (der nicht »Herr, Herr« zu ihm sagt), aber sich in einer Lebenshaltung ausdrückt, die vom Geist Jesu durchtränkt ist – insbesondere einem solchen Glauben, der eine solidarische Liebe zu den Menschen als Frucht trägt?

Wenn ich in diesen Betrachtungen vom Glauben als von einer existenziellen Orientierung sprechen und mit dem Namen Jesu sparsam umgehen werde, denke ich nicht, dass der Glaube, den ich im Sinn habe, ganz ohne jegliche Beziehung zum Christentum denkbar ist. Ja, dieser Haltung des Glaubens, von der ich in diesen Betrachtungen spreche, kann sicher auch mancher Vertreter der existenziellen Philosophie oder des säkularen Humanismus zustimmen. Dies wäre dann vielleicht sogar ein Beweis dafür, dass eine bestimmte Art und Weise der existenziellen Philosophie und des säkularen Humanismus mehr vom christlichen Erbe in sich tragen als ihre Verteidiger zugeben wollen ...

Glaube – ein Geschenk

Im Glauben des einzelnen Christen ist verwirklicht (*subsistit in* – wenn wir an dieser Stelle diesen Schlüsselbegriff des Zweiten Vatikanischen Konzils bezüglich der Lehre über die Kirche entleihen dürfen) sowohl das Geschenk der Gnade (also im gewissen Sinn das Leben Gottes selbst), als auch der Glaube der Kirche, der Glaube der Gemeinschaft der Gläubigen, des Volkes Gottes, das durch die Geschichte schreitet. Schon Thomas von Aquin betonte in seiner Lehre über die Beziehung von Glaube und Gnade, von Glaube und Vernunft und über den »impliziten Glauben«, dass die Gnade, das göttliche Leben selbst, den Glauben erweckt und ermöglicht, dass er die Vernunft erleuchtet und ihr hilft, mit dem Glauben ihre eigenen Grenzen zu überschreiten und sich der Annahme der göttlichen Selbstmitteilung (Offenbarung) zu öffnen. Gleichzeitig respektiert jedoch Gott voll und ganz die Freiheit des Menschen, dieses Geschenk des Glaubens anzunehmen oder abzulehnen. Der Glaubensakt kann nur dann authentisch sein, kann nur dann die *Tugend des Glaubens* sein, wenn es sich um einen freien Akt handelt. Gott bleibt als Gegenstand des Glaubens ein Geheimnis, und deshalb schließt der Glaube den Mut ein, in die Wolke des Geheimnisses einzutreten; die Vernunft kann dabei helfen, die Glaubwürdigkeit des Glaubens zu verteidigen.

Der christliche Glaube ist ein »vernünftiger Glaube«, als Christ darf ich nicht gegen die Vernunft und gegen das Gewissen glauben, jedoch reichen die rationalen Gründe für den Glauben nicht aus. Eine bloße menschliche Spekulation, eine bloße rationale Zustimmung kann den Glauben nicht ersetzen, der Glaube ist immer ein »Geschenk der Gnade«. In die Dunkelheit des göttlichen Geheimnisses selbst dringt das Licht der menschlichen Vernunft nicht durch, sondern die Vernunft ist auf die Erleuchtung durch den Strahl der Gnade angewiesen, der aus der Tiefe dieses Geheimnisses selbst ausgeht. Er geht von Gott aus, der sich auf viele verschiedene Weisen erkennen lässt – und der sich manchmal in der Anonymität verbirgt, unter Pseudonymen auftritt.

Kein einzelner Christ kann mit seiner Vernunft noch mit seinem Glauben die Ganzheit der Offenbarung *explizit* erfassen und umarmen, die sich darüber hinaus im Verlauf der Geschichte entwickelt. Der Glaube des Einzelnen zu einem bestimmten Zeitpunkt ist immer *implizit*. Wenn sich ein Mensch vertrauensvoll auf Gott als die Quelle der Wahrheit bezieht, dann umfasst diese Selbsthingabe auch die implizite Zustimmung zu jenen Glaubensartikeln, die der Gläubige nicht kennt und nicht bekennt, lehrte Thomas von Aquin. Der christliche Glaube ist inkarniert – er ist die Teilnahme des einzelnen Gläubigen am Schatz der Tradition, aber er ist gleichzeitig auch in seine unwiederholbare Lebensgeschichte inkarniert, in seine Art und Weise des Denkens und der Wahrnehmung.

Das Geschenk des Glaubens ist nicht rein mechanisch in unseren Geist eingeprägt wie ein Siegel in Wachs. Beinahe würde ich sagen, dass die Berufung »zu glauben, im Glauben zu leben«, eher der Vergabe eines Themas ähnelt, über das wir einen hochwertigen Essay schreiben sollen, oder einem Musikstück, das wir schöpferisch interpretieren sollen. Je komplizierter die Welt ist, in die wir gestellt sind, desto weniger ist das Leben aus dem Glauben ein bloßes Erfüllen von Befehlen und Verboten und desto mehr gleicht es der Kunst – und erfordert auch immer mehr die anspruchsvolle Kunst der schöpferischen Improvisation unter ungewöhnlichen Bedingungen und Situationen. Deshalb wird es auf der Welt immer mehr unterschiedliche Arten und Weisen geben, als Christ zu leben.

Die Gnade des Glaubens ist wie das Talent aus dem bekannten Gleichnis Jesu (Mt 25,14–30): Wir dürfen es nicht eingraben und ängstlich seine Unversehrtheit hüten, sondern wir sollen mutig damit wirtschaften, um es zu vermehren – und das nicht nur nach außen, durch die Bekehrung von anderen, sondern vor allem in Hinblick auf die Entwicklung des eigenen Glaubenslebens. In der klassischen erbaulichen Literatur kann man lesen, dass sich der Glaube durch das Lesen der Heiligen Schrift nährt, durch das Studium der christlichen Lehre, durch die Mitfeier der Liturgie und der Sakramente, und durch das Gebetsleben. Es ist hier jedoch hinzuzufügen, dass unser persönlicher Glaube auch durch alltägliche Erfahrungen, durch den Strom der Erlebnisse im Arbeitsleben, in Begegnungen oder aus der Literatur gesättigt und vertieft wird. Diese alltäglichen Geschehnisse beinhalten eine Unzahl von göttlichen Herausforderungen und Inspirationen für denjenigen, der ihnen zuhören und sie interpretieren kann.

Glaube – Leben aus der Tiefe

Eine der Auslegungen des lateinischen Wortes für Religion, *religio*, versucht, dieses Wort von *re-legere*, wieder-lesen, abzuleiten. Im Licht des Glaubens lernen wir, zwischen den Zeilen zu lesen. Darin besteht meiner Meinung nach einer der Hauptunterschiede zwischen der Lebenshaltung des Glaubens und des Unglaubens. Der Glaube begreift das Leben als Dialog, der Unglaube dagegen als Monolog. Der Glaube kann still werden und zuhören, fragen – und auch antworten: *verantwortlich leben*.

Das Gegenteil davon, *der existenzielle Unglaube* (der sich manchmal auch bei Menschen mit einer festen religiösen Überzeugung finden lässt), meint ein Leben, das wie ein Monolog aufgefasst wird: Wenn ein Mensch nur sich selbst ernst nimmt, es ihm um die Durchsetzung seines Ichs und um Selbstverwirklichung geht und er nicht bereit und fähig ist, anderen zuzuhören und sie zu verstehen, von seinen vorschnellen Urteilen abzusehen, einen tieferen Sinn der Geschehnisse zu suchen oder sich selbst kritische Fragen zu stellen.

Der Unterschied zwischen existenziellem Glauben und Unglauben lässt sich auch noch anders charakterisieren: Auf der einen Seite ein Leben, das offen ist *für die Tiefe*, ein Leben aus der Tiefe – auf der anderen Seite dagegen ein Leben auf der Sandbank, im seichten Wasser, an der Oberfläche. Wer sich zum Glauben bekennt, aber gleichzeitig oberflächlich im Seichten lebt, hat vielleicht eine religiöse Überzeugung, ist aber kein Mensch des Glaubens, in dem Sinn, wie ich ihn verstehe und wie meiner Überzeugung nach Jesus ihn verstand.

»Wer um die Tiefe weiß, der weiß auch von Gott«, sagte Paul Tillich.[52] Bleiben wir für einen Moment bei dieser Metapher. Der Gegensatz zur Tiefe ist hier nicht die Höhe, sondern die Oberfläche, das Seichte. Eine ganze Reihe von Philosophen und Kulturkritikern analysierte dieses Leben an der Oberfläche. Heidegger sprach von einem nicht authentischen

Leben, von der Lebensweise des »Dasein« in der Alltäglichkeit, wie »man in der Welt lebt«, wie der anonyme, beliebige Mensch lebt (das »Man«.)[53] David Riesman schrieb von einem Menschen, der »außengeleitet ist«, der in der Einsamkeit der anonymen Masse lebt.[54] Das Leben an der Oberfläche bedeutet, ständig zu konsumieren, ständig etwas zu »besorgen«, bedeutet, eine Beziehung zu anderen Menschen zu haben, als seien sie eine Ware, die man vom Standpunkt des Nutzens für die eigenen Absichten bewertet, eine Beziehung zur Natur zu haben, als sei sie nur der nützliche Rohstoff zur Befriedigung der eigenen Bedürfnisse. Dem Leben an der Oberfläche dient die allgegenwärtige Unterhaltungsindustrie, die den Ersatz für die Freude bildet. Die Unterhaltungsindustrie verschluckt schleichend einen Bereich des Lebens nach dem anderen und verwandelt es in eine billige Ware: Populistische Politiker und populäre Prediger in religiösen Megashows werden zu Unterhaltern, die einem immer tiefer gesunkenen Geschmack hinterherlaufen. Das Leben besteht aus Ablenkung, aus dem Umherschweifen von einer Unterhaltung zur nächsten und von einer Ware zur anderen, es ist der Gegensatz zu *einem kontemplativen Leben*, das im Verweilen in der Tiefe besteht. Die Kultur der Massenunterhaltung und der Teufelskreis des ständigen Konsumierens lassen in der Welt und in dem Leben, welches diese hervorbringen, keinen Platz für die kontemplative Einsamkeit, und auch nicht für ein wirklich gemeinschaftliches Teilen. Sie gebären stattdessen »die Einsamkeit in der Masse«.

Die Träger der Kultur des geistlichen Lebens haben stets die Einsamkeit gesucht. Eine wichtige Erkenntnis, die besonders die dialogische Philosophie des 20. Jahrhunderts gebracht hat, besteht darin, dass wir die Tiefe nicht nur in der Einsamkeit suchen müssen, sondern auch in den Beziehungen. Martin Buber sprach von zwei qualitativ unterschiedlichen Arten einer Beziehung: Die Beziehung des Ichs zu einem Er oder Es und die Beziehung von *Ich und Du*. Die Beziehung des Ichs zu einem Er oder Es – egal, ob zu einem Menschen oder zur Natur – neigt zur Vergegenständlichung und Manipulation. Die Beziehung zu einem Du schließt die Achtung vor diesem ein, sie schließt Manipulation und Ausbeutung aus.[55] Der Respekt vor dem »Unbedingten« ermöglicht es, im Raum einer Beziehung zu jedem möglichen *Du* »den Horizont des absoluten Du« zu erblicken.

Der Gedanke an Gott, bekennt Emmanuel Levinas, taucht in mir auf, wenn ich ins Antlitz des anderen schaue. Das Gesicht des anderen in seiner Nacktheit und Verletzlichkeit bringt das göttliche Gebot »Du wirst nicht töten« zum Ausdruck.[56] Etwas Ähnliches spiegelt sich auch im liturgischen Hymnus des Gründonnerstags: *Ubi caritas et amor, Deus ibi est* – wo die Güte und die Liebe sind, dort ist Gott. Wo zwischen den Menschen die Liebe herrscht, dort geschieht Gott. Die Tiefe, die Liebe, die Verantwortung und Gott, das Leben in Gott, sind in gewissem Sinn verschiedene Ausdrücke für dieselbe Wirklichkeit. Der Glaube – und wieder berufe ich mich auf Thomas von Aquin – ist nur dann ein Weg des Heils, wenn er von der Liebe und von der Hoffnung begleitet wird.

Gott – die Tiefe der Wirklichkeit

Erinnern wir uns an die bekannte Szene der Begegnung des Propheten Elija mit dem Herrn auf dem Berg Horeb (vgl. 1 Kön 19,7–13). Elija erlebte ein Erdbeben – aber der Herr war nicht in diesem Erdbeben. Dann kamen ein Sturm, Sturmwind und Blitze – aber der Herr war nicht in dem Sturm. Schließlich kam ein sanftes Säuseln auf – und darin war der Herr.

Die Menschen suchten zunächst den »äußerlichen« Gott hinter den Kulissen der Natur und der Geschichte. Die Religionskritik, die vom Standpunkt der Naturwissenschaften ausging, von der Entdeckung der Evolutionstheorie oder der neuen Erkenntnisse der Religionsgeschichte, bedeutete für diese traditionellen Vorstellungen von Gott, die auch in der Schrift und in der Tradition verankert sind, ein regelrechtes Erdbeben. Es zeigte sich, dass hinter den Kulissen der Wirklichkeit, in dem abgetrennten Direktorenzimmer des Weltalls und der Geschichte, kein Gott ist. Wenn es Gott gibt, dann wohnt er viel tiefer. Was sich heute 60 bis 80 Prozent der Menschen unter dem Begriff Gott vorstellen, existiert, Gott sei Dank, nicht, schrieb einer der größten katholischen Theologen des 20. Jahrhunderts, Karl Rahner. Der atheistischen Kritik verdankt das Christentum die Reinigung von weit verbreiteten Karikaturen Gottes.

Später waren die Menschen von ihrer eigenen Kraft, von ihren Erkenntnissen und von der Macht der Technik so fasziniert, dass sie begannen, sich selbst an Gottes Stelle zu setzen. Aber die Stürme der Tragödien des 20.

Jahrhunderts haben wie ein alles vernichtender Orkan den Optimismus und die Selbstsicherheit der menschlichen Selbstvergöttlichung weggeweht: Es zeigte sich, dass kein Gott in jenem Projekt war. Der Mensch ist nicht Gott und er soll nicht so tun, als wäre er Gott. Diejenigen, die versprachen, dass sie mit eigenen Kräften den Himmel auf Erden einrichten werden, haben in der Regel aus der Erde eine Hölle gemacht.

Vielleicht eröffnet sich jedoch gerade heute, nach dem Zusammenbruch so vieler Illusionen und Götzen, ein neuer Zugang zur Wirklichkeit, zur Welt und zu Gott, ähnlich jenem sanften Säuseln. Gott ist weder hinter der Wirklichkeit, noch in der menschlichen Macht – er ist die Tiefe der Wirklichkeit. Die Tiefe und Gott als die Tiefe der Wirklichkeit zu entdecken bedeutet zunächst, den äußerlichen Gott im Jenseits abzulehnen, den bereits Nietzsche und viele Atheisten der Moderne ablehnten, und heißt zweitens auch, die Vergöttlichung des Menschen abzulehnen, wie sie der Atheismus Ludwig Feuerbachs und der humanistischen Atheisten verkündeten, welche die Religion auf Anthropologie reduzieren wollten. Zum Dritten bedeutet es auch, viele Arten der oberflächlichen Konsum- und Unterhaltungsreligion von heute abzulehnen.

Ein anderes Wort für Tiefe ist Geheimnis. Man muss allerdings zwischen einem Problem und dem Geheimnis unterscheiden, behauptete Gabriel Marcel. Ein Problem ist etwas, das wir lösen, womit wir fertig werden können: Wir können eine hinlängliche Antwort auf die Frage bekommen, wer der Täter bei einem Verbrechen oder was die Ursache für ein bestimmtes Phänomen ist, welches Physik oder Biologie erforschen. Mit einem Geheimnis dagegen können wir nie fertig werden, es hat keinen Boden. Das bedeutet nicht, dass wir vor dem Eintreten in das Geheimnis ein Stoppschild oder »Einfahrt verboten«-Schild für das Denken stellen müssten, im Gegenteil: Das Geheimnis bietet eine unausschöpfliche Menge von Interpretationsmöglichkeiten. Nur müssen wir uns bewusst sein, dass alle unsere Ausdrücke, die wir für das Geheimnis benutzen, den Charakter eines Bildes, eines Gleichnisses, einer Metapher oder bestenfalls einer Analogie haben.

Für eine lange Zeit war es möglich zu behaupten, dass sich die Wissenschaft mit den Problemen beschäftigt, die Theologie aber mit dem Geheimnis. Wer aus Gott ein Problem macht (Gott zum Beispiel als eine

»wissenschaftliche Hypothese« für die Erklärung von Naturphänomenen auffasst, wie es der naive Kreationismus und der nicht weniger naive neue Atheismus eines Richard Dawkins und seiner Gefährten tun), steckt schon von Beginn an in einem tiefen Irrtum. Viele bekannte Auseinandersetzungen zwischen der Wissenschaft und dem Glauben beruhten auf Missverständnissen und gegenseitigen Kompetenzüberschreitungen: Die Naturwissenschaft ist nicht kompetent, philosophische und theologische Fragen zu lösen, und der Glaube und die Theologie haben keine »Arbeitsvorschriften« zu geben hinsichtlich der Fragen, die in den Kompetenzbereich der Naturwissenschaften fallen. Heute nähert sich jedoch bis zu einem bestimmten Grad die Naturwissenschaft, oder genauer gesagt die philosophische Reflexion der Naturwissenschaften (besonders gilt dies für das Gebiet der Quantenphysik, die das einstige materialistische Weltbild zerschlug) der Theologie und ihrer Domäne, dem Geheimnis des Seins, an. Die Wissenschaft lernt hier das, was einer bestimmten Richtung der Theologie, insbesondere der mystischen Theologie, zu eigen ist: mit den Paradoxa und den unterschiedlichen Interpretationen desselben Phänomens umzugehen. Die klassische aristotelische Logik, auf der sowohl die klassische metaphysische Theologie als auch das klassische Denken der Wissenschaft aufgebaut waren, ist kein ausreichendes Instrument für das Erfassen der Wirklichkeit mehr, weder in der gegenwärtigen Physik noch in der gegenwärtigen Theologie. Es eröffnet sich hier ein neuer Raum für einen bereichernden Dialog.

Gott – in vielen Pseudonymen

Der humanistische Psychologe Erich Fromm und der christliche existenzialistische Philosoph Gabriel Marcel boten eine Unterscheidung an, die in manchem der bereits erwähnten Unterscheidung Martin Bubers ähnlich ist: Sie schrieben von der Welt des »Habens« und von der Welt des »Seins«. Diese Unterscheidung lässt sich auch auf die Religion übertragen. Es existiert eine Religion, die danach strebt, den Glauben, religiöse Sicherheiten und sogar Gott selbst zu *besitzen*, den Glauben zu »haben«. Ein anderer Typ von Religion sucht dagegen danach, im Glauben zu »sein«. Fügen wir hinzu, dass dieses existenzialistische und dynamische

Verständnis des Glaubens ein ununterbrochenes Suchen bedeutet: *den Weg in die Tiefe*. Im Glauben zu sein bedeutet hier eher, im Glauben zu schreiten, als im Glauben zu stehen.

Es gibt sicher Augenblicke, in denen ein Mensch sagen muss: »Hier stehe ich und kann nicht anders«; aber es gibt auch Momente, in denen wir uns daran erinnern sollten, dass derjenige, der von sich sagte »Ich bin die Wahrheit«, auch hinzufügte »Ich bin der Weg und das Leben«. Die Wahrheit des Glaubens ist nicht statisch, unbeweglich wie ein toter Stein, sondern sie ist ein Weg, sie ist dynamisch wie das Leben selbst.

Psychologen, die vor einiger Zeit an einer großen Anzahl von Gläubigen ihre Hypothese überprüften, dass religiös gläubige Menschen eine Neigung zu einer autoritären Wahrnehmung der Welt haben (ähnlich wie Faschisten oder Kommunisten), sind zu einem für sie überraschenden Ergebnis gekommen. Es zeigte sich, dass es unter den Gläubigen riesige Unterschiede gibt. Es existieren demnach zwei sehr unterschiedliche Typen des Glaubens, zwei Pole auf einer breiten Skala von religiösen Haltungen. Gordon Allport nannte die eine Haltung »die extrinsische (von außen her bestimmte) Religiosität«, die andere »die intrinsische (innere/ innerliche) Religiosität«. Im ersten Fall dient der Glaube als *Mittel* zu etwas anderem: Der Mensch will sich zum Beispiel hauptsächlich in eine bestimmte Gruppe eingliedern oder feste Sicherheiten im Leben erlangen. Im anderen Fall glauben die Menschen einfach deshalb, weil sie innerlich mit der Botschaft einverstanden sind. Die erste Gruppe neigt tatsächlich zu Autoritäten und zur Autoritätshörigkeit, die andere nicht.

Von Religion im Allgemeinen zu sprechen, ist die erste Ursache aller Missverständnisse, weil »die Religion« als solche nicht existiert. Die Welt der Religion ist bunt und voller Gegensätze. Es existieren große Unterschiede, nicht nur zwischen den einzelnen Religionen, religiösen Systemen, zwischen den einzelnen Richtungen im Inneren dieser Systeme und zwischen den Verteidigern dieser Richtungen in unterschiedlichen Ländern und Kulturen. Man könnte daher nicht selten überraschende Unterschiede im Verständnis und Erleben des Glaubens bei einzelnen Menschen finden, die in den Kirchenbänken nebeneinander sitzen und gemeinsam dieselben Texte rezitieren. Ein hochbetagter Missionar schloss einmal die Erzählung über seine reichen Erfahrungen, die er mit den

Anhängern verschiedenster Religionen an den verschiedensten Orten des Planeten gesammelt hatte, folgendermaßen: »Überall gibt es Menschen sowohl eines offenen als auch eines geschlossenen Geistes. Alles hängt von den Menschen und ihrem Charakter und von ihrem Zugang zur Wirklichkeit ab.«

Musste dieser Missionar aber letztendlich nicht zu einem religiösen Relativismus gelangen? Wir sollten nicht allzu schnell seine Worte in eine bestimmte Schublade stecken. Vielleicht geht es hier letztlich eher um ein demütiges Eingeständnis, dass uns kein Urteil über den Glauben eines einzelnen Menschen zusteht, zu welcher Religion auch immer er sich bekennen mag, sondern dass dies nur Gott zusteht. Gott hat seine einzigartige Geschichte mit jedem Menschen, über alle Grenzen der Konfessionen hinweg, mit jedem Gläubigen und auch mit jedem Ungläubigen.

»Wir haben nicht denselben Gott wie die Muslime!« kann man von gewissen christlichen Kanzeln herab predigen hören. Wenn Christen den ersten Satz des Glaubensbekenntnisses ernst nehmen, dann müssten sie wissen, dass wir einen Gott bekennen, der nicht nur der Gott der Christen und der Muslime ist, sondern auch der der Atheisten, der Schmetterlinge, der Sterne; er ist der einzige Schöpfer, der Herr des Himmels und der Erde, der ganzen Schöpfung. Wir glauben nicht an einen lokalen und partikulären Götzen, auf den wir das Monopol hätten und der hinter den Grenzen unseres Stammes keine Kompetenzen mehr hat. Das, worin wir uns unterscheiden, ist jedoch die Auffassung Gottes, sind unsere Vorstellungen von Gott. Darin unterscheiden sich Christen jedoch nicht nur von den Muslimen, sondern, wie wir schon gezeigt haben, auch Gläubige einer Religion untereinander. Die Loyalität zum eigenen Bekenntnis ist ein Bestandteil der Haltung zur Religion. Aber ist unser Glaube an die Wahrheit unseres Bekenntnisses wirklich so schwach, dass wir ihn mit der Dämonisierung der Religionen der anderen unterstützen müssen? Sind wir in der Lage, ihren Glauben insoweit zu verstehen, dass wir außer einem einfachen Konstatieren der Unterschiede selbstsichere Urteile darüber fällen könnten, wie nah oder fern sie von Gott sind?

Der Geist weht, wo er will, sagt die Bibel. Nur Gott weiß, auf welche Art und Weise und unter welchem Pseudonym er einen bestimmten Menschen anspricht und auf welche Weise ihm dieser Mensch antwortet. Der Reichtum der göttlichen Fantasie und seines Erfindungsreichtums übersteigt die Möglichkeiten unseres Vorstellungsvermögens bei Weitem.

Offenheit – Liebe – Freiheit

»Nichts als Religion bleibt, sich zum Unverfügbaren in Beziehung zu setzen«, schrieb Hermann Lübbe. Die Krise der Religion in der Zeit der Moderne wurde sicher auch dadurch verursacht, dass der moderne Mensch der Vorstellung erlag, dass ihm die Wissenschaft und die Technik die Macht böten, über alles zu verfügen, Regie über die Natur und die Geschichte zu führen. Ich kann mich gut daran erinnern, wie wir in der Schule zu Zeiten des Kommunismus das Lied gesungen haben: »Wir befehlen dem Wind, dem Regen, wann er regnen, wann er wehen soll.« Die tragischen Folgen eines manipulativen Zugangs zum Leben, zur Natur und zur Geschichte führten allmählich zur Ernüchterung der Utopie eines allein seligmachenden Fortschritts und zu der Erkenntnis, dass wir nicht alles, was wir können, was wir in der Lage sind zu tun, auch tun dürfen. Alles können wir, aber nicht alles gedeiht, schrieb schon der Apostel Paulus. Wir erkennen, dass es notwendig ist, zum großen Ideal der Freiheit einen anderen, genauso wichtigen Begriff hinzuzufügen: den der Verantwortung.

William J. Hoye macht darauf aufmerksam, dass wir das Wort Verantwortung (*responsabilitas*) weder im klassischen noch im mittelalterlichen Latein finden und dass dieser Begriff dem mittelalterlichen christlichen Denken fremd ist.[57] Erst im »postchristlichen« aufklärerischen Denken, besonders im Umkreis der Autoren der amerikanischen Verfassung, wird dieser Begriff notwendig: Er ist nämlich der säkulare Ersatz für einen bestimmten wesentlichen Aspekt des christlichen Glaubens. Hoye kritisiert den heute oft benutzten Begriff »globale Verantwortung« als eine leere und in gewisser Hinsicht stolze Phrase: Beansprucht damit der Mensch nicht etwas, das ihm nicht wirklich zusteht? Spielt er sich damit nicht zum Gott auf? Thomas von Aquin betonte, dass selbst Gott uns nur dazu verpflichtet, seine Gebote in dem Maß zu erfüllen, in dem wir fähig sind, sie zu verstehen. Also wiederum: Der Christ darf nicht gegen seine Vernunft und sein Gewissen handeln.

»Ihr seid zur Freiheit berufen, Brüder«, lehrt der Apostel Paulus;[58] verharrt in dieser Freiheit. Das Evangelium des Paulus ist ein Evangelium der Freiheit. Erlösung, der zentrale Begriff des Christentums, bedeutet Befreiung; es ist eine Metapher, die aus der Sklavenwelt entlehnt wurde.

In der Geschichte des Paulus faszinierte mich immer am meisten die Szene, in welcher der Apostel auf dem Areopag von Athen »den Altar des unbekannten Gottes« findet – und an ihm den Heiden zu predigen beginnt (vgl. den *Epilog* in diesem Buch): Den Gott, den ihr nicht kennt, den verkünde ich euch! Als Schüler des Paulus sind wir verpflichtet, stets die Altäre des unbekannten Gottes zu suchen. Vielleicht können wir sagen: Die Freiheit ist der Altar des unbekannten Gottes – jener Ort, an dem Paulus für uns jenen Schlüsselpunkt entdeckte, von dem aus man das Evangelium verkünden kann. Paulus spricht von der Spannung zwischen einem offenen und verhärteten, zwischen einem tiefen und oberflächlichen Leben: Er nutzt für diese beiden Weisen der menschlichen Existenz die metaphorische Ausdrucksweise: Geist und Fleisch. Man muss allerdings vermeiden, diese Metaphern allzu griechisch, gnostisch oder manichäisch zu lesen: Paulus sind Vorstellungen von der bösen Materie und der göttlichen Seele fremd.

Gott schuf freie Menschen, die Freiheit ist das, was aus uns das Bild Gottes macht. Gerade deshalb geht es Paulus so sehr darum, dass wir das Geschenk der Freiheit unversehrt bewahren sollen, damit wir aus der Freiheit nicht einen Götzen machen – damit wir die Freiheit nicht mit der Willkür verwechseln. Viele unserer Zeit tun genau das, sie verwechseln den Liberalismus mit dem Libertinismus. Dabei sind dies zwei völlig unterschiedliche Dinge. Die echte Freiheit ist mit Verantwortung verbunden – deshalb ist sie so anspruchsvoll und anstrengend. Deshalb rufen viele Menschen so gerne nach der Freiheit, aber wenn sie wirklich in der Freiheit verharren sollen, sehnen sie sich eher nach jenen Sicherheiten zurück, die der Sklavenstand bot – erinnern wir uns an diejenigen, die sich auf den Weg durch die Wüste in das gelobte Land begeben haben und sich dann sehnsuchtsvoll an die »Fleischtöpfe« in der ägyptischen Sklaverei erinnerten – obwohl wir gar nicht so weit in die Vergangenheit zurück müssten, um dafür entsprechende Beispiele zu finden.

Die Freiheit ist die radikale Offenheit des menschlichen Lebens. Deshalb ist sie ein »Altar« – ein Ort, an dem wir Gott begegnen. Die Freiheit kann derjenige nicht bewahren, der sich in seiner Selbstsucht einschließt, in seine Willkür. Mit den Worten des Paulus: der lebt, wie das Fleisch will. Die Freiheit kann nur derjenige bewahren, der »nach dem Geist« lebt. Und Geist bedeutet hier: freies Wehen, Selbstüberschreitung, Transzendenz.

Im Christentum ist die höchste Form der Transzendenz die Liebe, das Übersteigen der eigenen Selbstsucht und der Eingenommenheit nur von sich selbst. Deshalb erfüllt derjenige die Freiheit im eigentlichen Sinn, der nicht für sich lebt, sondern sich für die anderen öffnet – in der Liebe lebt. Die Liebe ist die Verwirklichung der Freiheit als der radikalen Offenheit, als des Lebens in Gott. Aus der Tiefe zu leben bedeutet zu lieben.

Von den Erfahrungen
des Unbeschreiblichen
Anselm Grün

Der Mensch lebt im Geheimnis

Karl Rahner spricht von Gott immer als von dem unbegreiflichen und unbeschreiblichen Geheimnis. Wer offen ist für das Geheimnis, der ist offen für Gott, selbst wenn er das Geheimnis nicht mit Gott gleichsetzt. Gott in seiner Unbegreiflichkeit bleibt das Geheimnis, auch wenn wir noch so viele theologische Erkenntnisse erlangen oder noch so tiefe mystische Erfahrungen machen. Der Mensch lebt wesentlich vor dem Geheimnis. Und er muss sich entscheiden, ob er »frei das absolute Geheimnis in liebender Ekstase anbetend annimmt oder a-theistisch sein will«[59]. Rahner definiert den Menschen als einen, der in seinem Denken und Fragen immer schon das Vorhandene transzendiert auf Gott hin. Der Mensch »gründet im Abgrund des Geheimnisses, er lebt immer mit ihm zusammen, und es ist nur die Frage, ob er willig, gehorsam und sich ihm anvertrauend, mit dem Geheimnis zusammenlebt oder es ›verdrängt‹ und nicht wahrhaben will«[60]. Diese Lehre vom Geheimnis ist für Rahner wichtig im Dialog mit den Atheisten. Denn oft genug verneint der Atheist nicht den Gott des Evangeliums, »sondern falsch verendlichende Gottesbilder«[61]. Im gemeinsamen Nachdenken über das Geheimnis kommen Gläubige und Atheisten sich näher. Der Atheist, der offen ist für das Geheimnis, auch wenn er es nicht mit dem Begriff Gott benennt, glaubt letztlich an den Gott Jesu Christi, der sich uns in seiner Menschwerdung immer als der Verborgene zeigt und sich uns schenkt. Die Botschaft Jesu lautet für Rahner, dass Gott sich uns selbst mitteilt, dass Gott aber auch als der, der sich uns schenkt, immer das unbegreifliche Geheimnis bleibt.

Der Weg in den inneren Raum der Stille

Den Weg in die Tiefe der menschlichen Seele können Gläubige und Atheisten gemeinsam gehen. Sie werden die Erfahrung der Tiefe auf verschiedene Weise interpretieren. Für mich geht dieser Weg durch alle meine
Emotionen hindurch in den Grund der Seele. Ich setze mich still hin und
horche in mich hinein. Da begegne ich zunächst meinen Emotionen: meinem Ärger, meinem Neid, meiner Angst, meiner Traurigkeit. Aber ich
bleibe nicht bei den Emotionen stehen, sondern gehe durch sie hindurch.
Immer, wenn eine neue Emotion auftaucht, schaue ich sie an, gehe in sie
hinein, fühle mich in sie hinein. Aber ich versuche, durch sie hindurch-
zugehen, bis ich zum Grund meiner Seele gelange. Dieser Grund ist für
mich ein Ort der Stille. Und für mich als Christ ist er auch ein Ort der
Liebe. Liebe ist dabei aber nicht ein Gefühl, sondern eine Qualität des
Seins. Für mich ist der Wegbegleiter durch die Emotionen in den Grund
meiner Seele das Jesusgebet. Ich spreche in alle Emotionen hinein: »Herr
Jesus Christus, Sohn Gottes, erbarme dich meiner!« Dieses Wort verbinde ich mit dem Atem. Beim Einatmen: »Herr Jesus Christus«, und beim
Ausatmen: »Sohn Gottes, erbarme dich meiner!« Ich stelle mir vor, dass
dieses Wort mich mit dem Ausatmen in den Grund der Seele führt. Das
Wort, so sagen die frühen Mönche, schließt mir die Tür auf zum wortlosen Geheimnis Gottes. Das wortlose Geheimnis auf dem Grund meiner
Seele verbindet mich mit dem wortlosen Geheimnis, das auf dem Grund
jeder Seele, auch der Seele des Atheisten, anwesend ist. In diesem wortlosen Geheimnis fühle ich mich eins mit allen Menschen, auch mit den
nichtglaubenden. Denn in diesem wortlosen Geheimnis spüre ich, wie
klein der Grat ist zwischen Glauben und Nichtglauben, zwischen Erfahrung und Nichterfahrung.

Im Gespräch mit einer buddhistischen Zen-Meisterin kamen wir auf
diesen Weg in die Tiefe. Für die Zen-Meisterin ist der Ort auf dem Grund
der Seele ein Ort der Leere. Buddhisten weigern sich, diesen Ort näher
zu beschreiben. Aber mit Leere meinen sie letztlich auch einen Ort, der
offen ist für das Geheimnis, für Gott. Sie benennen diesen Gott nicht.
Insofern kommen sie den Atheisten mit ihrer Sprache näher. Aber ganz
gleich, ob und wie wir diesen Ort mit Worten beschreiben: Es geht um

eine Erfahrung, die jeder Mensch machen kann. Wenn ich durch alle meine Emotionen und Gedanken hindurchgehe, worauf stoße ich dann? Nur auf meine eigene Lebensgeschichte, nur auf Verletzungen oder Erfolge? Oder öffnet sich da für mich nicht ein Raum des Geheimnisses, ein Raum der Stille, ein heiliger Raum?

Wenn wir den Weg der Erfahrung dieses Raumes gehen, dann kommen wir uns einander näher, Christen und Buddhisten, Gläubige und Atheisten. Alle Menschen haben eine Ahnung von diesem inneren Raum der Stille. Die stoischen Philosophen nennen ihn *autos*. Sie verstehen darunter das innere Heiligtum des Menschen. Der Hebräerbrief nimmt dieses Bild des Heiligtums auf. Christus ist durch seinen Tod in das nicht von Menschenhänden gemachte Heiligtum eingetreten, in das Heiligtum im Grund unserer Seele. Die christlichen Mystiker beschreiben diesen Ort mit Bildern, zum Beispiel als innere Zelle (Katharina von Siena), Seelengrund (Johannes Tauler), *scintilla animae*, also Seelenfünklein (Meister Eckhart), *intimum domus meae*, das Innerste meines Hauses (Augustinus), das innerste Gemach der Seelenburg (Teresa von Ávila), Ort Gottes (Evagrius Ponticus). Es ist der Raum, in dem Gott in mir wohnt. Aber dieser Gott bleibt auch als der in mir innewohnende Gott das unbegreifliche Geheimnis, das in mir ist und sich zugleich mir und dem Zugriff meines Denkens, aber oft auch der Erfahrung entzieht.

Das Heilige als das Verbindende

Es ist ein heiliger Raum. »Heilig« ist wie »Geheimnis« ein Begriff, über den sich Theisten und Atheisten austauschen können. Denn was heilig ist, das weiß eigentlich jeder. Auch in der Alltagssprache sprechen wir davon, dass uns etwas heilig ist: das eigene Haus, der Ehering, die Stille, die ich mir nehme, das Morgenritual ist mir heilig. Heilig ist das, was der Welt entzogen ist. Die christliche Tradition versteht den Priester als Hüter des Heiligen. In der Taufe sind aber alle Christen zu Priestern und Priesterinnen gesalbt worden. Das ist ein wesentlicher Zug des Christen, dass er das Heilige in sich selbst hütet, aber auch in anderen Menschen. Es gibt in jedem etwas, was dem Zugriff der Gesellschaft entzogen ist. Das Heilige ist der Bereich, der ganz dem Menschen gehört, über den die

Welt nicht verfügen kann. Das Heilige ist auch der Ort, an dem wir den heiligen Gott erfahren. Gott ist für die Bibel wesentlich der heilige Gott, dessen Heiligkeit die Menschen erschauern lässt. Das Heilige ist immer auch das Numinose, das Mächtige, das mich erschüttert.

In der neueren Philosophie war es vor allem Martin Heidegger, der das Heilige wiederentdeckte und ihm seine Bedeutung für den Menschen zugewiesen hat. Heidegger meint, von Gott könne man erst dann sprechen, »wenn wir das Heilige wieder erfahren, oder vielmehr: wenn es sich uns es zu erfahren gibt«[62]. Klaus Hemmerle führt diese Gedanken von Heidegger weiter. Das Heilige zeigt sich dem Menschen, aber nicht seinem theoretischen Interesse oder seinem ästhetischen Bewusstsein, noch seiner ethischen Haltung. Das Heilige greift nach dem Menschen. Es ist »das unberührbar Berührende«. Es berührt den Menschen, es geht ihn unbedingt an. Aber es entzieht sich ihm auch. Er kann es nicht vereinnahmen. Das Heilige ist »das Schauernd-Beseligende, es zieht an und stößt ab. Ich verstumme vor der Andersheit des Heiligen.« Und doch »bin ich nur in der Berührung des Heiligen der Fraglichkeit und Grundlosigkeit meiner selbst in mir selbst beseligt entrissen«[63]?

Der Mensch ist auch heute fasziniert vom Heiligen. Doch zugleich steht er in der Versuchung, es zu sich herabzuziehen und es zu konsumieren. Für mich ist diese Gefahr ausgedrückt in der ersten Versuchung, die Jesus in der Wüste zu überstehen hat. Der Teufel sagt zu ihm: »Wenn du Gottes Sohn bist, so befiehl diesem Stein, zu Brot zu werden« (Lk 4,3). Da geht es nicht nur um maßlosen Konsum von Lebensmitteln, sondern auch um den Konsum des Heiligen. Denn die Steine waren in der Antike oft genug heilige Steine, die dem Zugriff des Menschen entzogen waren. Wir erleben das heute, wenn Touristen eine Kirche besuchen. Sie haben kein Gespür mehr für das Heilige. Sie haben kein Gespür, dass sie in der Kirche still sein und dem Heiligen mit Schweigen antworten sollen. Sie meinen, eine Kirche sei ein Museum. Aber auch Museen können heilige Orte sein. Wenn wir ein Kunstwerk betrachten, so braucht es dazu Stille. Auch ein Kunstwerk will mich betreffen, berühren, beseligen. Und zugleich bleibt es mir entzogen. Auch ein Wald kann ein heiliger Raum sein, der nur mit schweigender Ehrfurcht betreten werden darf. Viele Wanderer haben noch ein Gespür für die Heiligkeit einer Landschaft.

Wenn sie an einem Kraftort stehen, werden sie erst einmal still. Sie sind berührt von der Schönheit der Landschaft, aber auch von der Kraft, von dem Heiligen, das von ihr ausgeht.

Glauben – ein Urphänomen

Es existiert also das Geheimnis und das Heilige, über das sich Theisten und Atheisten miteinander unterhalten können, auch wenn sie es jeweils anders deuten. Es gibt noch ein drittes Thema, über das sie sich austauschen können: den Glauben. Glauben heißt dabei nicht in erster Linie, dass ich bestimmte Sätze für wahr halte. Diesen Glauben lehnen Atheisten ab. Sie wissen nicht, was die Sätze bedeuten sollen. Doch der Glaube hat auch in der christlichen Tradition verschiedene Aspekte. Wenn mir jemand sagt »Ich kann nicht glauben«, frage ich: »Woran kannst du nicht glauben? Was meinst du damit, dass du nicht glauben kannst?« Glauben ist ein Urphänomen des Menschen. Es hat mit Vertrauen zu tun: Ich vertraue dem Menschen, der mir etwas erzählt. Aber Glauben heißt auch: Ich fühle mich von Gott getragen. Ich habe Vertrauen ins Leben, denn ich fühle mich nicht allein, sondern von Gottes Schutz umgeben. Glauben, so meint der Hebräerbrief, hat mit stehen, feststehen zu tun: »Glaube aber ist: Feststehen in dem, was man erhofft« (Hebr 11,1). Glauben heißt, dass ich auf einem festen Grund, auf Gott wie auf einem Felsen stehe. Dieses Stehvermögen befreit mich von dem Druck, mich überall beliebt zu machen und in der Anerkennung der Menschen meinen Stand zu suchen.

Glauben als Schauen

Glauben hat auch mit sehen zu tun. Das deutsche Wort »glauben« hat die Wurzel *liob*, gut. Glauben heißt also gemäß der Weisheit der deutschen Sprache, dass ich an das Gute im anderen glaube, dass ich das Gute im anderen sehe. Dieser deutsche Begriff des Glaubens liegt auf der gleichen Linie wie der Glaubensbegriff im Johannesevangelium. Hier ist Glauben ein Sehen: Ich sehe in dem Menschen Jesus Gottes Herrlichkeit. Ich schaue auf den geschundenen Menschen Jesus am Kreuz und sehe darin die Herrlichkeit Gottes aufleuchten, eine Liebe, die stärker ist als der Tod. Johannes deutet dieses Geschehen, indem er Jesus sprechen lässt: »Es gibt keine größere Liebe, als wenn jemand sein Leben hingibt für seine Freunde« (Joh 15,13).

Für die Griechen hängt der Glaube an Gott eng mit dem Schauen zusammen. Das Wort *theos,* Gott, kommt von *theasthai,* schauen, geschaut werden. Im Griechischen erfährt man Gott, indem man schaut. Wir wissen, dass wir Gott nicht direkt schauen können. Aber in der Schönheit der Natur, in der Schönheit eines menschlichen Antlitzes, in der Schönheit eines Kunstwerkes können wir Gottes Herrlichkeit schauen. Gott ist das Urschöne, das sich uns im Schönen zeigt. Das Schöne kann jeder sehen, ob Theist oder Atheist. So können beide bedenken: Was sehe ich, wenn ich eine Blume betrachte, wenn ich in eine schöne Landschaft schaue, wenn ich ein Gemälde von Albrecht Dürer oder Martin Schongauer meditiere? Die Schönheit ist dieselbe. Als Christ deute ich diese Schönheit als Abglanz der Herrlichkeit Gottes. Ich sehe im Schönen seine Spur. Dabei hilft mir die Deutung, die die platonische Philosophie dem Schönen gibt. Platon sagt, dass das Schöne wirklich ist. Der deutsche Philosoph der Aufklärung, Immanuel Kant, verlegt die Schönheit in ein subjektives Urteil des Menschen. Wenn ich das tue, ist das Schöne jedoch kein Ort mehr, an dem ich Gott erahnen kann. Dann geht es nur um subjektive Deutungen. Wenn wir aber darauf vertrauen, dass diese Landschaft wirklich schön ist, dass dieser Mensch wirklich schön ist, dann begegnet uns im Schönen etwas, das unsere Subjektivität übersteigt. Der Atheist muss das Schöne nicht über Gott interpretieren. Er lässt sich vom Schönen berühren. Von manchen Atheisten können wir lernen, wieder neu auf das Schöne zu schauen. Wir deuten das Schöne oft zu schnell als Spur Gottes und übersehen dabei sein Geheimnis, seine Vielfalt, seine Struktur, das, was es wirklich ausmacht. In der Erfahrung des Schönen können wir voneinander lernen, ohne uns über den anderen zu stellen. Wenn wir gemeinsam auf das Schöne schauen, lassen wir uns vom Geheimnis berühren, ganz gleich, wie wir dieses Geheimnis deuten. Schauen führt immer in die Freiheit. Wir schauen auf das Gleiche, aber jeder tut es mit seinen eigenen Augen und jeder soll auch seinen eigenen Augen trauen.

Glauben und Hören

Paulus sagt, dass der Glaube vom Hören kommt. Auch da ist die Frage: Was höre ich, wenn ich eine schöne Musik höre? Hören, so meint Martin Heidegger, führt in die Geborgenheit. Wenn ich die Augen schließe und mich bei einem Konzert ganz dem Hören der Musik hingebe, dann fühle ich mich geborgen. Die Töne umgeben mich, sie dringen in mich ein. Ich fühle mich im Hören zugehörig. Hören ist ein affektiver Sinn. Wir kommen mit Emotionen in Berührung. Aber Hören ist auch ein transzendenter Sinn. Ich höre im Hören das Unhörbare, das, was ich nicht mehr festhalten kann. Schauen kann ich eine ganze Zeitlang. Ich bleibe vor einem Bild stehen und vertiefe mich in das Bild hinein. Hören kann ich nur im Augenblick. Im nächsten Augenblick erklingen schon wieder andere Töne. Oder wenn ich beispielsweise einen Vortrag höre, ziehen die Worte an mir vorbei. Hören geschieht nur im Augenblick. Aber in diesem kurzen Moment klingt etwas in mir an, was ihn übersteigt. Es berührt mich etwas, das die Zeit transzendiert.

Glauben als Deuten

Ein anderer Begriff des Glaubens ist das Deuten. Der Glaube deutet die Wirklichkeit in einer ganz bestimmten Weise. Natürlich kann man fragen: Woher nimmt er das Recht, die Wirklichkeit so zu deuten, wie er es tut, etwa von den Worten der Heiligen Schrift oder von den Aussagen der Dogmatik her? Aber genauso gut kann man fragen: Woher nimmt der Atheist das Recht, die Wirklichkeit in seinem Sinn zu deuten? Jeder von uns erlebt die Wirklichkeit nicht so, wie sie ist, sondern immer schon als eine gedeutete. Wenn wir morgens aufstehen, gehen wir mit einer ganz bestimmten Deutung in den Tag. Ich nehme ihn entweder als Geschenk von Gott an und stelle ihn unter seinen Segen. Oder ich deute ihn als einen Tag unter vielen mit allen möglichen Terminen. Natürlich kann eine atheistische Deutung durchaus spiritueller ausfallen. Ich kann den Tag deuten als Chance, heute etwas Gutes zu tun oder Menschen zu begegnen. Im Gespräch mit Atheisten geht es nicht in erster Linie darum, wer Recht hat mit seiner Deutung, sondern darum, dass verschiedene

Deutungen möglich sind. Dann kann man weiter fragen: Entspricht die Deutung auch der Wirklichkeit? Oder gibt es Deutungen, die die Wirklichkeit verdrehen oder verfälschen? Es gibt heute Deutungsangebote, die für mein Gefühl der Wirklichkeit widersprechen. Wenn ich zum Beispiel in den Tag hineingehe mit der Deutung: »Ich bin der Beste. Mir wird alles gelingen«, dann ist das für mich eine gefährliche Herangehensweise. Ich überspringe dann die Wirklichkeit. Ich meine, ich könne durch mein Denken und durch meine Deutung erzwingen, was ich möchte. Solche Menschen fallen oft unsanft auf die Nase, weil die Wirklichkeit ihrer Deutung widerspricht und ihnen ihre eigenen Grenzen aufzeigt.

Atheisten tun sich oft schwer mit den konkreten Aussagen des Glaubens. Dogmatik ist für sie etwas völlig Fremdes. Sie fragen, mit welchem Recht wir solche Aussagen über Gott und Jesus Christus machen. Solche konkreten Aussagen sind oft der Grund, warum sie sie ablehnen. Doch für mich ist Dogmatik nicht Rechthaberei, sondern die Kunst, das Geheimnis offen zu halten. Die andere Sprache der Dogmatik will Gott nicht vorschreiben, wie er sein oder handeln sollte. Sie will vielmehr das Geheimnis Gottes und das Geheimnis des Menschen wahren. Sie spricht zwar oft in philosophischen und theologischen Begriffen über Gott und über unsere Erlösung. Aber letztlich sind ihre Begriffe auch nur Bilder. Gott ist jenseits aller Bilder. Bilder sind wie Fenster, durch die wir hindurchschauen auf das Geheimnis jenseits aller Bilder. Die Bilder der Dogmatik wollen auch dem Wesen des Menschen gerecht werden. Sie wollen seine Würde schützen und ihn vor krankmachenden Bildern bewahren. In diesem Ringen um die Wahrung der Würde des Menschen können sich Atheisten und Theisten treffen. Sie sprechen eine jeweils andere Sprache. Aber in der Begegnung kann auch ein Gespräch entstehen, ja, wir können, wie Friedrich Hölderlin es ausdrückt, ein Gespräch werden.

In jüngster Zeit begegne ich immer wieder Leuten, die sagen: »Ich bin Gott.« Psychiater würden hinter einer solchen Aussage Größenwahn sehen und sie als Zeichen einer psychischen Krankheit deuten. Doch manche, die so sprechen, begründen ihre Aussage mit dem philosophischen Argument, dass alle Aussagen über Gott letztlich Aussagen über uns Menschen sind. Man möchte meinen, in solchen Aussagen könnten sich Gläubige und Atheisten treffen. Doch kein vernünftiger Atheist und kein vernünftiger Christ wird etwas in dieser Art sagen. In solchen Aussagen sehe ich mit C. G. Jung immer auch eine Inflation: Ich blähe mich mit archetypischen Bildern auf, die mir nicht zustehen. Das ist eine Flucht in die Grandiosität. Ich komme mir wie etwas Besonderes vor. Doch diese Flucht in die Grandiosität ist oft ein Ausweichen vor dem nicht gelingenden Leben. Weil man die eigene Durchschnittlichkeit nicht aushält, flieht man in solch grandiose Ideen. Der nüchterne Atheist und der nüchterne Christ treffen sich in der Ablehnung solcher Ideen. Und da bemerkt man wiederum, dass die christliche Dogmatik letztlich das Geheimnis und die Würde des Menschen schützt, wenn sie uns zwar zusagt, dass wir durch Christus vergöttlicht werden, dass aber entschieden auch die göttliche Kraft in uns wirkt, »ungetrennt und unvermischt«. Solches Denken bewahrt uns vor aller Inflation und Flucht in die Grandiosität.

Erfahrungen der Abwesenheit Gottes

Der Glaube sucht nach Erfahrungen. Und jeder, der glaubt, erinnert sich an Erfahrungen, die es ihm ermöglichen, trotz aller rationalen Überlegungen weiterhin zu glauben: Ihm ist beispielsweise in einem Gottesdienst einmal die Nähe Gottes aufgegangen. Oder er hat gespürt: Dieses Wort trifft mich. Es berührt mich. Es öffnet mir die Augen für das Geheimnis meines Lebens. Aber der Glaubende macht auch die Erfahrung von Gottes Abwesenheit. Viele, die in ihrer Jugend von Gott fasziniert waren, wenden sich von ihm ab, weil er ihnen nichts mehr sagt. Sie können die alten Erfahrungen nicht mehr für sich fruchtbar werden lassen. Sie haben das Gefühl, dass Gott sich ihnen entzieht. Und auch die, die heute noch glauben, erleben immer wieder die Abwesenheit Gottes. Er scheint nicht zu hören auf unser Gebet. Wenn wir in die Stille gehen und meditieren, spüren wir trotzdem nichts von ihm. Gottes Nähe lässt sich durch keine spirituelle Technik herbeizwingen. Es ist immer ein Geschenk, wenn wir seine Nähe spüren dürfen. Aber oft genug leiden wir an der Erfahrung von Gottes Abwesenheit.

Die Erfahrung teilen wir mit den Atheisten. Es gibt gerade in der neueren Geschichte Beispiele von tieffrommen Menschen, die an der Abwesenheit Gottes gelitten haben. So Thérèse von Lisieux, die von vielen als ein

Vorbild einer fröhlichen und kindlichen Spiritualität hingestellt worden ist. Doch ihre Mitschwestern haben ihr Bild einseitig fromm gemalt. In Wirklichkeit litt sie in ihrem letzten Lebensjahr an der Gottesferne. Alles schien ihr sinnlos zu sein. Sie spürte Gott nicht mehr. Alles war dunkel. Sie wurde von atheistischen Gedanken heimgesucht. Sie schrieb selbst: »Die Gedankengänge der schlimmsten Materialisten drängen sich mir auf«[64]. Thérèse hat in ihrem letzten Lebensjahr erfahren, dass es wirklich Ungläubige, Atheisten, gibt. Sie lebt zeitgleich mit Nietzsche, der 1885 seinen *Zarathustra* fertig gestellt hat. In ihrer Erfahrung der Dunkelheit fühlt sich Thérèse solidarisch mit all denen, die an Gott zweifeln, die sich Atheisten nennen. Sie setzt sich an ihren Tisch der Bitterkeit, um mit ihnen ihr Brot zu teilen. Sie erfährt sie als Brüder. Doch am Tisch der Brüder macht sie die gleiche Dunkelheit durch, die keine Hoffnung mehr zulässt. So lässt sie die Dunkelheit, die sie personifiziert, zu ihr sprechen: »Du glaubst, eines Tages aus den Nebeln, die dich umgeben, herauszutreten! Nur immer zu! Freue dich auf den Tod, der dir nicht das geben wird, was du erhoffst, sondern eine noch viel tiefere Nacht, die Nacht des Nichts.«[65] Jean-Francois Six, der Biograf von Thérèse, der die unverfälschten ursprünglichen Texte der heiligen Karmelitin interpretiert, wehrt sich zwar dagegen, dass Thérèse in ihrem letzten Jahr von einem radikalen Atheismus erfasst worden sei. Sie habe aber in Solidarität mit den Atheisten ähnliche Erfahrungen durchlitten wie sie. Das hat sie dazu geführt, sich nicht über sie zu stellen. Sie war überzeugt, dass Jesus selbst »sie an diesen Tisch der Ungläubigen geführt hat«[66].

Eine ähnliche Erfahrung hat Mutter Teresa gemacht. Überall wird sie als ein Vorbild der Frömmigkeit und der Nächstenliebe hingestellt. Doch auch sie litt in den letzten Jahren an der Gottesferne. Was sie anderen gepredigt hatte, hat sie selbst an sich nicht mehr erfahren. Sie schmerzte diese Diskrepanz. Sie fühlte sich von Gott abgewiesen, nicht gewollt, leer. Manche Autoren haben diese Gottesferne als Gegensatz zu dem gesehen, was Mutter Teresa nach außen lebte. Doch die Erfahrung der Abwesenheit Gottes war für sie die Bedingung dafür, dass sie in jedem Menschen das Antlitz Jesu erkannte und barmherzig mit den Menschen umging. Denn sie hat die Not am eigenen Leib erfahren. Sie wollte den notleidenden Menschen die Liebe Gottes bringen, nicht, weil sie diese

Liebe immer gespürt hat, sondern weil in ihr eine tiefe Sehnsucht nach dieser Liebe war. Und sie hat ihre Erfahrung der Verlassenheit von Gott als einen Teil des Schmerzes Jesu auf Erden erlebt. Sie verstand seinen Schrei der Verlassenheit am Kreuz auf neue Weise.

Die Erfahrung der Abwesenheit Gottes machen Gottgläubige und Gottesleugner. Sie verbindet beide Gruppen. Doch der Gläubige geht anders mit dieser Erfahrung um. Er traut seiner Sehnsucht nach Gott. Und in der Sehnsucht spürt er in seinem Herzen schon die Spur, die Gott in sein Herz gegraben hat, um sich in ihm in Erinnerung zu bringen. Mancher Atheist nimmt diese Erfahrung der Abwesenheit Gottes als Beweis, dass es Gott nicht gibt. Doch manche Atheisten sind durchaus offen für die Vorstellung eines Gottes, den man nicht mehr beschreiben kann, der jenseits aller Bilder ist. Sie sind offen für das Geheimnis, das uns umgibt, sind offen für Spiritualität. Und diese Spiritualität der Atheisten ist für uns Christen eine Herausforderung. Sie stellt uns die Frage, ob wir das Nichtwissen, von dem die Mystiker immer wieder sprechen, ernst genug nehmen, oder ob wir uns zu früh auf den Erfahrungen der Gegenwart Gottes ausruhen und daher die Erfahrung seiner Abwesenheit gar nicht zulassen.

Der bekennende Atheist André Comte-Sponville meint, der Atheist könne auf Gott verzichten, aber nicht auf Spiritualität. Er spricht von einer Spiritualität ohne Gott. Aber eigentlich meint er eine Spiritualität ohne zu konkretes Gottesbild, wie es ihm in seiner Kindheit begegnet ist. Er versteht die Menschen als »endliche, für das Unendliche offene Wesen«[67]. Spiritualität ist für ihn die Erfahrung des Unendlichen, des Absoluten. Damit kommt der Atheist sehr nahe an das heran, was die negative Theologie ähnlich formuliert hat. Der französische Philosoph spricht auch von mystischen Erfahrungen, die er gemacht hat. Er erzählt von einer nächtlichen Wanderung im Wald. »Und plötzlich ... Was? Nichts. Alles! Kein Diskurs. Kein Sinn. Keine Fragen. Nur ein Erstaunen. Ein Frieden, der ewig zu sein schien. Der Sternenhimmel über mir, unermesslich, unergründlich, strahlend, und in mir nur dieser Himmel, dessen Teil ich war, in mir nur das Schweigen, das Licht, wie ein Beben des Glücks, wie eine Freude ohne Subjekt.«[68] So könnte auch ein christlicher Mystiker seine Naturerfahrung beschreiben. Mitten in der Natur berührt ihn das Geheimnis. Der christliche Mystiker nennt es Gott oder Gottes Spuren, Gottes Glanz oder Gottes Frieden, was da in seinem Herzen aufleuchtet. Aber manchmal täte es uns gut, die Erfahrung nicht sofort zu deuten, sondern uns einfach der Erfahrung des Unbeschreiblichen zu überlassen.

Unterwegs zum Geheimnis –
das Nichtdarstellbare in Geschichten

Übermut und Feigheit, Hochgefühl und Verzweiflung, Sieg und Niederlage, Vertrauen und Skepsis, Begeisterung und Verrat: Keine menschliche Regung ist Geschichten, die der Glaube erzählt, fremd. Menschsein in Höhen und Tiefen kommt zur Sprache, wo Worte die Suche nach dem letztlich nicht darstellbaren, aber doch spürbaren Geheimnis unserer Lebendigkeit einfangen. Wenn Leben erzählt, Sehnsucht und Hoffnung hineingelesen, Scheitern, Aufbruch und Befreiung miterlebt werden, dann können Glaubende wie Nichtglaubende angerührt, ja erschüttert werden. Denn die eigentümliche Kraft religiöser Sprache besteht gerade darin, dass in bleibend rätselhafter Mehrdeutigkeit uneingelöste Verwandlung für Mensch und Welt gespiegelt wird.

Verneintes Leben, Gewalt in der Geschichte, Finsternis des Todes Gottes und Abkehr von ihm, der Tanz um die Götter des Ersatzes, der Wahn der Allmacht des Menschen und dennoch die Hingabe an den leisen Atem des Lebens: Staunend entdeckt der Suchende den Trost des Glaubens wie auch die immer lockenden Pfade des Unglaubens in den überlieferten heiligen Texten.

»Ich glaube. Hilf meinem Unglauben« (vgl. Mk 9,24) – eines der waghalsigsten Gebete des Neuen Testaments fasst diesen Lebensvorrat an Weisheit und Realismus zusammen. Nicht, dass der Unglaube beseitigt werden soll, wird erbeten; ihm soll vielmehr aufgeholfen werden; er soll stark seine reinigende Funktion für den Glauben wahrnehmen können.

Die Geschwister Glaube und Unglaube treffen sich in Menschen damals und heute. Jene alten Geschichten faszinieren ganz neu, wenn Glaubende sie auch als abgründig unabweisbare Auskünfte der Anfechtung und Nichtglaubende sie als notwendige Mahnung gegen Oberflächlichkeit und Zynismus annehmen.

Und so schließt sich der Kreis: Wer sucht, bricht auf, nimmt dann und wann heimatlos Abschied, landet an Ufern des großen Geheimnisses, erfährt das Glück erfüllten Augenblicks und steuert wieder hinaus ins offene Lebensmeer. Gott los werden – Gottes gewiss werden: ein nie beendbares, den Unglauben auf die Dauer in Liebe umarmendes Vertrauensprojekt!

Die Verwandlung – der gemeinsame Weg von Gläubigen und Ungläubigen

Anselm Grün

Die Bibel erzählt uns wunderbare Geschichten, die uns das Geheimnis Gottes vor Augen führen. Es sind Geschichten, die auch Atheisten lesen und verstehen können. Sie zwingen uns nicht, an Gott zu glauben. Aber indem sie uns etwas erzählen, halten sie uns einen Spiegel vor Augen, in den wir schauen können. Die Geschichten lassen uns die Freiheit, uns im Spiegel selbst zu erkennen. Aber sie zwingen uns keine bestimmte Deutung auf. Sie sagen uns nicht, dass wir an Gott glauben müssen. Sie erzählen uns nur, wie der Glaube an Gott aussehen und zu welchen Erfahrungen er führen kann. Sie erzählen uns das Leben mit all dem, was wir in ihm erfahren, und deuten uns dies dann als Erfahrungen Gottes. Nicht jeder kann dies so sehen. Aber die Geschichten sind offen, um sie von Gott her zu deuten.

Der Gott im Dunkeln – Jakob

Die erste Geschichte, die ich anschauen möchte, ist eine dunkle Geschichte aus dem Alten Testament. Gerade in ihrer Dunkelheit lässt sie uns die Freiheit, sie auf verschiedene Weise zu deuten. Jakob hat sich von seinem Schwiegervater Laban getrennt. Er fühlte sich von ihm betrogen, weil der ihm statt der geliebten Frau Rachel ihre Schwester Lea zur Frau gegeben hat. So musste Jakob vierzehn Jahre lang Laban dienen, um schließlich von beiden Frauen Kinder zu bekommen. Bei seiner Trennung zahlt Jakob seinem Schwiegervater diesen Betrug heim, indem er seinen Besitz zu seinem eigenen Vorteil vermehrt. Doch kaum ist er siegreich ausgezogen, wird Jakob gemeldet, dass sein Bruder Esau mit 400 Leuten auf dem Weg zu ihm ist. Jakob bekommt es mit der Angst zu tun. Er schafft all seinen Besitz über die Furt des Jabbok und bleibt allein zurück. Dort kämpft ein Mann mit ihm die ganze Nacht bis zur Morgenröte.

Man könnte diese Geschichte psychologisch erklären. Dann würde Jakob hier seinem Schatten begegnen. Esau steht für seinen Schatten. Er muss seinem eigenen Schatten begegnen, um sich mit Esau aussöhnen zu können. Man könnte diese Geschichte aber auch als eine Geschichte einer Gotteserfahrung deuten: Gott begegnet hier dem Jakob nicht als Licht oder Glanz, sondern in der Gestalt eines dunklen Mannes, der mit ihm kämpft. Und offensichtlich geht es bei diesem Kampf um Leben und Tod. Die Geschichte sagt uns nicht genau, ob dieser dunkle Mann ein Feind ist, ein Engel oder Gott selbst. Sie bleibt offen. Der dunkle Mann kann für das Dunkle stehen, das in der Nacht aus der Tiefe unseres Unbewussten aufsteigt und nach uns greift. Er kann auch für eine Krise oder eine Bedrängnis stehen, die uns von außen erfasst. Und der dunkle Mann kann für den dunklen Gott stehen, der so ganz anders ist, als wir erwartet haben, der nicht immer nur unseren Erfolg garantiert, sondern uns bis zum Äußersten herausfordert und uns zwingt, uns unserer Wahrheit und unserer Ohnmacht zu stellen.

Das Paradox dieser Geschichte besteht darin, dass Jakob ausgerechnet von diesem dunklen Mann, von all dem Dunklen, das ihn überfällt, gesegnet werden möchte. Der dunkle Mann sagt zu Jakob: »Lass mich los; denn die Morgenröte ist aufgestiegen.« Jakob entgegnet ihm: »Ich lasse dich nicht los, wenn du mich nicht segnest« (Gen 32,27). Wie sollen wir das verstehen, dass Jakob den, der die ganze Nacht mit ihm gerungen hat, um den Segen bittet? Offensichtlich geht es hier um eine Erfahrung des Dunklen und Unbegreiflichen, um eine Erfahrung von etwas, das mich unbedingt angeht, was mit mir ringt, was mich Kraft kostet, ihm standzuhalten. Nach Paul Tillich ist Gott das, was uns unbedingt angeht. In dem, was uns unbedingt angeht, dem wir nicht ausweichen können, kann uns Gott begegnen.

Der dunkle Mann fragt Jakob nach seinem Namen. Und dann gibt er ihm einen neuen: Israel, was so viel heißt wie Gottesstreiter. »Denn mit Gott und Menschen hast du gestritten und hast gewonnen« (Gen 32,29). Der dunkle Mann selbst nennt seinen Namen nicht. Gott bleibt im Dunklen. Er zeigt sich dem Menschen nicht klar. Und so lässt er uns die Freiheit, ihn als das Dunkle, das Geheimnisvolle zu verstehen oder aber mit dem Namen Gott zu belegen. Dieser dunkle Mann segnet Israel. So wird deutlich, dass Jakob beziehungsweise Israel in diesem dunklen Mann Gott selbst begegnet ist. Gott ist nicht immer nur Glanz und Herrlichkeit, nicht immer nur Liebe und Güte, sondern auch etwas Dunkles, das uns angreift, ergreift, ohne dass wir es begreifen können.

Jakob deutet den Kampf mit dem dunklen Mann als Gotteserfahrung: »Ich habe Gott von Angesicht zu Angesicht gesehen und bin doch mit dem Leben davongekommen« (Gen 32,31). Diese Begegnung verwandelt ihn. Seine Verwandlung wird in drei Bildern ausgedrückt: »Die Sonne schien bereits auf ihn, als er durch Penuel zog; er hinkte an seiner Hüfte« (Gen 32,32). Durch die Begegnung mit Gott hellt sich das Leben Jakobs auf. Alles erscheint in einem hellen Licht. Dann zieht er durch die Furt. Durch einen Fluss zu ziehen ist im Traum immer ein Bild für den Beginn von etwas Neuem. Das Leben bekommt eine neue Färbung. Und Jakob hinkt an der Hüfte. Die Gottesbegegnung hat ihn gezeichnet. Er ist verwundet. Aber er kann mit dieser Wunde leben. Die Wunde zwingt ihn, achtsamer und langsamer zu gehen.

Diese dunkle Geschichte rührt in jedem, der sie liest, etwas an. Im gläubigen Christen wird die Einsicht wach, dass Gott uns gerade auch in der Dunkelheit der Nacht und in der Unbegreiflichkeit von Erfahrungen, die wir nicht deuten können, die uns aber unbedingt angehen, begegnen kann. Für viele Christen ist diese Geschichte zudem zur Trostgeschichte geworden, dass uns Gott gerade dort segnet, wo wir angefochten sind, wo wir bedrängt sind von außen. Daher ist das Wort in der Übersetzung von Martin Luther ein beliebter Konfirmationsspruch geworden: »Ich lasse dich nicht, du segnest mich denn.« Der Atheist wird diese Geschichte auf seine Weise deuten. Er wird erahnen, dass ihm gerade dort, wo er nichts versteht, ein Segen begegnet, der seinem Leben eine neue Qualität verleiht, die Qualität von Klarheit und Achtsamkeit, von Ehrfurcht vor dem Geheimnis.

Aufbrechen in die Weite – der verlorene Sohn

Noch eine andere biblische Geschichte möchte ich im Hinblick auf unsere Suche nach dem Geheimnis hinter allen Dingen auslegen: das bekannte Gleichnis vom verlorenen Sohn (Lk 15,11–32). Der jüngere Sohn sucht einfach das Leben. Er möchte alles erleben, was es zu erleben gibt. Der Glaube spielt für ihn keine Rolle. Er ist fasziniert vom Leben und möchte es genießen. Vom Leben erwartet er sich die Erfüllung seiner tiefsten Sehnsüchte. Der ältere Sohn, der daheim bleibt, hält nicht nur an seinem Vater fest, sondern auch an Gott. Er folgt den Ritualen und dem Glauben seiner Väter.

Das Gleichnis stellt uns vor die Frage, mit wem wir uns mehr identifizieren: Sind wir der Sohn, der die Erbschaft seines Vaters vergeudet, um das Leben in vollen Zügen zu genießen? Oder sind wir der Sohn, der festhält am Glauben, aber am Leben vorbeigeht? Beide Söhne brauchen eine Verwandlung. Wir könnten auch sagen: Sowohl im Christen als auch im Atheisten will diese Geschichte etwas in Bewegung bringen und verwandeln.

Doch schauen wir zunächst die Geschichte an. Da ist der jüngere Sohn. Er ist das angepasste Leben daheim leid und fordert vom Vater das Erbteil, das ihm zusteht, schon jetzt. Er möchte leben, und zwar sofort. Das entspricht der Haltung vieler Jugendlicher heute. Sie möchten einfach nur leben, maßlos und möglichst sofort. Der jüngere Sohn zieht in ein fernes Land. Daran ist nichts Verwerfliches, sondern darin zeigt sich sein Wagemut. Doch dann verschleudert er sein Vermögen »in einem liederlichen Leben«. Im Griechischen heißt es *zon asotos*, das heißt, er lebte ohne Hoffnung auf Heil, er lebte heillos, zügellos, lasterhaft. Aristoteles definiert *asotos* so: »Verschwender ist, wer sich durch seine Lebensweise zugrunde richtet«. Vor lauter Lebenslust landet der Sohn dort, wo er am Leben verzweifelt. Er kommt so herunter, dass er sich an einen Bürger des fremden Landes hängt, sich von ihm abhängig macht. Der schickt ihn aufs Feld zum Schweinehüten. Für jüdische Leser ist das ein Bild, dass der Sohn sich völlig verloren, sich und seine Würde aufgegeben hat. Bei den Schweinen ist er gelandet. Er hat das Leben in seiner Fülle gesucht, aber jetzt ist er nicht auf den Hund gekommen, wie wir im Deutschen sagen, sondern auf das Schwein. Das Leben hat nicht gehalten, was es versprochen hat. Jetzt erscheint alles sinnlos. Am Ende hat der Sohn nichts mehr, mit dem er seinen Hunger stillen kann. Als er am Nullpunkt angelangt ist, als ihm alles aus den Händen gerissen ist, als er leer und gescheitert auf dem Scherbenhaufen seiner Existenz sitzt, da geht er in sich, kommt er zu sich. Er, der sich entfremdet hat, der sich völlig in die Hände eines anderen begeben hat, kommt wieder in Kontakt zu sich selbst, er kehrt zu sich heim. Bei sich angekommen, führt er ein Selbstgespräch, das seine innere Situation treffend widerspiegelt: »Wie viele Tagelöhner meines Vaters haben mehr als genug zu essen, und ich komme hier vor Hunger um (*apollymai* = ich gehe verloren, ich gehe zugrunde). Ich will aufbrechen (*anastas* = aufstehen, auferstehen) und zu meinem Vater gehen und zu ihm sagen: Vater, ich habe mich gegen den Himmel und gegen dich versündigt. Ich bin nicht mehr wert, dein Sohn zu sein; mach mich zu einem deiner Tagelöhner« (Lk 15,17f). Das Selbstgespräch schildert die seelische Verfassung des Sohnes und gibt dem Leser Einblick in seine Psyche. Er ist nahe daran, sich selbst völlig aufzugeben. Doch es gibt in ihm eine Stimme, die ihn umkehren lässt. Er möchte sich nicht verlieren. Er möchte leben. Was er in seinem Herzen eingesehen hat, das tut er. Er macht sich auf den Weg zum Vater.

Dieser hat Mitleid mit ihm. Er läuft ihm entgegen. Für einen Hausvater war Eile unangemessen. Doch der Vater gibt nichts auf seine Stellung. Der Sohn ist ihm wichtiger. So eilt er auf ihn zu, fällt ihm um den Hals und küsst ihn. Er lässt den Sohn gar nicht ausreden, sondern befiehlt den Knechten, das Gewand des Sohnes zu holen, ihm den Ring anzustecken und die Schuhe anzuziehen. Damit nimmt der Vater den Sohn wieder ganz in die Familie auf. Und er gibt ihm seine ursprüngliche Schönheit und Würde wieder. Der Mensch ist schön geschaffen. Er soll das, was er besitzt, nicht verschleudern, sondern sich damit umkleiden, um seine innere Schönheit auch nach außen zum Ausdruck zu bringen. Der Vater feiert ein Festmahl: »Wir wollen essen und fröhlich sein. Denn mein Sohn war tot und lebt wieder; er war verloren und ist wiedergefunden worden« (Lk 15,23f). Der Sohn hatte das Leben in seiner Fülle gesucht und dafür sein Vermögen verschleudert. Er konnte das Leben nicht mehr genießen. Doch der Vater feiert jetzt mit ihm ein Fest. Er lässt ihn wieder am wirk-

lichen Leben teilnehmen, an einem Leben, das man feiern kann, weil es
wertvoll und voller Freude ist. Der jüngere Sohn hatte das Leben gesucht.
Er musste einen Umweg gehen, um es beim Vater genießen zu können.
Er hatte sich verloren. Nun hat er sich wiedergefunden. Er war vor lauter
äußerer Aktivität innerlich tot. Jetzt ist er wieder lebendig geworden. Er
war in der Fremde sich selbst entfremdet. Jetzt ist er heimgekommen zum
Vater und kann dort das Leben genießen.

Der jüngere Sohn hat das Leben in der Fremde gesucht, aber nicht
gefunden. Das ist ein Bild für manche Atheisten, denen das Leben mit
Gott zu eng geworden ist. Gott ist wie ein Vater, der alles im Griff hat,
auch wenn er es durchaus gut mit seinen Kindern meint. Aber es gibt
in jedem Menschen den Drang, unabhängig zu sein, sich selbst auf die
Suche zu machen, das Leben selbst zu suchen. Manche Atheisten wie
Georg Büchner, Ludwig Feuerbach oder Friedrich Nietzsche sind wie der
jüngere Sohn ausgezogen. Ihnen war das Leben innerhalb des christlichen
Glaubenssystems zu eng. Für Nietzsche war es zu angepasst, zu »kastriert«.
Er wollte das Leben in Fülle. Dazu brauchte er keinen Gott. Gott engte
ihn nur ein. Er fühlt sich als freier Geist. Bei der Nachricht vom Tod
Gottes, so schreibt er, fühlt er sich, »wie von einer neuen Morgenröte ange-
strahlt; – endlich erscheint uns der Horizont wieder frei, gesetzt selbst, dass
er nicht hell ist, endlich dürfen unsere Schiffe wieder auslaufen, auf jede
Gefahr hin auslaufen, jedes Wagnis des Erkennenden ist wieder erlaubt«[69].
Nietzsche beschreibt seine Erfahrung ähnlich wie die des jüngeren Sohnes.
Er musste offensichtlich ähnliche Erfahrungen machen wie der verlorene
Sohn. Er hat sich losgerissen von seinem Vaterhaus, aber sich auch sich
selbst entfremdet, sich selbst verloren. Die Geschichte vom verlorenen Sohn
will solche Menschen wie Nietzsche nicht verurteilen, sondern einladen,
mit sich selbst und ihren inneren Wurzeln in Berührung zu kommen und
dorthin zu gehen, wo sie wirklich daheim sind, wo sie ihre eigene Würde
entdecken. Manche Sätze des älteren Nietzsche zeigen, dass er mitten in
seiner Verzweiflung zu sich und seinen Wurzeln zurückgefunden hat,
wenn er etwa schreibt: »Wo Verzweiflung und Sehnsucht sich paaren, da
ist Mystik.« Wo ich nicht in der Verzweiflung stecken bleibe, sondern sie
mit meiner Sehnsucht verbinde, da geschieht ein Sprung in das Geheimnis,
in die mystische Erfahrung Gottes.

Manche Christen, die daheim geblieben sind, die weiterhin alle Gebote der Kirche erfüllt haben und korrekt leben, gleichen dem älteren Sohn. Wir meinen das Ideal zu leben, alle Gebote Gottes zu erfüllen und nur seinen Willen zu tun. Aber der Ärger über andere Menschen, die sich nicht an die Gebote halten, zeigt, dass unser Angepasstsein uns nicht glücklich macht. Oft genug steht dahinter die Angst vor dem Leben. Wenn nun der jüngere Sohn unseren Schatten (die verdrängte Lebendigkeit) auslebt, dann werden wir zornig. Die unbewussten Motive, die den älteren Sohn zum Daheimbleiben, zum Bravsein und Angepasstsein bewegt haben, werden in seinen Worten an den Vater offenbar: »So viele Jahre schon diene ich dir, und nie habe ich gegen deinen Willen gehandelt; mir aber hast du nie auch nur einen Ziegenbock geschenkt, damit ich mit meinen Freunden ein Fest feiern konnte. Kaum aber ist der hier gekommen, dein Sohn, der dein Vermögen mit Dirnen durchgebracht hat, da hast du für ihn das Mastkalb geschlachtet« (Lk 15,29f). Der Sohn hat nicht selbstlos den Willen des Vaters erfüllt, sondern er wollte sich dadurch Anerkennung verdienen. Er hat insgeheim darauf gewartet, dass der Vater ihn besonders auszeichnet, weil er daheim geblieben ist, er hat darauf spekuliert, dass er ihn dem jüngeren Sohn vorzieht. Und man spürt hinter der Fassade der Wohlanständigkeit verdrängte sexuelle Fantasien. Denn wenn er dem jüngeren Bruder vorwirft, er habe sein Vermögen mit Dirnen durchgebracht, so ist das nicht durch die Erzählung gedeckt. Das entspricht seiner eigenen Fantasie. In dem älteren Bruder beschreibt Lukas unsere Schattenseiten, die sich oft genug hinter einer frommen Fassade verstecken.

Der ältere Bruder hält uns Gläubigen einen Spiegel vor: Glaube ich nur an Gott, damit ich Sicherheit und Geborgenheit erfahre, damit es mir besser geht? Ist mein Glaube nur Ausdruck der Angst vor dem Leben, vor der Lebendigkeit, die ich nicht so leicht in den Griff bekomme? Halte ich an meinem Glauben fest, weil ich mich dem Zweifel nicht stellen möchte, weil mir sonst schwindlig würde? In jedem von uns steckt auch ein »älterer Bruder«, der daheim bleibt im Haus des Glaubens, aber nicht, um seinen Glauben zu vertiefen und ihn immer wieder infrage zu stellen, sondern um an seiner Sicherheit festzuhalten und sich über andere zu stellen.

Die Aggressivität des älteren Bruders deckt uns die Schattenseite unseres Glaubens auf. Jeder von uns hat in sich Glauben und Unglauben. Auch im älteren Bruder steckt die Sehnsucht des jüngeren Bruders, das Leben zu wagen. Doch wir verdrängen diese Sehnsucht und urteilen dann hart über Menschen, die ausziehen aus dem engen Haus des Glaubens.

Zum Schluss ist der jüngere Sohn der eigentlich Glaubende. Der, der sich seinem Unglauben gestellt und alle Wege des Lebens versucht hat, entdeckt in sich den Glauben, der ihn wirklich zum Leben führt, durch den er sein wahres Wesen entdeckt, durch den er bei sich selbst ankommt. Vom jüngeren Bruder sollen wir Gläubige lernen, immer wieder aufzubrechen in die Weite, also letztlich zu uns selbst, um zu unserem wahren Selbst zu finden. Wenn wir wie der verlorene Sohn uns selbst wiederfinden, sind wir auch nahe daran, Gott zu finden.

Der Vater wendet sich auch dem älteren Sohn liebevoll zu: »Mein Kind, du bist immer bei mir, und alles, was mein ist, ist auch dein. Aber jetzt müssen wir uns doch freuen und ein Fest feiern, denn dein Bruder war tot und lebt wieder; er war verloren und ist wiedergefunden worden« (Lk 15,31f). Ein Satz voller Zärtlichkeit. Und doch weist der Vater darauf hin, dass »dieser mein Sohn« auch sein Bruder ist. Wenn der Bruder, der sich verirrt hatte, wiedergefunden wurde, und wenn der, der tot war, wieder lebendig wurde, dann ist das Grund genug, ein fröhliches Fest zu feiern. Wenn wir den jüngeren Sohn mit einem Atheisten vergleichen, so will uns das Gleichnis sagen, dass er unser Bruder ist. Und wir als die älteren Brüder müssen genauso verwandelt werden wie der jüngere Bruder.

Das Gleichnis erzählt uns die Verwandlung des jüngeren Bruders, aber nicht die des älteren. Es stellt jene, die sich als gute Christen verstehen, die fest am Glauben festhalten, vor die Frage, ob sie sich von Jesu Gleichnis dazu bewegen lassen, in dem ausgewanderten Sohn ihren Bruder zu sehen, im Atheisten den Bruder zu sehen, der ausgezogen ist, weil ihm das Haus des Glaubens zu eng war. Das Gleichnis will die Verwandlung beider Brüder. Im Dialog mit dem Atheismus müssen auch wir uns als der ältere Bruder wandeln lassen. Wir dürfen nicht neidisch auf das vermeintlich ausschweifende Leben von Atheisten schauen, sondern dankbar das wahrnehmen, was uns der Glaube schenkt, ohne über andere zu urteilen. Immer dann, wenn wir zu abschätzig über Atheisten urteilen, ist das ein deutliches Zeichen, dass wir uns von ihnen nicht verunsichern und verwandeln lassen, sondern wie der ältere Bruder an unserem Vorrecht festhalten, dabei aber hart und unbarmherzig werden. Der barmherzige Vater will in beiden Brüdern Barmherzigkeit und Umkehr bewirken. Beide sollen sich wieder finden und lebendig werden.

Der Ungläubige in mir – mein Freund

Tomáš Halík

Das Nichtdarstellbare – in Symbolen und Geschichten

»Warum haben Sie eigentlich die Kirche nicht verlassen?«, fragten Leser einen amerikanischen Schriftsteller, der eine Reihe von kritischen Romanen schrieb, die im Priestermilieu spielten und so bitter waren, dass nur eine tief verletzte große Liebe im Stande gewesen war, sie zu verfassen. »Weil die Kirche so viele schöne Geschichten hat«, antwortete er.

In der Tat präsentiert bereits die Bibel den Glauben nicht in Form von Definitionen, sondern in Form von Geschichten. Als Jesus gefragt wurde, wie es sich mit der göttlichen Barmherzigkeit verhalte, sagte er nicht: Wir müssen zunächst die Begriffe klären: »Gott« und »Barmherzigkeit« definieren. Stattdessen begann er, Geschichten zu erzählen, die in vielem jüdischen Anekdoten ähnelten. Eine Frau verlor ihren Geldbeutel. Als sie ihn wiederfand, rief sie ihre Nachbarinnen zusammen und sagte ihnen: »Ich habe das Geld gefunden, Mädels, das müssen wir feiern!« Genauso freut sich Gott, wenn er eine verlorene Seele findet!

Der russische Physiker Vassily Vassilievich Nalimov schrieb einmal, dass das Begreifen von drei emotionalen Empfindungswörtern begleitet wird: Von einem »Aha«, wenn der Mensch ein Problem mit seiner Vernunft löst; von einem »O«, wenn er im Staunen vor dem Geheimnis verstummt; und von einem »Ha-ha«, wenn er einen Witz versteht. Ich bin überzeugt, dass die Predigten Jesu von allen diesen drei Empfindungswörtern begleitet wurden. Unser Bemühen, die Gleichnisse Jesu zu analysieren und zu erklären, endet dagegen oft in derselben Weise, wie wenn man beginnt, einen Witz zu erklären – die Erklärung tötet den Witz. »Wer das erfassen kann, der erfasse es«, sagte Jesus.

Häufig erzähle ich in meinen Predigten die Viten von Heiligen – sowohl der kanonisierten, als auch derer, die Gott so sehr liebte, dass er ihre Namen eifersüchtig in seinem Herzen (*in pectore*) verbirgt und sie nicht einmal der Vatikanischen Kongregation für die Selig- und Heiligsprechungen verraten hat. In diesen Geschichten, die sich häufig als überaus verworren und dramatisch entpuppen, wenn wir sie aus dem parfümierten Korsett der traditionellen Hagiografie befreien, steht uns das Christentum in seiner Pluralität und Vitalität vor Augen, begegnet uns der Glaube als Drama und als Weg, nicht als Ideologie, nicht als Komplex logisch angeordneter Thesen.

Als ich in der frühen Begeisterung eines Konvertiten meine Freunde in das Geheimnis des Glaubens einführte, lieh ich ihnen nicht den Katechismus oder apologetische Handbücher aus, sondern die Romane Graham Greens, François Mauriacs und Georges Bernanos' oder den Roman des japanischen Schriftstellers Endō Shūsaku *Schweigen*. Ich hörte mit ihnen Igor Strawinskys *Messe* und zeigte ihnen Reproduktionen der Gemälde von Hieronymus Bosch und Salvador Dalí, seine Darstellung des letzten Abendmahles und des Gekreuzigten. Ja, die Kunst und der Glaube gehören in ihrem Wesen zueinander, beide stellen mittels Symbolen das Nichtdarstellbare dar und mittels der Worte sprechen sie das Nichtaussprechbare aus, damit sie schließlich zur Stille eines kontemplativen Staunens und zur unbeschreiblichen Freude über das Begreifen führen, zum Erzittern beim Eintritt in das Allerheiligste des Geheimnisses, zur Blendung durch die Wolke des Lichts, die seit den Zeiten der Wanderung Israels durch die Wüste die Anwesenheit Gottes unter den Menschen begleitet.

Die Kunst verrät auch die Tiefe und die Authentizität des Glaubens. Wenn der Glaube als Ideologie aufgefasst wird, dann wird aus einer Kunst, die sich bemüht, diesen Glauben zu illustrieren oder zu propagieren, ein abscheulich frommer Kitsch, denn jede ideologische oder propagandistische Kunst ist zwangsläufig Kitsch. Wenn der Glaube als Weg begriffen wird, als ein Drama des Ringens zwischen Sünde und Gnade, zwischen Licht und Dunkel, dann birgt eine Kunst, die dieses Glaubensverständnis zum Ausdruck bringt, Dynamik und Schönheit, Tiefe und Überzeugungskraft in sich.

Der Glaube – ein Absterben und Neuwerden

Der französische Jesuit und spätere Kardinal Jean Daniélou schrieb einmal, wenn ich mich recht erinnere, dass ein Christ nur ein teilweise getaufter Heide sei. Wie kann man aber nur »teilweise getauft« sein? Nach elf Jahren meines geheimen Priesterdaseins in der Untergrundkirche, in einer Pastoral, die nur auf einen schmalen Freundeskreis beschränkt sein konnte, war mir ein Vierteljahrhundert des öffentlichen Wirkens in der Akademischen Pfarrei in Prag vergönnt, und in dieser Zeit habe ich mehr als tausend Erwachsene auf die Taufe vorbereitet und getauft und vielleicht noch eine größere Zahl von Menschen in die Welt des Glaubens eingeführt, die zwar getauft waren, aber keinerlei religiöse Erziehung erhalten hatten oder deren Glaube die kindliche Gestalt nicht abgelegt hatte und daher während des Heranwachsens verwelkte. In unzähligen Gesprächen im Sakrament der Versöhnung und bei der geistlichen Begleitung durfte ich teilhaben an der Spannung zwischen Glauben und Unglauben, zwischen Sünde und Gnade in den einmaligen Geschichten des menschlichen Lebens. Damals begriff ich den Sinn jener mystischen Aussage, dass es sich bei der Taufe (ähnlich wie bei der Ehe oder der Priesterweihe) um ein dynamisches Sakrament handelt, das der Quelle eines Flusses ähnelt, der sich danach langsam und beharrlich in einem häufig harten und steinigen Boden sein Flussbett graben muss. Das Wasser der Taufe überschwemmt nicht gleich unser ganzes Inneres. Die Taufe und das Geschenk des Glaubens sind wie ein Samen – und wie wir aus dem Gleichnis Jesu und aus eigener Erfahrung wissen, hängt das Schicksal der Pflanze von der Qualität des Bodens ab, in den ein Setzling gepflanzt wurde, aber auch von unserer Fürsorge.

Jesus spricht davon, dass das Weizenkorn zuerst sterben muss und erst dann an der Oberfläche austreiben und Nutzen bringen kann. Häufig wird dieses Gleichnis als eine Aufforderung ausgelegt, unsere Selbstsucht und unseren Egozentrismus absterben zu lassen, und ich ziehe nicht in Zweifel, dass diese Interpretation zutreffend ist. Aber ich frage mich, ob jene Notwendigkeit, abzusterben und erst dann Wurzeln zu schlagen und sich vollständig entwickeln zu können nicht auch für das Drama des Glaubens im Leben von Einzelnen und für den Glauben in der Geschichte gilt.

Im Leben kommt die Zeit, in der wir aus dem Glauben der Kindheit oder aus der ersten Begeisterung eines Konvertiten herauswachsen. Sie werden uns zu klein und zu eng wie Kinderschuhe oder wie die Kleider vom Abschlussball der ersten Tanzstunde. Das Lob Jesu auf die Kinder wurde leider oft als eine Aufforderung verstanden, dauerhaft infantil zu bleiben; Jesus hält uns jedoch dazu an, dass wir die Unmittelbarkeit, die Arglosigkeit und die Offenheit eines Kindes wiederentdecken, damit wir darin Kindern wieder ähnlich werden. Wenn der Mensch in allen Bereichen seines Lebens, seiner Wahrnehmung und seiner Erkenntnis ganz selbstverständlich wächst und sich verändert, seine Religion jedoch vor allen Veränderungen pietätvoll beschützt bleibt, wird der Mensch sie früher oder später als nicht mehr kompatibel mit der Ganzheit seines Lebens empfinden und so mit ihr verfahren wie mit einer Kiste voller Kinderspielzeug, die er bei dem nächsten Umzug loswerden muss. Das Korn ist dann abgestorben, hat aber keinen Nutzen gebracht; gerät ein Mensch in eine solche Krise des geistlichen Heranwachsens, konnte niemand ihm zeigen, dass auch ein anderer, erwachsener und reifer Glaube existiert.

Das, was für die Geschichte von Einzelpersonen gilt, gilt analog auch für die Geschichte des Christentums. Ich denke, dass sogar in der Geschichte Situationen wiederkehren, in denen die Christen in »dunkle Nächte« geführt werden, in denen der bisherige Typus des Glaubens abstirbt und die Frage offen bleibt, für wen dieser »Tod« der »Karfreitag der Geschichte«, der »Tod Gottes« sein wird als das Ende eines Glaubensweges, und für wen es das Schweigen des Karsamstags sein wird, an dem sich in den Tiefen ein geheimnisvoller Kampf abspielt, der mit dem Ostermorgen der Auferstehung enden wird. Die Geschichte des Christentums, die Geschichte der Kirche, des Glaubens und der Theologie sind keine eindeutige und einspurige Autobahn des Fortschritts und werden dies auch nie sein, sondern ein Drama, in dem sich Verfallserscheinungen und Erneuerungen, Irrwege und Umkehren abwechseln, ein dynamischer Strom ständiger Rekontextualisierungen und Reinterpretationen der anvertrauten Botschaft.

Der große tschechische christliche Denker des 17. Jahrhunderts, Jan Amos Komenský (Johann Amos Comenius), reflektierte in seinem Werk

Testament der sterbenden Mutter der Brüder-Unität auf eine beachtenswerte theologische Art und Weise inmitten des 30-jährigen Krieges den Untergang dieser kleinen Kirche der Unität der Böhmischen Brüder, deren letzter Bischof er war. Mein theologischer Lehrer in der tschechischen Untergrundkirche, Oto Mádr, ein langjähriger Gefangener des Kommunismus, wurde von diesem Traktat Komenskýs zu seiner kleinen Studie *Modus moriendi ecclesiae* (Wie stirbt die Kirche?) inspiriert, in der er *inmitten* jener schweren Zeiten eine *kühne* Frage stellte: Sollten wir nicht die Tatsache annehmen, dass eine bestimmte Gestalt der Kirche *tatsächlich* stirbt? Wenn wir dies akzeptieren, bedeutet das keine Resignation oder Ohnmacht, sondern es bringt eher neue Aufgaben mit sich. Eine besteht darin, dass wir unsere Erfahrungen ehrlich reflektieren, damit irgendwann einmal jemand an unseren Weg anknüpfen kann.

Ich konnte nicht wahrnehmen, dass die Versuche einer Neu-Evangelisierung Europas tatsächlich etwas radikal Neues mit sich brachten. Es scheint mir eher, dass in Europa heute tatsächlich ein bestimmter Typus der Kirche seinen letzten Atemzug tut und die Vitalität des Christentums sich in Regionen außerhalb von Europa verlagert. Vielleicht beginnt mit dem Pontifikat von Papst Franziskus ein neues Kapitel der Geschichte des Christentums, eine neue Lesart des Evangeliums, die Verheißung eines offenen, ökumenischen Christentums für das globale Zeitalter. Der gegenwärtige Übergang von einer Gestalt des Christentums in eine andere wird – ähnlich wie andere vergleichbare Übergänge in der Vergangenheit – wahrscheinlich nicht ohne Krisen, Spannungen und Konflikte auskommen, und die »Gnade der Unterscheidung der Geister« wird offensichtlich notwendiger werden als je zuvor. In einem Moment, in dem hoffentlich die Vereinigung der Kirchen des Westens und des Ostens in greifbare Nähe rückt, die durch das Schisma vor tausend Jahren getrennt wurden, sollten wir nicht ein neues Schisma zwischen den alten Kirchen des Nordens und dem jungen Christentum des Südens zulassen, dessen ausdrucksstarke Stimme gerade Papst Franziskus ist.

Geprüfte Kirche

Das letzte große Geschenk des europäischen Christentums war das Reform-Konzil, das Zweite Vatikanum – es war in gewissem Sinn ein Augenblick, in dem das europäische Christentum sich selbst überschritt, indem es in seiner Abgeschlossenheit abstarb und als ein wirklich globales, weltweites Christentum neu geboren wurde. Karl Rahner verglich diesen Schritt mit dem geschichtlichen Umbruch, in dem das frühe Christentum aufhörte, eine Angelegenheit einer kleinen jüdischen Sekte zu sein und den Raum der antiken Welt, der griechischen Philosophie und der römischen Zivilisation betrat. Es scheint, dass das Konzil in Lehre und Leben der Kirche das integrierte, worin das prophetische Element der Wahrheit der Reformation und auch der atheistischen Religionskritik bestand. Das würde offensichtlich bedeuten, dass die Kirche den Sinn der Prüfung und des Gottesurteils verstanden hatte, die der Herr der Geschichte für sie im Zeitalter der Moderne bereitet hatte, und dass sie in dieser Prüfung bestand, dass sie also dafür vorbereitet ist, in ein neues Zeitalter und in ein neues Kapitel ihrer Geschichte einzutreten.

Der Prozess der Erneuerung der Kirche im Geist des Konzils wurde allerdings in beträchtlichem Maß durch die politisch-kulturellen Geschehnisse an der Wende der 60er- zu den 70er-Jahren des 20. Jahrhunderts gebremst. Kurz nach dem Abschluss des Konzils begann in der gesamten westlichen Welt die Kulturrevolution des Jahres 1968, eine der radikalsten Veränderungen der geistigen Atmosphäre des 20. Jahrhunderts. Der Westen ist mit der »zweiten Aufklärung« ins Zeitalter der späten Moderne eingetreten, in die Hochphase der Säkularisierung. Besonders ein Aspekt dieser Veränderungen, die sexuelle Revolution, irritierte das kirchliche Milieu äußerst stark.

In den 70er-Jahren entstanden als Reaktion auf diese Entwicklungen der Neokonservatismus und der religiöse Fundamentalismus. Diese Entwicklung bewegte die religiöse Szene auf der Welt, sie veränderte die bisherige gesellschaftliche Rolle der Religion, ihre Beziehung zur Politik und in einem gewissen Maße auch den Charakter der einzelnen Religionen. Letzten Endes beeinflussten diese Veränderungen auch die katholische Kirche.

Die Religion kehrte, wie wir schon sahen, im letzten Viertel des 20. Jahrhunderts auf das Gebiet der Politik zurück, jedoch in einer grundlegend veränderten Gestalt. Dies betrifft vor allem den Islam, aber auch das Christentum. Manche christlichen Kreise veränderten – offensichtlich als Reaktion auf die sexuelle Revolution – das Christentum in eine politische Bewegung, die für die Kriminalisierung von Abtreibungen, die Ablehnung homosexueller Beziehungen und künstlicher Verhütung eintritt sowie gegen Gender-Studien auftritt. Der Nachdruck, der auf diesen Bereich gelegt wurde, überschattete in den Predigten und in der Lehre der Kirche in beträchtlichem Maß die Schlüsselthemen des Evangeliums: die Liebe, die Solidarität, die Barmherzigkeit, die Vergebung und die Versöhnung und auch die Antworten auf drängende Zeichen der Zeit wie die Verantwortung für die Schöpfung, den Frieden, für soziale Gerechtigkeit, Ökumene und die Verständigung zwischen den Kulturen. Kein Wunder, dass die umgehende Reaktion der säkularen Welt darin bestand, das Christentum aufzufordern, vor der eigenen Tür zu kehren: »Warum siehst du den Splitter im Auge deines Bruders, aber den Balken in deinem Auge bemerkst du nicht?« Es folgte eine Serie von Enthüllungen sexuellen Missbrauchs von Kindern und Jugendlichen durch katholische Priester. Erst in dem Augenblick, als Papst Franziskus den Mut fand, jene übertriebene Konzentration auf diesen einen Teil der moralischen Botschaft als eine neurotische Obsession zu bezeichnen, beruhigte sich jener Tsunami an Skandalen in den Medien, welcher die Glaubwürdigkeit der Kirche erheblich beschädigt hat.

Geschichte des Ringens mit Gott – Hiob

Hegel verstand den Atheismus als ein Stadium der Dialektik der geschichtlichen Entwicklung. Der Weltgeist, die Menschheit auf ihrer Wanderschaft durch die Geschichte, muss diesen Augenblick durchschreiten, diese geschichtliche Erfahrung integrieren und überwinden. Ich habe davon gesprochen und geschrieben – auch in diesem Buch –, dass es einen gewissen Typ eines aufrichtigen Atheismus gibt, der Ausdruck des Schmerzes über die Tragik der Welt ist. Diese brennende geistliche Erfahrung sollten wir nicht löschen, indem wir sie mit apologetischen Argumenten überschütten, sondern umarmen und integrieren: Wir sollten aufzeigen, dass der »Karfreitag« zwar ein wichtiger Augenblick der Geschichte des Evangeliums ist, jedoch nicht der letzte und abschließende.

Ja, es ist notwendig wahrzunehmen, dass für viele Menschen in ihren persönlichen Geschichten und in den Augenblicken der Geschichte, die sie gerade erleben, der Karfreitag eine drängende Gegenwart ist, wohingegen wir ihnen die Zukunft des Ostermorgens nur in Form der Hoffnung, eines Hoffnungsangebots vorlegen können. Kann man allerdings etwas, das für unser Leben derart wesentlich ist wie die Hoffnung, mit dem abfälligen Wörtchen »nur« verbinden?

Auch biblische Geschichten erzählen, dass die Hoffnung Frucht eines schweren Ringens sein kann, manchmal auch eines Ringens und eines Streites zwischen Menschen und Gott. Die Bibel zeigt uns, dass Gott diejenigen liebt, die mit ihm ringen.

Die bekannteste Geschichte eines Streites des Menschen mit Gott ist ohne Zweifel das Buch Hiob. Welche Bedeutung hat jener lange Monolog, mit dem der Herr auf die Klage Hiobs und auf seine Aufforderung, einen Prozess zu führen, antwortet? Einigen Kommentatoren zufolge offenbart hier Gott statt einer Erklärung, was der Sinn des Bösen ist, seine eigene Unbegreiflichkeit. Gemäß der Auslegung Chestertons verrät Gott sein Staunen über die Unbegreiflichkeit und Kompliziertheit der Welt, die er schuf. Er antwortet Hiob: Wenn du so klug bist, dass du Gott anklagen willst, dass er die Welt undurchschaubar leitet, dann versuch das selbst einmal! Besitzt du dazu etwa die nötigen Kenntnisse und Fähigkeiten?

Die Botschaft des Buches Hiob sollten wir besonders aufmerksam in einer Zeit hören, in welcher der Mensch denkt, dass er über jene Kenntnisse und Fähigkeiten verfügt, mit denen er über die Welt und das Leben Regie führen könnte. Eine andere Art des Atheismus als jener des Schmerzes ist der des Stolzes: Er ist Ausdruck der Bemühung, »wie Gott zu sein, Gutes und Böses zu erkennen«, ja, über dem Guten und Bösen zu stehen und zu bestimmen, was gut und was böse ist nach eigenem Geschmack und Vorteil. Die Bibel und ihre tiefsinnigen Ausleger sehen darin ein Attentat auf Gott; sie erkennen in diesem Streben, die göttliche Position und Rolle einzunehmen, die ursprüngliche Schuld und den eigentlichen Beginn der Geschichte des Bösen. Der Mensch wurde aus dem Paradies der unmittelbaren Gotteserfahrung vertrieben. Mit dem Versuch, »wie Gott zu sein«, mit jenem Versuch, der immer wieder »ratifiziert« wird in jedem beliebigen Akt der menschlichen Willkür und Unverantwortlichkeit – »der Sünde« –, beginnt auch die Zeit der Verborgenheit Gottes. »Es gingen ihnen die Augen auf« – aber statt Gott sehen sie nur ihre eigene Nacktheit und Verletzlichkeit.

Geschichten der Verborgenheit Gottes

Wenn Gott sich verbirgt, kann der Mensch auf zwei Arten darauf antworten: Er kann sich bemühen, immer wieder Gott zu ersetzen und ihn aus dem Spiel zu nehmen, oder er kann den abwesenden Gott dadurch »vertreten«, dass er die Rolle Gottes selbst übernimmt – und zwar nicht so wie Adam, der sich zum göttlichen Souverän aufschwingen wollte, sondern auf die Art und Weise Christi, der Gott als die Quelle der sich hingebenden und bedingungslosen Liebe vergegenwärtigt. Jesus ist nach Dorothee Sölle der Stellvertreter Gottes, der die Rolle des unsichtbaren, unzugänglichen Vaters einnimmt – und dementsprechend sollte jeder Christ Christus in der Welt vergegenwärtigen. Ist nicht jede Eucharistiefeier eine Aufforderung und zugleich die Ermächtigung, diese Aufgabe unter den Menschen wie Christus zu übernehmen, wie das Brot, das gebrochen und verteilt wird und Hungrige sättigt?

In Zeiten der Verborgenheit Gottes ist Gott anwesend in den menschlichen Akten des Glaubens, der Liebe und der Hoffnung, in der menschlichen Sehnsucht und im Gebet. Diese sind sowohl Ausdruck der menschlichen Freiheit, als auch Geschenk der Gnade: In ihnen ist der Mensch und Gott gegenwärtig, und zwar, in Anlehnung an die Terminologie der Christologie des Konzils von Chalcedon (451 n. Chr.): ungeteilt und unvermischt.

Das Gebet kann Ausdruck der Dankbarkeit und der Bitte sein, aber es kann auch ein Akt der Suche, der Sehnsucht und des Mutes sein, am Rand des Abgrunds der Zweifel und Unsicherheiten stehend dennoch zu vertrauen. Es gab Momente, in denen sich Gott für mich zwischen den Seiten der theologischen Schriften in Unsicherheiten und Zweifeln hoffnungslos verlor, aber auch damals konnte ich ihn im Gebet erfahren.

Es beten nicht nur Menschen, die in religiösen Sicherheiten ihre Ruhe gefunden haben. Vielleicht wäre es wertvoll, in die poetischen Sammelbände der Gebete gläubiger Menschen auch Gebete Ungläubiger und Suchender aufzunehmen.

Die Kraft religiöser Sprache

Ich habe einmal mit Hochachtung über die »Hoffnung der Ungläubigen« und über die Beziehung des Glaubens zur Hoffnung geschrieben. Ich habe sie mit den beiden Jüngern Christi verglichen, die zum Grab laufen, um die unglaublichen Nachrichten der Frauen von der Auferstehung der Toten überprüfen oder widerlegen zu können.[70] Der Jüngere, Johannes, kommt als Erster beim Grab an, er lässt jedoch dem Älteren, Petrus, den Vortritt ins Grab. Die Hoffnung läuft schneller, gibt aber dann dem Glauben den Vorrang, damit er sagen möge, was er sieht. Manchmal ist der Glaube aber vor Trauer schwermütig geworden und voller Zweifel. Dann geht die Hoffnung ihm voraus und schlägt für ihn eine Bresche. Der Glaube bezeugt und predigt; die Hoffnung betet still »mit Seufzen, das wir nicht in Worte fassen können« (vgl. Röm 8,26).

Die Hoffnung, der Glaube und die Liebe gehören zusammen; manchmal wird jedoch der Glaube in die Liebe oder in die Hoffnung »umgegossen« und bleibt in ihnen anonym, implizit vorhanden. Zeig mir deinen Glauben ohne die Werke und ich zeige dir meinen Glauben aufgrund der Werke, aufgrund meiner Liebe, sagt der Apostel Jakobus: Ein Glaube ohne Werke ist tot, unwirklich.[71] Auf dem Grund der gewöhnlichen menschlichen Liebe und Hoffnung gibt es immer etwas, was den konkreten »Gegenstand« jenes Aktes der Liebe oder der Hoffnung übersteigt, was bei ihm nicht stehen bleibt, sondern ihn tiefer durchdringt. Er zielt auf jenen unsichtbaren und unbenannten, ja nicht benennbaren Magneten, der die Hoffnung und die Liebe in den Menschen erweckt und zu sich zieht.

Es existiert ein impliziter Glaube der Ungläubigen, aber auch ein impliziter Unglaube der Gläubigen – ein Glaube, der bei einer verbalen Äußerung oder bei einer rationalen Überzeugung bleibt, aber keine Wurzeln in der Tiefe, im Herzen hat, und auch keine Früchte im praktischen Handeln trägt. Zu einem solchen Glauben, sagt der Apostel Jakobus, sind auch Dämonen fähig: »Auch Dämonen glauben und zittern.«[72] Ein Glaube, der nicht von Angst befreit, sondern im Gegenteil Angst erzeugt, ist dämonisch, pervertiert.

Ja, der Glaube wird manchmal schwer geprüft und zittert nachvollziehbarer Weise, aber gerade dann wird er von der Hoffnung gestützt. Wenn der Glaube nicht imstande ist, zu beten – und wer würde solche Momente der Dürre nicht kennen? –, dann betet die Hoffnung für ihn mit ihren Seufzern, die wir nicht in Worte fassen können.

Kommen wir also auf die Gebete der Ungläubigen zurück. Eine ganze Reihe von Menschen äußerte mir gegenüber, dass sie nicht an Gott glauben oder nicht wüssten, ob sie glauben, aber dass sie ab und zu beten. Und zwar nicht nur in Momenten, in denen ein Mensch auf die Information eines Arztes wartet, ob der Tumor, der unerwartet auf der Röntgenaufnahme erschien, gutartig oder bösartig ist. In solchen Momenten verlässt selbst viele Atheisten ihr Atheismus so plötzlich wie ein Husten oder Schnupfen und sie brauchen keine besondere Schule des Gebets. Das Gebet ist in solchen Augenblicken genauso spontan und natürlich wie das Schreien oder Weinen eines Babys oder wie eine unglaubliche physische Leistung eines Menschen in einer lebensbedrohlichen Situation. Ich denke nicht nur an das Gebet in Ängsten, sondern auch an das Gebet aus Freude oder Dankbarkeit.

Eine Frau erzählte mir einmal von einem besonderen Erlebnis in der Nacht nach der Geburt ihres ersten Kindes. Von ganzem Herzen habe sie damals eine Sehnsucht gespürt, sich für das Geschenk des neuen Lebens zu bedanken. Aber bei wem? Bei ihrem Ehemann, beim Chefarzt der Klinik oder bei »Mutter Natur«? Ihre Dankbarkeit, die sich in eine namenlose Weite ausdehnte, war ihr erstes Gebet – und sie erinnerte sich daran sehr lebhaft bei ihrer Konversion und Taufe viele Jahre später. Manchmal werden Menschen von so starken Emotionen ergriffen, dass die säkulare Sprache und säkulare Gesten nicht die Kraft besitzen, dies zum Ausdruck zu bringen, und so greifen die Menschen spontan zur Sprache der Religion.

Man muss jedoch hinzufügen, dass dies nicht nur für derart achtenswerte Emotionen gilt. In Ansprachen von Politikern begegnen wir heute oft einer apokalyptischen Sprache, wenn aus dem politischen Gegner »der große Satan« wird und aus seinem Gebiet »das Reich des Bösen«. In der religiösen Terminologie ist jedoch eine Kraft verborgen, von der säkulare Menschen in der Regel keine Ahnung haben; die Lehre von Engeln und Dämonen hat eine realistischere Grundlage, als diejenigen vermuteten, die diese Kräfte allzu schnell ins Reich der Märchen und der Fantasie verwiesen haben. Gewisse Worte sind nicht »nur« Worte. Die Sprache ist ein subtiles Glied, aber sie kann wie ein kleines Feuer einen riesigen Wald in Brand setzen, meint der Apostel Jakobus. Und er fügt dazu: »Die Zunge ist ein Feuer.«[73]

Es gibt Momente des Schreckens und es gibt Momente der Schönheit, in denen in die Sprache des Menschen, egal wie seine Sichtweise auf die Frage nach der Existenz Gottes ist, sein Name spontan eintritt: Mein Gott, wie schrecklich! Mein Gott, wie schön! Ich glaube nicht, dass wir in solchen Momenten den Namen Gottes leichtfertig oder gar umsonst in den Mund nehmen. Wozu haben wir dieses Wort, wenn wir mit ihm nicht das benennen könnten, was die Kraft hat, die Tiefe unseres Herzens zu berühren, uns erzittern zu lassen oder uns zu erschüttern?

Geschichten von Bekennermut und Feigheit – Petrus

In der Bibel gibt es viele Geschichten, die den Glaubensweg als ein ständiges wechselseitiges Durchdringen von Vertrauen und Skepsis, von der Sehnsucht zu vertrauen und der Angst vor einer Blamage schildern, als einen Wechsel vom Mut zu einem vorbehaltlosen Ja zu einem zögerlichen Aber. Von diesen ist mir vielleicht am liebsten die Geschichte des Apostels Petrus. Die Evangelien schonen den ersten der Apostel keineswegs und zensieren seine Lebensgeschichte nicht. In der Biografie von Simon Petrus, nicht nur in den bekannten Geschichten vom Leiden und der Auferstehung Jesu, wechseln sich rhythmisch der Bekennermut mit einer verleugnenden Feigheit, eine überraschende Einsicht mit einer gleichermaßen überraschenden Begriffsstutzigkeit ab.

Jesus kommt zu der Fischergruppe in einem Moment, in dem sie wirklich nicht darauf eingestimmt sind, Ratschläge und Ermahnungen eines umherziehenden Predigers zu hören. Sie sind erschöpft und missmutig nach einer ganzen Nacht erfolglosen Fischens. Nichtsdestotrotz wagt es

Simon, einem Menschen zu vertrauen, der augenscheinlich keine Erfahrungen als Berufsfischer hat: »Wir haben die ganze Nacht gearbeitet und nichts gefangen. Doch wenn du es sagst, werde ich noch einmal die Netze auswerfen.« Diese Worte beinhalten einen der wichtigsten Aspekte des Glaubens, das »noch einmal«. Der Mensch steht mit leeren Händen da, und sein Herz ist voller Enttäuschung und Skepsis – wer kennt solche Momente nicht? Und dann erklingt das Wort des Glaubens in diese Situation: Reiß dich zusammen, versuch es noch einmal!

Die Netze bis zum Bersten gefüllt mit Fischen erfüllen Simon nicht nur mit Freude über den Fang, sondern auch mit einem Staunen über den Spender der Hoffnung und mit einem demütigen Bewusstsein der Distanz zwischen ihm und sich selbst: »Herr, geh weg von mir; ich bin ein Sünder!« Als Augustinus eines seiner grundlegenden Werke schrieb, benannte er es mit einem doppeldeutigen Wort: *Bekenntnisse*. Es ging ihm einerseits um das Bekenntnis des Glaubens, aber auch um das Bekenntnis der Schuld. Wer seine Schuld nicht bekennt, nicht anerkennt, dass er ein Sünder ist – das bedeutet, dass er nicht Gott ist –, der hat nicht das Recht, den Glauben an Gott zu bekennen; sein Glaubensbekenntnis ist nicht glaubwürdig. Ich kann Gott nicht sehen, wenn ich in der Position der Gottgleichheit verharre. Nur aus der Tiefe meiner Demut, des Mutes, die ganze Wahrheit über mich zu akzeptieren, auch den eigenen Schatten zu erkennen und anzuerkennen, kann ich Gott erblicken. Petrus erfährt Gott in dem umherziehenden Prediger; nicht mit Worten, nicht mit Definitionen, sondern mit einer Geste, mit einer Kniebeuge, bringt er dies zum Ausdruck. Gerade in diesem Augenblick der demütigen Anerkennung der Wahrheit über sich selbst kann er einen Auftrag erhalten: Er wird dem Meister und seinem bisherigen Beruf folgen. Seine Erfahrung mit dem Meer und mit dem Wind wird zum Symbol dafür werden, was er jetzt tun wird: Er wird zum Menschenfischer.

Bei Caesarea Philippi fragt Jesus die Jünger, was die Menschen über ihn erzählen, für wen sie ihn halten, wie sie ihn einschätzen. Und darauf stellt er ihnen die grundsätzliche Frage: »Für wen haltet ihr mich?« Petrus, der Sprecher der Apostel, ergreift das Wort und sagt einen Satz, der voll ist von der Energie der Erwartungen und Hoffnungen der israelischen Nation: »Du bist der Messias, der Sohn des lebendigen Gottes!« Und in der Antwort auf dieses Bekenntnis verändert Jesus seinen Namen, er ändert seine Identität: Aus dem Fischer Simon wird Petrus, der Fels, und auf den Felsen dieses messianischen Bekenntnisses von Petrus wird Jesus sein Haus, seine Kirche, das neue Israel aufbauen. Allerdings ist das Wort »Messias« vieldeutig, wie sich bald zeigen wird, und Petrus hat in diesen Begriff viele Bilder seiner Zeit von einem siegreichen König projiziert, der das Reich Davids erneuern wird. Wenn sich Jesus bemüht, dieses Bild zu säubern, es mit der Auffassung des leidenden Messias zu korrigieren, von dem der Prophet Jesaja sprach, gefällt dies Petrus nicht allzu sehr. Er ist überzeugt, dass diese Rede Jesu einer Depression entspringt, dass Jesus eine »Schaffenskrise« durchmacht. Er nimmt ihn zur Seite und klopft ihm gutmütig auf die Schultern: Das wird sicher nicht passieren! Alles wird gutgehen! Und nach diesem peinlichen Trost muss Petrus, der noch kurz zuvor als fester Felsen und Besitzer der Schlüssel des Himmelsreichs bezeichnet wurde, an seine Adresse gerichtet die härtesten Worte vernehmen, die im ganzen Neuen Testament überhaupt ausgesprochen werden: »Weg mit dir, Satan!«

Jesus erkennt in der Beschwichtigung des Petrus jene Versuchung wieder, die ihm der Satan in der Wüste anbot: ein Messias des Erfolgs und der billigen Effekte zu sein, der mit einer magischen Geste Steine in Brot verwandelt und unter stürmischem Applaus der Menschenmenge von der Zinne des Tempels in den weichen Schoß der Engel fällt. Jesus kennt aber den Weg, auf den ihn der Vater gesandt hat: Er wird an einem Stein zerbersten, an der Härte der menschlichen Herzen, und keine Engel werden seinen Fall abfedern; er wird nicht Brot aus Steinen herstellen, aber er wird seinen Körper und sein Blut hingeben, damit er selbst zum Brot wird, das gebrochen und gegessen wird – und so die anderen sättigt.

Immer wenn ich im Petersdom in Rom die goldene Schrift lese: »Du bist Petrus, und auf diesen Felsen werde ich meine Kirche bauen«, suche ich dort vergebens den Nachsatz, der zum selben Abschnitt des Matthäusevangeliums gehört: »Weg mit dir, Satan, geh mir aus den Augen! [...] denn du hast nicht das im Sinn, was Gott will, sondern was die Menschen wollen.«[74] Für wie viele Nachfolger des Apostels Petrus in der Kirchengeschichte hätten diese Worte eine Warnung sein können!

Dann nimmt Jesus seine Jünger – und zwar nur drei von den zwölf – mit auf einen hohen Berg. Sie werden von einem Licht geblendet und erblicken Mose (und mit ihm die Tora) und Elija (und mit ihm die Propheten) an der Seite Jesu. Jesus ist der Schlüssel zum Verständnis der Tora und der Propheten. Mose und Elija diskutieren mit ihm über seinen Tod – worüber sonst? Es wird noch Jahrhunderte dauern, bis die Christen diese Erfahrung in die Sprache der dogmatischen Definitionen über die Beziehung des Vaters, des Sohnes und des Heiligen Geistes kleiden. Hier gibt es noch keine Definitionen, nur ein blendendes Licht. Aber in diesem Erleben des Lichtes ist schon die ganze Wahrheit darüber enthalten, dass Jesus mehr ist als nur ein guter Meister und ein umherziehender Prediger, dass Gott durch ihn und mit ihm und in ihm leuchtet.

Und nach diesem großen Erlebnis äußert sich Petrus abermals mit einem peinlichen Vorschlag: Wir wollen drei Hütten bauen und hier bleiben, zusammen mit Mose und Elija! Wir wollen nicht in die alltägliche, langweilige, verstaubte Welt der Schatten und der Finsternis zurück, wir wollen dauerhaft im Licht wohnen! Aber Jesus weist den Weg nach unten, in die Welt in ihrer Vieldeutigkeit. Gerade die drei, die er in die Lichtwolke in den Höhen eingeladen hat, nimmt er mit in die finstere Erniedrigung im Garten Gethsemane, in die Momente des Schmerzes und der Verlassenheit. Auch in unserem Leben ist es so: Wir sollen für die lichtvollen Augenblicke und für die Erlebnisse der Nähe Gottes dankbar sein, aber wir dürfen uns in ihnen nicht wohnlich einrichten. Sie kommen und gehen. Die Erinnerung an sie soll uns aber in unseren Gethsemane-Nächten stärken.

Als die Jünger auf den See hinaus fahren, sehen sie Jesus, wie er auf den Wellen auf sie zuschreitet. Und Petrus wäre nicht Petrus, wenn er nicht wieder das Wort ergreifen würde: »Wenn du es bist, so befiehl, dass ich auf dem Wasser zu dir komme.« Als Antwort auf seine Wichtigtuerei wird er zu hören bekommen: »Komm!« Und er geht los, ohne zu überlegen. Aber wie immer wird seine Entschlossenheit bald von der Angst abgelöst: Er beginnt, um sich Angst zu haben und in seiner Angst zu ertrinken. In der christlichen Existenz – wie viele von Tertullian bis Kierkegaard wussten – existiert etwas »Absurdes«, es ist »das Gehen auf dem Wasser«, das nur dann möglich ist, wenn der Mensch die Angst ablegt, Christus anschaut und aufhört, sich um sich selbst zu sorgen und zu ängstigen. Aber Petrus beginnt zu ertrinken und ruft: »Herr, rette mich!« Und Jesus reicht ihm wie immer die Hand. Versuch es noch einmal! Warum hast du gezweifelt, du Kleingläubiger!

In der Passionsgeschichte wiederholt sich dasselbe Modell. Petrus brüstet sich beim Paschamahl: »Wenn dich alle verraten würden, ich nicht!« Und gleich danach verleugnet er ihn dreimal vor einer einfachen Dienerin. Aber dann spürt er wieder den Blick Jesu auf sich, wenn sie den gefesselten, verurteilten Meister an ihm vorbeiführen – und Petrus reißt sich »noch einmal« zusammen, er durchläuft »die Taufe durch die Tränen«.

Der Abschluss der Geschichte findet am selben Ort statt, an dem sie begonnen hatte: in der Morgendämmerung am Strand des Galiläischen Meeres. Jesus stellt Petrus drei Fragen – und Petrus begreift, dass sein dreifaches Liebesbekenntnis die dreifache heilende Berührung der Wunden nach der dreifachen Verleugnung ist. Am Ende ihrer letzten Begegnung steht dasselbe Wort, welches das Schlüsselwort ihrer ersten Begegnung war: »Folge mir nach!« Jesus prüft nicht Petrus über die Kenntnisse seiner Lehre und auch nicht seine moralischen Tugenden. Von beidem weiß er seinen Teil und Petrus ebenfalls. Das, was ihn interessiert, ist die Beziehung von Petrus zu ihm, die Liebe des Petrus. Sie ist jetzt der Stein, auf dem es möglich ist zu bauen, die Basis, zu der zurückzukommen möglich und notwendig ist, auch nach wiederholtem Versagen: Versuch es noch einmal!

Hilf meinem Unglauben!

Eines der erstaunlichsten Gebete im Neuen Testament ist der Ausruf: »Ich glaube. Hilf meinem Unglauben« (Mk 9,24). Ein Christ ist immer nur ein teilweise getaufter Heide. Ich glaube, dass in jedem Gläubigen auch ein Ungläubiger wohnt und in jedem Ungläubigen ein Glaubender. »Macht euch Freunde mithilfe des ungerechten Mammon«, sagt Jesus (Lk 16,9), und ich bin mir bis heute nicht sicher, ob ich diesen Satz verstehe. Ähnlich könnte Jesus auch sagen: »Macht euch den Ungläubigen in eurem Inneren zum Freund.« Bemüht euch nicht, seine Fragen und Zweifel zu unterdrücken, unterdrückt nicht krampfhaft, wenn er rebelliert.

Befreit euch nicht von eurem Schatten dadurch, dass ihr ihn auf andere projiziert und dort mit ihm eifrig kämpft und dabei ganz vergesst, dass ihr mit einem Teil von euch selbst kämpft. Ein ständiger innerer Dialog kann euren Glauben vertiefen und euch ohne Zweifel helfen, in den Dialog mit den anderen einzutreten, sie zu verstehen. Lasst jedoch die Fragen nicht einfach unbeantwortet, richtet euch es auch nicht im bequemen »vielleicht« irgendwo zwischen dem Glauben und dem Unglauben wohnlich ein, »hinkt nicht auf beiden Seiten«, lasst auch nicht zu, dass sich der Gläubige und der Ungläubige am Steuer eures Lebens wie Jekyll und Hyde abwechseln. Manche Fragen und Zweifel rufen nach einem Studium und Durchdenken, und wir können manchmal auch verhältnismäßig schnell eine Antwort finden. Aber es gibt auch Fragen, die wir wie Maria »in unserem Herzen bewahren«, in unserem Inneren langsam wie die Frucht im Körper der Mutter reifen lassen müssen. Im Glaubensleben begegnen wir Problemen, die man auch mit einem Geheimnis lösen kann, das man reifen lassen muss. Mit einem Geheimnis werden wir nie fertig, das Geheimnis hat keinen Grund.

Erinnern wir uns an das bekannte Bild aus dem Leben von Augustinus: Der berühmte Theologe sah einen Jungen am Ufer des Meeres mit einer Muschel spielen. In diesem Moment verstand er, dass es genauso töricht wäre, das Geheimnis der Trinität mit seiner Vernunft erfassen zu wollen, wie der Versuch, mit einer Muschel das Meer auszuschöpfen. Auf diese Einsicht hin resignierte Augustinus aber keineswegs, er hörte nicht auf zu suchen, zu studieren und zu schreiben, auch gab er nicht sein Amt des Bischofs, Predigers und geistlichen Leiters auf. »Jetzt schauen wir in einen Spiegel und sehen nur rätselhafte Umrisse«, lehrt Paulus (1 Kor 13,12). Machen wir den Ungläubigen in uns zu einem Freund, zu einem Verbündeten und wertvollen Helfer unseres Glaubens dadurch, dass er der Wächter des Erlebens der göttlichen Transzendenz, des alles Übersteigenden, sein wird, dass er uns hindern wird, wenn wir im Glanz des Berges Tabor uns wohnlich einrichten wollen, dass er uns helfen wird, dass wir auf jedes religiöse Begreifen oder Erlebnis der Nähe Gottes nicht mit dem törichten »Schon habe ich ihn!« reagieren. Vertrauen wir ihm die wichtige Aufgabe an, dass er unseren Glauben die Demut lehrt. »Ich glaube. *Hilf meinem Unglauben*, damit er meinem Glauben zu seiner Reife verhilft!«

Epilog

Der unbekannte Gott.
Die Areopagrede des Paulus

Anselm Grün

Während Paulus in Athen auf sie wartete, erfasste ihn heftiger Zorn; denn er sah die Stadt voll von Götzenbildern. Er redete in der Synagoge mit den Juden und Gottesfürchtigen, und auf dem Markt sprach er täglich mit denen, die er gerade antraf. Einige von den epikureischen und stoischen Philosophen diskutierten mit ihm und manche sagten: Was will denn dieser Schwätzer? Andere aber: Es scheint ein Verkünder fremder Gottheiten zu sein. Er verkündete nämlich das Evangelium von Jesus und von der Auferstehung. Sie nahmen ihn mit, führten ihn zum Areopag und fragten: Können wir erfahren, was das für eine neue Lehre ist, die du vorträgst? Du bringst uns recht befremdliche Dinge zu Gehör. Wir wüssten gern, worum es sich handelt. Alle Athener und die Fremden dort taten nichts lieber, als die letzten Neuigkeiten zu erzählen oder zu hören. Da stellte sich Paulus in die Mitte des Areopags und sagte: Athener, nach allem, was ich sehe, seid ihr besonders fromme Menschen. Denn als ich umherging und mir eure Heiligtümer ansah, fand ich auch einen Altar mit der Aufschrift: »Einem unbekannten Gott«. Was ihr verehrt, ohne es zu kennen, das verkünde ich euch. Gott, der die Welt erschaffen hat und alles in ihr, er, der Herr über Himmel und Erde, wohnt nicht in Tempeln, die von Menschenhand gemacht sind. Er lässt sich auch nicht von Menschen bedienen, als brauche er etwas: Er, der allen das Leben, den Atem und alles gibt. Er hat aus einem einzigen Menschen das ganze Menschengeschlecht erschaffen, damit es die ganze Erde bewohne. Er hat für sie bestimmte Zeiten und die Grenzen ihrer Wohnsitze festgesetzt. Sie sollten Gott suchen, ob sie ihn ertasten und finden könnten; denn keinem von uns ist er fern. Denn in ihm leben wir, bewegen wir uns und sind wir, wie auch einige von euren Dichtern gesagt haben: Wir sind von seiner Art. Da wir also von Gottes Art sind, dürfen wir nicht meinen, das Göttliche sei wie ein goldenes oder silbernes oder steinernes Gebilde menschlicher Kunst und Erfindung. Gott, der über die Zeiten der Unwissenheit hinweggesehen hat, lässt jetzt den Menschen verkünden, dass überall alle umkehren sollen. Denn er hat einen Tag festgesetzt, an dem er den Erdkreis in Gerechtigkeit richten wird, durch einen Mann, den er dazu bestimmt und vor allen Menschen dadurch ausgewiesen hat, dass er ihn von den Toten auferweckte.

Als sie von der Auferstehung der Toten hörten, spotteten die einen, andere aber sagten: Darüber wollen wir dich ein andermal hören. So ging Paulus aus ihrer Mitte weg.

Einige Männer aber schlossen sich ihm an und wurden gläubig, unter ihnen auch Dionysius, der Areopagit, außerdem eine Frau namens Damaris und noch andere mit ihnen.

Apostelgeschichte 17,16–34

In der Apostelgeschichte des Neuen Testaments hat uns der Evangelist Lukas mit der Areopagrede des Paulus eindrücklich vor Augen geführt, wie wir auch heute mit Menschen sprechen könnten, die sich nicht als Christen verstehen, aber doch auf der Suche sind. Lukas zeigt uns, welche Sprache wir sprechen sollen gegenüber Menschen, die Gott leugnen. Mit Vertretern zweier philosophischer Schulen diskutierte Paulus: mit denen der Stoa und den epikureischen Philosophen. Die Stoiker glaubten an Gott. Allerdings war das ein philosophischer Gott. Gott ist der Logos, der die ganze Welt gestaltet und durchwirkt. Er ist das Feuer, das alles bewegt. Gott ist der Geist, der alles durchdringt. Nach ihrer Auffassung gibt es allerdings kaum eine persönliche Beziehung zu Gott. Gott ist die Weltvernunft. Und da der Mensch an dieser Weltvernunft teilhat, hat er auch teil am Göttlichen. Die stoische Philosophie entspricht manchen Formen des heutigen Atheismus: Man glaubt an ein Naturgesetz, an eine abstrakte Weltvernunft, aber nicht an einen persönlichen Gott.

Die Schule des Epikur leugnet zwar die griechischen Götter nicht. Aber sie spielen keine Rolle. Sie leben für sich und haben keine Beziehung zum Menschen. Im Tod löst sich der Mensch in nichts auf. Es gibt keinen Gott, in den der Mensch hinein sterben könnte. Es geht um das Glück und die Zufriedenheit des Menschen im diesseitigen Leben. Die Epikureer vertreten einen praktischen Atheismus, wie er auch heute weit verbreitet ist. Mit diesen beiden Formen des Atheismus – dem rational begründeten und dem praktischen – setzt sich Lukas, der Verfasser der Apostelgeschichte, in der dem Paulus in den Mund gelegten Rede auseinander.

Zunächst also diskutiert Paulus mit Vertretern dieser Schulen. Manche verspotten Paulus und nennen ihn einen Schwätzer. Wörtlich heißt es: einen »Körnerpicker«. Damit bezeichnete man einen Menschen, der fremde Gedanken aufschnappt und unverstanden weitergibt. Die epikureischen Philosophen lehnen Paulus ab. Die stoischen Philosophen zeigen immerhin Interesse. Aber sie verstehen Paulus falsch. Sie meinen, er würde neue Gottheiten verkünden. Jesus und die Auferstehung (*anastasis*) seien gleichsam Gott und Göttin. So laden sie Paulus ein, er solle mit ihnen auf den Areopag gehen und dort genauer erklären, welche neue Lehre er vorträgt. Lukas hat bei der Schilderung dieser Szene immer die Gestalt des Sokrates im Blick, der von den Athenern verurteilt wurde, weil er ein anderes Bild von Gott verkündet hatte.

Vorbild für den Dialog mit Atheisten

Paulus hält nun eine Rede, die für unseren heutigen Dialog mit dem Atheismus Vorbild sein könnte. Zunächst beginnt Paulus mit einer *captatio benevolentiae*: Er versucht, die neugierigen Zuhörer für sich zu gewinnen, indem er sie als besonders fromme Menschen bezeichnet. Und er wendet sich bewusst an die stoischen Philosophen. Sie waren für ihn die einzig ernstzunehmenden Gesprächspartner in Athen. Die griechischen Priester waren reine Kultdiener. Sie hatten beim Volk kein Ansehen. Lukas erkennt in dieser Rede all das Gute an, das die griechischen Philosophen über das Geheimnis des Menschen ausgesagt haben. Und er lobt den spirituellen Eifer der Griechen, die in ihrer Stadt viele Tempel und Altäre aufgebaut haben. Paulus – so wie Lukas ihn sieht – bezieht sich vor allem auf den Altar mit der Aufschrift »Einem unbekannten Gott«. Daran knüpft er an: »Was ihr verehrt, ohne es zu kennen, das verkünde ich euch« (Apg 17,23). Vermutlich gab es in Athen keinen Altar, der einem einzelnen unbekannten Gott, sondern nur einen, der den unbekannten und fremden Göttern geweiht war. Und dieser war weniger Ausdruck der spirituellen Suche als vielmehr der Furcht, man könnte einen Gott der anderen Völker vergessen haben und dann seiner Strafe anheimfallen. Zudem entsprang er dem politischen Kalkül, die Verbindungen mit den Ländern, in denen den Griechen unbekannte oder fremde Götter verehrt wurden, zu intensivieren.[75] Wenn wir die Predigt des Paulus in unsere Zeit übersetzen, so könnten wir sagen, die Atheisten haben in ihrer Mitte einen Altar mit der Aufschrift: »Dem unbekannten Gott«. Sie lehnen den Gott ab, den sie in ihrem Umfeld antreffen. Aber sie sind offen für einen unbekannten Gott, für einen, den niemand kennt.

Lukas schreibt hier nicht: »Wen ihr verehrt«, sondern »Was ihr verehrt«. »Lukas hütet sich also, der Altarinschrift ein klar umrissenes personales Gottesbild zu unterschieben. Ein Ahnen der Menschenseele sieht er gegeben, aber die wesentlichen Inhalte christlicher Verkündigung können nicht allein durch Besinnung auf die religiösen Traditionen der Menschheit gefunden werden.«[76] Mit diesem »Was« würde sich Lukas heute auf das apersonale Gottesbild beziehen, wie es etwa im Buddhismus vorherrscht. Damit können sich auch manche Atheisten anfreunden. Denn da ist kein Gott, der ihnen gegenübertritt, sondern nur ein göttliches Prinzip, das man auch anders bezeichnen könnte, zum Beispiel als Weltseele, Kraft des Universums oder mit ähnlichen Begriffen, wie sie uns die heutige Esoterik anbietet.

Nachdem Paulus sich des Interesses seiner Zuhörer vergewissert hat, beginnt er seine Rede mit Aussagen, denen auch die stoischen Philosophen zustimmen könnten. Er spricht von der Erschaffung der Welt durch Gott und greift die religionskritische Vorstellung der Stoa auf, dass Gott nicht in Tempeln wohnt. Von diesem Gott sagt Paulus, dass er sich nicht bedienen lässt, sondern dass er »allen das Leben, den Atem und alles gibt«

(Apg 17,25). Damit möchte Paulus seinen Zuhörern vermitteln, dass sie von Gottes Gaben leben. Alles, was sie an Fähigkeiten haben, stammt von ihm. In jedem Atemzug können sie sich an Gott erinnern. Denn auch ihr Atem kommt von ihm.

Bei der Sehnsucht und dem Suchen ansetzen

Die nächste Aussage kann man unterschiedlich interpretieren: »Gott schuf aus einem einzigen Menschen das ganze Menschengeschlecht« (Apg 17,26). Man könnte das *ex henos* aber auf dem Hintergrund griechischer Philosophie auch übersetzen mit: »aus dem Einen«. Das Eine – *to hen* – ist für die griechische Philosophie eines Parmenides und eines Heraklit das Grundprinzip allen Seins. Das Eine ist zugleich alles. Das Viele und Gegensätzliche stammt alles aus dem Einen. So wird hier keine biologische Aussage über den Ursprung des Menschen gemacht, sondern eine Philosophie des Einen sichtbar. Lukas bezieht sich auf die Sehnsucht der Griechen nach dem *einen Urgrund allen Seins*. Diese Aussage können auch Atheisten verstehen. Denn dass die Welt im Tiefsten eins ist und dass alles miteinander zusammenhängt, das sagt auch die heutige Naturwissenschaft und die atheistische Philosophie. »Aus dem Einen« könnte man zudem mit der Vorstellung vom Urknall in Verbindung bringen: Aus ihm ist alles entstanden und hat sich dann in die Vielfalt des Weltalls und des Lebens hinein entwickelt. Auch der Mensch ist Ergebnis dieses Urknalls, der am Anfang der Welt steht.

Gott hat die Menschen geschaffen, »dass sie Gott suchen sollten, ob sie ihn ertasten und finden könnten, denn keinem von uns ist er fern« (Apg 17,27). Die Aufgabe des Menschen ist es, Gott zu suchen. Paulus gesteht den Zuhörern zu, dass auch sie Gott suchen. Und er traut ihnen zu, dass sie ihn wirklich finden können. Vor dem Finden steht das eigenartige Wort *pselaphao*, ertasten. Philo deutet dieses Wort als Erfassen des Göttlichen: Gott kann nur der finden, der eine Antenne für das Göttliche hat, der das Göttliche erfassen und verstehen kann. Doch ursprünglich zielt das Wort auf einen Blinden, der etwas betastet. Lukas hat es anders verstanden. Er bringt dieses seltene Wort auch in der Auferstehungsgeschichte. Jesus fordert hier die Jünger auf, ihn nicht nur zu sehen, sondern auch zu ertasten. Das Tasten ist also eine Bestätigung und zugleich Bestärkung dessen, was sie sehen. Sie berühren den Auferstandenen. Und der antwortet auf das Ertasten der Jünger mit dem stoischen Wort: »*Ego eimi autos*«, »Ich bin es selbst« (Lk 24,39). Er meint also nicht nur ein geistiges Erfassen, sondern ein wirkliches Berühren. Die Jünger sollen den Leib Jesu betasten, bis sie in ihm den Auferstandenen und sein wahres Selbst erkennen. In der Areopagrede meint Lukas mit diesem Wort, dass die Griechen in ihrem Suchen Gott durchaus berühren und seine Gegenwart mit allen Sinnen wahrnehmen. Auf diese Gegenwart Gottes verweist Lukas in der Begründung für das Ertasten: »Denn keinem von uns ist er ferne.« Weil Gott uns nahe ist, weil er uns in der ganzen Schöpfung umgibt, lässt er sich in allem, was wir ertasten, berühren. Wir berühren in den Blumen Gott als den Schöpfer. Und umgekehrt können wir sagen: Überall dort, wo wir uns wirklich berühren lassen, berührt uns Gott.

Diese Aussage ist gerade im Dialog mit Atheisten ein Schlüsselwort. Wenn ein Mensch sich in seinem Herzen berühren lässt, begegnet er Gott, oder, wie es Lukas ausdrückt: findet er Gott. Dort, wo uns die Schönheit einer Blume, eines Menschen, einer Landschaft oder eines Bildes berührt, berührt uns letztlich Gott. Aber es braucht ein wirkliches Ertasten. Was geschieht, wenn ich eine Blume oder ein zartes Gras berühre? Was oder wen berühre ich da? Letztlich ist es immer das Geheimnis des Lebens, das Geheimnis Gottes. Für die Stoa wäre es das Geheimnis der göttlichen Weltvernunft oder auch des göttlichen Feuers, des göttlichen Geistes, der alles durchdringt.

Wenn wir die Stelle in der Areopagrede mit dem Betasten des Auferstandenen durch die Jünger vergleichen, so könnten wir sagen, dass wir im Berühren der Schöpfung dem begegnen, der von sich sagt: »Ich bin es. Ich bin ich. Ich bin der ich bin.« Wir begegnen also in der Schöpfung dem Schöpfer. Wir können diese Berührung aber auch noch einmal anders verstehen. Für Lukas ist das Geheimnis der Auferstehung, dass wir zu unserem wahren Selbst finden, dass wir sagen können: »Ich bin ich.« In der Berührung mit der Welt, im Ertasten der Schönheit der Dinge erkennen wir uns selbst, geht uns auf, wer wir sind. Wir gehen nicht einfach nur auf in der Welt. Wir stehen ihr auch gegenüber. Und indem wir sie berühren und ertasten, begegnen wir unserem wahren

Selbst. Das Selbst bemächtigt sich nicht der Dinge, benutzt sie nicht und beutet sie nicht aus, sondern es berührt, betastet sie und belässt sie in ihrem Geheimnis.

Lukas entfaltet die Nähe Gottes mit einem Satz, der auch von einem stoischen Philosophen stammen könnte: »Denn in ihm leben wir, bewegen wir uns und sind wir, wie auch einige von euren Dichtern gesagt haben: Wir sind von seiner Art« (Apg 17,27f). Seneca kann sagen, dass Gott in jedem von uns wohnt. Lukas dreht das um: Wir leben in Gott. In Gott bewegen wir uns. In allem sind wir von Gottes Gegenwart umgeben. Unser Sein ist im Sein Gottes gegründet. Wir sind immer und überall in Gott. Und dann zitiert Lukas ein Wort des Dichters Aratos von Soloi aus dem 3. Jahrhundert vor Christus: »Wir sind von seiner Art.« Die stoische Philosophie deutet dieses Wort pantheistisch: »Was man Götter nennt, sind Bestandteile dieser Welt, innerweltliche Kräfte, vom Menschen nicht prinzipiell, sondern nur graduell verschieden.«[77] Lukas deutet es jedoch als Geschenk von Gott. Er hat uns nach seinem Ebenbild geschaffen. Darin erkennt man die Würde des Menschen: Wir sind von Gottes Art. Unsere eigentliche Würde besteht im Denken. Daher sollen wir keine selbstgemachten Götter verehren, sondern den Gott, der unserem Denken entspricht, den Gott, der Geist ist, der alles durchdringt.

Bestätigen und korrigieren

All diese Gedanken bestätigen und korrigieren zugleich die Auffassung der griechischen Philosophen. Man könnte sagen: Bis hierhin könnten auch die atheistischen Denker folgen. Lukas bringt es fertig, im Dialog mit den Atheisten Interesse hervorzurufen. Er nimmt ihre Gedanken auf, führt sie aber unmerklich doch auf eine andere Ebene, ohne sie zu zwingen, ihm folgen zu müssen. Er öffnet den Geist seiner Zuhörer für das, was er sagen möchte. Doch dann schließt er die Rede des Paulus mit dem Hinweis auf die Umkehr. Gott hat über die Zeiten der Unwissenheit hinweggesehen. Doch jetzt lässt er Umkehr, *Metanoia*, Umdenken, ein anderes Denken verkünden.

Paulus spricht dann vom Gericht, das über die Welt ergeht »durch einen Mann, den er dazu bestimmt und vor allen Menschen dadurch ausgewiesen hat, dass er ihn von den Toten auferweckte« (Apg 17,31). Dieser Gedanken ist den Zuhörern fremd. Schon die Predigt von der Umkehr mag auf taube Ohren stoßen, aber noch mehr die Botschaft von der Auferstehung. Durch die Auferstehung hat Gott Jesus als Richter eingesetzt. Das ist ein Gedanke, dem wir immer wieder in den Predigten der Apostelgeschichte begegnen. Doch die Zuhörer beziehen die Botschaft von der Auferstehung Jesu auf die Auferstehung der Toten. Damit hatten die griechischen Philosophenschulen ihre Schwierigkeiten. Für Epikur brauchen wir über den Tod nicht nachzudenken. Denn solange wir leben, ist der Tod nicht da. Und wenn der Tod kommt, sind wir nicht mehr. Ein Leben nach dem Tod können die Epikureer sich nicht vorstellen. Und auch die Stoiker denken nicht darüber nach. Daher reagieren die meisten Zuhörer ablehnend: »Darüber wollen wir dich ein andermal hören« (Apg 17,32). Paulus erlebt die Grenzen seiner Predigt. Dennoch schließen sich einige an. Der Dialog geht weiter. Allerdings zeigt sich in dieser Reaktion: »Der ganze Glaube kann nicht als organische Fortsetzung des Bisherigen vermittelt werden, sondern setzt an einem bestimmten Punkt auch Wagnis, Entscheidung, Bruch mit der Vergangenheit und Aufbruch ins Ungewisse voraus.«[78]

Offensichtlich ist der Gedanke der Auferstehung etwas, was dem Bild Gottes als Weltvernunft oder Weltprinzip widerspricht und infrage stellt. Wenn es um die Auferstehung der Toten geht, dann geht es konkret um uns selbst. Wie verstehe ich mein Leben als Mensch? Findet dieses Leben im Tod sein Ende oder gibt es die Hoffnung auf ein ewiges Leben, wie immer man sich dieses Leben vorstellen mag? Hier geht es um eine existenzielle Frage. Die kann man nicht mehr theoretisch behandeln. Hier braucht es eine Entscheidung, wie ich mein Leben verstehen möchte.

Hoffnung auf weitergehendes Verstehen

Lukas vollbringt mit dieser Areopagrede eine große Leistung. Er zeigt den christlichen Lesern, dass ihr Glaube »durchaus auch vernünftig begründet werden kann, weil er ein dunkles Ahnen der Menschenseele in eine klare Entscheidung umsetzt und sich die besten Traditionen philosophischer Religionskritik aneignet. Dadurch festigt er das Identitätsgefühl seiner Gemeinden und hilft ihnen, jene schwierige Gratwanderung zu bewältigen, die im Spannungsfeld von Anknüpfung und Abgrenzungsbestrebungen, von Inkulturation und Evangelisierung immer wieder zu vollbringen ist.«[79]

Für mich ist die Areopagrede, die Lukas im Dialog mit der stoischen Philosophie entworfen hat und bei der er immer auch die Gestalt des Sokrates vor Augen hatte, eine Herausforderung, wie wir heute mit Menschen von Gott sprechen können, die sich schwertun, an ihn zu glauben, die vielleicht ähnlich wie die stoischen Philosophen an ein Weltgesetz oder eine Weltvernunft glauben, aber das personale Gottesbild der Christen ablehnen. Lukas will seinen Zuhörern dieses Bild nicht aufdrängen. Er bestätigt vielmehr zunächst die Nähe Gottes, wie sie auch die griechischen Philosophen verstanden haben, als eine Nähe des göttlichen Geistes, der alles durchdringt. Doch dann spricht er vom Handeln Gottes in der Geschichte. Gott greift jetzt in die Geschichte ein. Er hat über die Zeiten der Unwissenheit hinweggesehen und lässt jetzt den Menschen die Umkehr, das Umdenken verkünden. Der Gipfel seines geschichtlichen Handelns ist die Auferweckung Jesu. Die Auferstehung ist Handeln Gottes in der Geschichte, das zugleich die Geschichte transzendiert. Der Gedanke der Auferstehung stößt bei den meisten Zuhörern auf Abwehr. Doch einige sind es, die sich von den Worten des Paulus berühren lassen. Das ist auch eine Hoffnung, dass einige Menschen verstehen werden, was wir meinen, wenn wir von der Auferstehung der Toten sprechen. Denn auch sie entspricht unserer tiefsten Sehnsucht.

Ich muss bei der negativen Reaktion der stoischen und epikureischen Philosophen auf die Rede des Paulus immer an Überlegungen von C. G. Jung denken. Jung meint einmal, als Psychologe könne er nicht beweisen, dass es ein Leben nach dem Tod, dass es Auferstehung gebe. Aber als Psychologe wisse er um die Weisheit der Seele. Und diese weiß, dass der Tod nicht einfach Ende, sondern Vollendung bedeutet. Jung meint, alle rationalistischen Argumente gegen ein Leben nach dem Tod würden gegen die Weisheit der Seele verstoßen. Doch wer gegen die Weisheit der Seele verstößt, der wird ruhelos, rastlos und neurotisch. Vielleicht führt dieser rein rationale Widerstand gegen den Glauben an die Auferstehung auch heute viele Menschen in die Rastlosigkeit. Sie müssen dieses Leben

vollpacken, sie wollen nichts versäumen. Der Glaube an die Auferstehung ermöglicht uns Gelassenheit und Ruhe. Aber natürlich bleibt es
eine Herausforderung, über die Auferstehung im Dialog mit Atheisten
nachzudenken und sie so zu deuten, dass sie der tiefsten Sehnsucht auch
der Atheisten entspricht.

Auf der Höhe der Zeit – Themen des Dialogs

Die Predigt des Paulus ist eine Missionspredigt. Er will seine Zuhörer
vom Glauben an Jesus Christus überzeugen. Aber er lässt sich auch auf
einen philosophischen Dialog mit seinen Zuhörern ein. Er macht sich
die Mühe, die stoische und epikureische Philosophie und die griechische
Dichtung zu verstehen und sieht darin Anknüpfungspunkte für sein Verständnis des Glaubens an den Gott Jesu Christi. Die Art und Weise, wie
Paulus mit den griechischen Philosophen spricht, ist auch für uns heute
entscheidend. Zum einen müssen wir auf der Höhe der Zeit sein. Wir
brauchen als Christen und Theologen eine fundierte philosophische Bildung, um mit argumentierenden Ungläubigen unserer Tage mitreden zu
können. Wir können den Atheismus nicht mit billigen Reaktionen ablehn-
nen, sondern müssen uns die Mühe machen, ihn zu verstehen und seine
Argumente aufzugreifen und zugleich weiterzuführen.

Der Gott Jesu Christi, das Handeln Gottes in Jesus Christus erfüllt
die tiefste Sehnsucht der Menschen, auch die Sehnsucht, die eine atheistische Philosophie bewegt. Das hat in der Theologie Karl Rahner um-
zusetzen versucht, der das menschliche Denken immer schon als auf das
Ungreifbare, auf das Absolute, auf Gott hin bestimmte. Er unternahm
es, philosophisch zu begründen, dass es nicht sinnlos ist, an einen Gott
zu glauben, der auch geschichtlich handelt und in einer geschichtlichen
Gestalt sichtbar wird. Heute scheinen nur wenige Theologen den philosophischen Argumenten des Atheismus auf Augenhöhe zu begegnen
und sie als Wahrheiten zu erkennen, die immer schon offen sind für jene
absolute Wahrheit, die jenseits aller Begriffe zu erahnen ist.

So möchte ich im Anschluss an die Areopagrede des Paulus versuchen,
einige Themen zu bedenken, die Gläubige und Ungläubige zugleich bewegen und über die wir nachdenken sollten, damit wir an einer menschli-

cheren Welt mitarbeiten und uns *gemeinsam* auf den Weg hin zum immer größeren Geheimnis machen.

Der Missbrauch von Religion

Viele Atheisten werfen den Religionen vor, dass sie schuld seien an den Kriegen, die in der Welt herrschen. Die Religionen brächten Unfrieden und Zwietracht in die Welt. Dieser Vorwurf stimmt natürlich historisch. Es gab leider in der Vergangenheit viele Religionskriege, und auch heute sehen wir uns einem Terrorismus ausgesetzt, der beispielsweise im Namen Allahs Menschen tötet und sich über alle Maßstäbe der Humanität hinwegsetzt. So ist es unsere Aufgabe, gemeinsam gegen den Missbrauch von Religion anzugehen. Wir Christen sollen Religion nicht einfachhin verteidigen, sondern gemeinsam mit den Atheisten erforschen, wann und warum eine Religion zur Quelle des Krieges werden kann.

Was ist die Ursache, dass Religion so leicht missbraucht werden kann? Ein Grund ist, dass Menschen Religion dazu benutzen, ihrer eigenen Wahrheit aus dem Weg zu gehen. Der »normale« Weg der Religion wäre, dass ich mit allem, was in mir ist, Gott begegne und es von Gottes Geist durchdringen und verwandeln lasse. Manche fliehen jedoch in religiöse Ideen, um ihrer eigenen Durchschnittlichkeit zu entfliehen. Sie flüchten in die Grandiosität. Sie kommen sich als etwas Großartiges vor und wollen ihre eigene Minderwertigkeit kompensieren. In dieser Grandiosität werden sie blind für menschliche Maßstäbe. Sie fühlen sich als die wahren Gläubigen und schauen auf die Ungläubigen herab. Jeder Mensch hat in sich immer zugleich Glauben und Unglauben. Aber weil sie den Unglauben in ihrem eigenen Herzen nicht wahrhaben wollen, müssen diese Menschen ihn nach außen projizieren und alle Ungläubigen töten. Sie missbrauchen die Religion, um sich über andere zu stellen. C. G. Jung würde sagen: Sie identifizieren sich mit archetypischen Bildern. Sie sind die Verteidiger des wahren Glaubens wie Propheten und Märtyrer. So werden sie blind für die eigenen Machtbedürfnisse, die sie unter diesem archetypischen Bild ausagieren.

Christen und Atheisten sollen gemeinsam diese Fehlformen des Glaubens bekämpfen. Was beiden in diesem Kampf hilft, ist die Vernunft. Der

Glaube braucht eine innere Verbindung zur Vernunft. Wenn der Glaube sich absolut setzt und sich über die Vernunft erhebt, wird er leicht absolutistisch und blind. Man versteckt sich hinter dem Willen Gottes und merkt gar nicht, dass dieser willkürlich ist und oft genug nur eine Projektion des eigenen Willens und der eigenen Minderwertigkeitsgefühle. Der Glaube braucht den Dialog mit der Vernunft, damit er nicht irrational wird.

Das Gottesbild

Das Gespräch über Gott zwischen Gläubigen und Ungläubigen sollte sich nicht um die Frage drehen: Gibt es einen Gott oder gibt es keinen? Denn in dieser Frage ist schon ein bestimmtes Gottesbild vorausgesetzt. Gott ist da gleichsam schon etwas Vorhandenes, ein Seiendes. Aber die Theologie sagt, dass Gott kein Seiendes (*ens*) ist, sondern das Sein (*esse*), das allem zugrunde liegt. Das Gespräch sollte sich vielmehr um die Frage drehen: Wie verstehe ich die Welt, wie verstehe ich den Menschen? Ist die Welt rein wissenschaftlich zu erklären? Oder stoße ich bei allem, was ich berühre, was ich bedenke, was ich zu Ende denke, auf das Geheimnis, das mich übersteigt? Dieses Geheimnis nennen wir Christen (mit Karl Rahner) Gott. Atheisten lassen das offen.

Ein anderer Diskurs wird um die Frage gehen: Ist Gott eine Person? Atheisten würden das sofort ablehnen. Aber ihre Zweifel zwingen uns Christen, genauer nachzudenken, was wir damit meinen, wenn wir Gott eine Person nennen. Auf keinen Fall ist er es in dem Sinn, wie wir uns eine menschliche Person vorstellen. Gott ist und bleibt das unsagbare Geheimnis. Aber aus diesem Geheimnis heraus trifft uns ein Wort der Bibel. Die Worte der Bibel sind natürlich von Menschen geschrieben. Aber in diesen menschlichen Worten erahnen wir, dass uns das unbeschreibbare Geheimnis Gottes anspricht, dass wir diesem Gott zu antworten haben, Verantwortung übernehmen. Wenn wir den Begriff der Verantwortung zu Ende denken, stoßen wir letztlich auf eine Person, der gegenüber wir Antwort geben. Gott ist nicht nur ein Fluidum, sondern eine Person, die uns anspricht, herausfordert, zur Verantwortung ruft. Die Frage nach Gott als Person ist letztlich eine Frage nach unserem eigenen Personsein: Bin ich eine Person, die aufzulösen ist, wie es die Buddhisten glauben? Oder wird diese Person ewig in Gott hinein gerettet, wie Christen glauben? Bei allen positiven Aussagen müssen wir immer auch die Zweifel von Atheisten oder auch Buddhisten oder anders Gläubigen ernst nehmen. Das bewahrt uns vor einer allzu selbstsicheren Rede über Gott und den Glauben. Innerhalb dieses Geheimnisses, das wir nicht greifen können, erahnen wir doch den Gott, der Liebe ist und in dessen Liebe uns ein Antlitz entgegenleuchtet.

Spiritualität des inneren Raumes

In letzter Zeit sind einige Bücher erschienen, in denen Atheisten von ihrer Spiritualität schreiben. So beispielsweise der atheistische Jude Alain de Botton in seinem Werk *Religion für Atheisten*. Der französische Atheist André Comte-Sponville schreibt, ich komme hier darauf zurück, dagegen über eine Spiritualität ohne Gott. Beide haben ein Gespür für die heilende Wirkung von spirituellen Erfahrungen. Manchmal erinnern uns diese Autoren auch an den Reichtum christlicher Spiritualität. Sie sind eine Herausforderung, dass wir uns der eigenen spirituellen Erfahrungen bewusst werden.

Eine wichtige spirituelle Erfahrung ist für mich die des inneren Raumes der Stille. Nach diesem inneren Raum sehnen sich alle Menschen. Bei Vorträgen erfahre ich, dass auch Menschen, die sich mit dem Glauben schwertun, eine Ahnung davon haben. Sie wollen dann wissen, wie sie diesen inneren Raum erfahren können. Der Weg dorthin geht über die Meditation. Wenn ich dem Atem beim Ausatmen folge, kann ich mir vorstellen, dass er mich in einen Raum führt, in dem ich weder ein- noch ausatme, in dem reine Stille ist. Ich kann das rein psychologisch deuten. Oder philosophisch. Dann ist es der Raum der Liebe auf dem Grund meiner Seele.

Auch Philosophen sind davon überzeugt, dass der Grund allen Seins Liebe ist. In dieser Liebe können sich Christen und Atheisten treffen. Aber als Christ deute ich diesen Raum nochmals anders als »Ort Gottes«, wie Evagrius ihn im 4. Jahrhundert nennt. Es ist der Raum, in dem das Geheimnis Gottes in mir wohnt. Und dort kann ich bei mir daheim sein. Ich begegne nicht einfach nur der Liebe als Energie auf dem Grund meiner Seele, sondern der Liebe, die mir von der Person Jesu her entgegenströmt, einer Liebe, die mit Milde, Güte und Barmherzigkeit verbunden ist, einer Liebe, in der ich mich von Jesus angenommen fühle. Dennoch: Ungläubige und Glaubende können ähnliche Erfahrungen machen. Und wenn wir diese Erfahrung teilen, dann können wir einander achten, ohne den anderen davon überzeugen zu müssen, dass er unsere Deutung übernimmt. Wichtiger ist die Erfahrung, die immer auch offen ist für das Geheimnis. In dieser Erfahrung fühlen wir uns miteinander verbunden.

Schutz der Umwelt

Christen und Atheisten sind sich darüber einig, dass wir die Umwelt schonen und schützen sollen. Dafür gibt es rein rationale Gründe: Ohne einen behutsamen Umgang mit der Schöpfung werden wir die Welt zugrunde richten. Das Klima wird sich drastisch erwärmen, und große Flächen der Erde werden entweder vom Wasser überflutet oder aber zu Wüsten verdorren. Über diese rationalen Gründe sind wir uns einig. Aber wir brauchen auch eine spirituelle Grundlage, damit wir achtsam mit der Schöpfung umgehen. Christen sehen in der Natur die Schöpfung Gottes und begegnen in ihr dem Schöpfer. Atheisten haben oft auch eine spirituelle Beziehung zur Natur. Sie sehen in ihr die Schönheit und ebenfalls ein Geheimnis, das wir nicht mehr begreifen, sondern nur bestaunen können. Im Berührtsein durch die Schönheit der Schöpfung begegnen wir uns. Christen sehen darin eine Spur Gottes in dieser Welt. Atheisten bleiben bei der Schönheit stehen. Aber auch ihnen leuchtet in ihr etwas auf, das größer ist als sie selbst. Auf jeden Fall sind sich Christen und Atheisten einig, dass eine spirituelle Beziehung zur Schöpfung sinnvoll ist. Menschen, die der Natur entfremdet sind, die sie nur als Objekt wahrnehmen, werden nie behutsam mit ihr umgehen und sie auf Dauer nicht schonen.

Frieden

Gläubige und Ungläubige sorgen sich gemeinsam um die Zukunft unserer Welt. Und diese Zukunft hängt wesentlich davon ab, ob wir auf Dauer in Frieden miteinander leben können. Die Friedensarbeit kann von allen gemeinsam getragen werden. Da müssen wir uns nicht über Glauben und Unglauben streiten. Vielmehr geht es darum, wie wir miteinander in Frieden leben und die Konflikte, die diese Welt zerreißen, lösen können. Die Sprache zeigt zwei Wege, um zum Frieden in der Welt zu kommen.

Das griechische Wort für Frieden, *eirene*, kommt aus der Musik. Es meint das Zusammenklingen aller Töne: die hohen und tiefen, die lauten und leisen, die Dur- und Moll-Akkorde. Wenn die Töne alle zusammenklingen, kommen wir in Einklang mit uns selbst und auch in Einklang mit den Menschen um uns herum. Wir wollen die anderen nicht auf unsere Sichtweise, auf unsere Kultur, auf unsere Staatsformen festlegen. Wir lassen sie gelten. Wir schauen nur, dass alle in einen Zusammenklang und Einklang kommen.

Das lateinische Wort für Friede, *pax,* kommt von *pacisci,* das verhandeln und besprechen bedeutet. Der Frieden entsteht demnach nur dann, wenn wir bereit sind, miteinander ins Gespräch zu kommen. Das Gespräch ist immer offen. In einem wirklichen Gespräch verfolgen wir nicht das Ziel, unsere Meinung durchzudrücken, sondern miteinander zu reden, aufeinander zu hören, um so einen Weg zu finden, der für alle gangbar ist. In diesem Gespräch will ich den anderen nicht überzeugen, sondern ich lasse ihn gelten. Ich versuche zu verstehen, was er sagt, und es zu akzeptieren. Viele Fehler im Lenken eines Staates entstehen, weil Politiker nicht miteinander gesprochen haben. Sie wollten nur die andere Partei von ihrer Meinung überzeugen; und oft genug siegt die Macht des Stärkeren. Doch wenn die Schwächeren nicht wirklich gehört und respektiert werden in ihren eigenen Anliegen und Interessen, wird kein Frieden möglich sein.

Gerechtigkeit und Solidarität

Albert Camus hat in seinem Roman *Die Pest* den gemeinsamen Kampf eines atheistischen Arztes und eines katholischen Priesters gegen diese Krankheit geschildert. Die Pest meint dabei mehr als die Seuche. Sie ist Symbol für das sinnlose und absurde Leben. Eine Welt, »in der Kinder gemartert werden«, ist für Doktor Rieux sinnlos. Als Pater Paneloux davon spricht, dass er im Sterben des Kindes die Gnade erkannt hat, antwortet der Arzt: »Die habe ich nicht, ich weiß. Aber ich will nicht mit Ihnen darüber streiten. Wir arbeiten miteinander für etwas, das uns jenseits von Lästerung und Gebet vereint. Das allein ist wichtig.« Im Kampf gegen das Leid, im Kampf für eine gerechtere Welt können Christen und Atheisten gemeinsam wirken. Da geht es nicht darum, wer nun mit seinem Glauben oder Unglauben recht hat. Da geht es um die gemeinsame Verantwortung für eine bessere und gerechtere Welt. Und es geht um Solidarität gerade auch mit den Armen, den Kranken, den Benachteiligten. Im gemeinsamen Kampf gegen die Pest kommen sich der atheistische Arzt und der katholische Priester näher, verstummen ihre Diskussionen um Glaube oder Unglaube. Hier ist es entscheidend, dass beide sich um die kranken und sterbenden Menschen kümmern und gemeinsam diese Welt menschlicher gestalten wollen.

Kultur und Schönheit

In einer Welt, die immer mehr von ökonomischen Gesichtspunkten geprägt wird, haben Glaubende und Ungläubige die gemeinsame Aufgabe, die Kultur zu schützen und zu pflegen. Theater werden geschlossen, Orchester aufgelöst, weil man kein Geld mehr dafür übrig hat. Man will das Geld dort einsetzen, wo es »etwas bringt«. Doch wenn Kultur vernachlässigt wird, geht auch die Menschlichkeit verloren. Christen und Atheisten können sich gemeinsam freuen an der Kunst, nicht nur an der religiösen Kunst, sondern an jedem Gemälde, an jeder Statue, an jeder schönen Architektur. Und Christen und Atheisten hören sich voller Staunen die gleiche Musik an. In der Musik hören sie immer auch das Unhörbare, das Transzendente. Aber jeder wird die Musik anders interpretieren. Doch Christen und Atheisten streiten nicht über die Interpretation der Musik. Sie hören sie. Oder sie bringen sie zu Gehör. Nicht jeder Musiker wird sich als Christ bekennen. Und doch wird er etwas von der spirituellen Kraft der Musik den Zuhörern vermitteln. Wenn eine wunderbare Musik erklingt, dann hört der Streit über die Deutung auf. Dann vergessen wir uns im Hören und berühren im Hören das Unhörbare, das Geheimnis jenseits alles Sagbaren.

Wenn Glaube und Unglaube sich umarmen – ein Gespräch

Anselm Grün, Tomáš Halík, Winfried Nonhoff

Dass Glauben eine Existenzorientierung ist, dass Unglauben damit auch zu den Möglichkeiten suchender und wacher Existenz gehört, wurde im vorliegenden Buch immer wieder thematisiert. Dass es im authentischen Dialog von Atheismus und Glauben – und von beiden existiert in Überschneidung eine Vielzahl von Spielarten – um mehr geht als einen Streit um Worte und denkerische Konzepte, gehört zur Motivation für diese Veröffentlichung. Dass mit der Verflüssigung theistischer Vorstellungen Anliegen des Unglaubens gerade im Glauben aufgenommen sind, ist Profil der vorliegenden Ausführungen. Bewusst nehmen wir in Kauf, dass dabei Begriffe schillern. Denn stets aufs Neue müssen alle am Gespräch Beteiligten nachfragen und innehalten: Vermeintlich gesicherte Terrains des Glaubens und Unglaubens verrutschen ineinander, wenn auf gelebtes Leben in seiner Gemischtheit gehört wird. So war es uns wichtig, zum Abschluss unseres Buches noch einmal möglichst knapp und dabei sicher verallgemeinernd über Tragik und Gewinn des Atheismus, aber auch mit Nachdruck über Ungesichertheit und Schönheit des Glaubens zu sprechen.

Winfried Nonhoff

1 Gott ist tot: Diese Aussage ist für viele heute Allgemeingut. Welche Erfahrungen der Gegenwart stehen hinter solch einer Diagnose? Wie würden Sie mit Menschen, die diesen Satz für sich in Anspruch nehmen, versuchen, ins Gespräch zu kommen?

 Anselm Grün

Gott spielt im öffentlichen Leben kaum eine Rolle. Und auch im privaten Leben vieler Menschen nicht. Vor lauter Terminen ist da keine Zeit, sich mit Gott zu beschäftigen. Ich würde den, der sagt, Gott sei für ihn tot, fragen, welcher Gott tot ist. Das würde ihn verunsichern. Und dann würde ich ihn fragen, worin er den Sinn seines Lebens sieht und was ihn in seinem Leben trägt. Da wird er vermutlich nicht auf Gott kommen. Aber er müsste zumindest nachdenken, was er mit seinem Leben anfangen und welche Spur er in diese Welt eingraben will. Oft ist für mich der Satz »Gott ist tot« einfach nur gedankenloses Nachbeten. Daher würde ich diesem Menschen nicht Gott »beweisen«, sondern ihn etwas verunsichern, sodass ein Spalt entsteht, in den vielleicht Gott eindringen kann.

 Tomáš Halík

Auch ich würde fragen: Welcher Gott ist tot? Denn am häufigsten geht es darum, dass eine bestimmte Vorstellung von Gott ihre Glaubwürdigkeit verloren hat. Menschliche Vorstellungen von Gott werden in der Geschichte und im Leben einzelner Menschen geboren und sterben wieder. Vielleicht kann man sagen, dass jede menschliche religiöse Vorstellung in gewisser Weise eine Antwort auf die Selbstoffenbarung Gottes ist, und zwar nicht nur in der Bibel, sondern auch in den Spuren Gottes in der Natur, in der Geschichte, in der Kultur. Alle diese menschlichen Vorstellungen haben aber begreiflicherweise etwas Menschliches an sich, also etwas von der Zeit und von der menschlichen persönlichen Erfahrung Bedingtes, sie spiegeln oft auch die menschlichen Fantasien, Wünsche und Ängste wider. Trotzdem lassen sie sich nicht nur auf Projektionen der menschlichen Ängste und Wünsche reduzieren. Große kulturelle Veränderungen und geschichtliche Erfahrungen wie der Beginn der Moderne zur Zeit Nietzsches und dann die Erfahrungen der Weltkriege und des Holocaust räumten mit bisherigen Vorstellungen von Gott auf, brachten aber auch häufig neue religiöse Erfahrungen mit sich. Diese werden manchmal in einer nichtreligiösen Sprache zum Ausdruck gebracht. Besonders in der heutigen Zeit ist dies oft der Fall.

 Winfried Nonhoff

2 Gibt es über den schleichenden, gleichsam anonymen Gottestod hinaus eine Tragik infolge von bewusstem Atheismus? Welche bestürzenden Konsequenzen kann der Abschied von Gott haben?

 Tomáš Halík

Der Platz Gottes im Einzelnen wie auch in einer ganzen Kultur bleibt nicht leer, auf den göttlichen Thron wird sich dann häufig ein anderer oder etwas anderes setzen, was dann für die Menschen die Rolle Gottes einnimmt. Damit wird etwas Relatives verabsolutiert, es kommt zum Götzendienst, den die Bibel als die schwerste Sünde bezeichnet. Erinnern wir uns an die Verehrung von Diktatoren und diktatorischen Regimen in der jüngsten Zeit. Auch heute noch gilt, was Chesterton einmal behauptete, dass Menschen, die aufhören, an Gott zu glauben, dann oft an alles und jedes glauben.

 Anselm Grün

Welche Konsequenzen der Abschied von Gott haben kann, sehen wir heute auch in der Rückkehr der Rechtsradikalen. Sie sind gerade im Osten Deutschlands stark geworden und füllen das Defizit aus, das durch den Abschied von Gott in den Herzen der Menschen entstanden ist. Wer sich von Gott verabschiedet – das sehe ich genauso –, ist in Gefahr, einen Götzen an die Stelle Gottes zu setzen: Das kann der Erfolg sein, die

Nation, der Kampf gegen alles Fremde und die Faszination der Gewalt, dass man sich an keine Gesetze mehr zu halten braucht.

Winfried Nonhoff

Umgekehrt: Kennen Sie auch den menschlichen Gewinn des Atheismus?

Tomáš Halík

Ohne Frage – wenn man mit dem Atheismus den Abschied von einer gewissen Spielart des Theismus meint, also von allzu naiven religiösen Vorstellungen, dann lässt sich sagen, dass ein solcher Atheismus den Ort reinigt und zu einer Vorbereitungsphase für einen reiferen Typ des Glaubens werden kann. In diesem Sinn sahen Denker wie Hegel oder Ricœur den Atheismus als eine Übergangsphase in der Geschichte der Religion oder in der menschlichen Geschichte des Glaubens. Ein gewisser Typus des Glaubensverlusts kann meiner Meinung nach durchaus als Teilhabe an der Finsternis des Karfreitags gesehen werden. Wichtig ist aber, dass der Karfreitag für den Menschen nicht das letzte Wort hat, damit man durch die atheistische Krise hindurch über den Atheismus hinaus gelangen kann.

Anselm Grün

Auch ich stelle einen möglichen Zugewinn an Freiheit, Vernunft und Engagement fest. Viele, die sich gottlos nennen, halten sich an die Menschenrechte. Sie argumentieren rein rational und sind gefeit gegen religiösen Fundamentalismus und religiöse Ideologien. Der ehrliche Atheismus ist tolerant, weil er sowohl Glauben als auch Unglauben als möglich erachtet und respektiert.

3 Bei Nietzsche ist sinngemäß zu lesen, dass ein Gott Zarathustra zu seiner Gottlosigkeit bekehrte. Kann es nicht auch eine tief spirituelle Motivation zur Gottlosigkeit geben? Und welchen Gott wird man da los?

>> Anselm Grün

Nach Johannes vom Kreuz ist es auch Gott, der uns in die dunkle Nacht der Seele führt. Und in dieser dunklen Nacht entschwindet uns Gott. Die spirituelle Motivation zur Gottlosigkeit kann ein Gespür für die Andersartigkeit Gottes sein. Der Gottlose nimmt Abschied von zu konkreten Gottesbildern. Den frühen Christen hat man ebenfalls Atheismus vorgeworfen, weil sie anders von Gott gesprochen haben als die, die ihre überkommenen Götter verehrten, von denen sie sich ganz konkrete Bilder machten. Für die Christen ist Gott jenseits aller Bilder. Sie haben die ganze religiöse Welt der Antike beiseitegeschoben und auf den Gott verwiesen, der nicht in einem Bild dargestellt werden kann. Als Jesus das erste Mal in einer Synagoge predigte, schrie ein frommer Mann laut auf. Markus nennt das einen Dämon, einen trüben Geist (Mk 1,23f). Der Mann wehrte sich gegen das Sprechen Jesu von Gott. Der Gott Jesu verunsicherte sein Gottesbild, das er sich gemacht hatte, um sich selbst über andere zu stellen oder um sich gut einzurichten in seinem Leben. Wer den Gott loslässt, der ihm zur Bestätigung seines Lebens dient, der ist offen für die Botschaft Jesu von dem ganz anderen Gott.

>> Tomáš Halík

In unserer Zeit hat Dietrich Bonhoeffer im Geist der Mystik Meister Eckharts behauptet: Einen Gott, den es gibt, gibt es nicht. Eine tiefe Spiritualität führt zur Entdeckung Gottes als der Tiefe der Wirklichkeit und überwindet die Auffassung Gottes als eines Gegenstandes unter Gegenständen, als etwas Seiendes inmitten der Welt, und verschiebt unser Denken hin zum Sein selbst. An die Stelle einer statischen Vorstellung Gottes tritt eine dynamische Auffassung, Gott »ist« nicht – Gott »geschieht«. Übrigens behauptete bereits die mittelalterliche Scholastik, dass Gott nur »reiner Akt« ist – *actus purus*.

 Winfried Nonhoff

4 Atheismus bezieht sich also immer auf einen bestimmten Theismus. Gebietet nicht der Glaube an den Gott der Bibel so etwas wie einen strukturellen Atheismus? Was unterscheidet den biblisch motivierten Glauben an Gott vom Anhängen an bestimmte theistische Vorstellungen? Doch auch weiter gefragt: Muss es heute nicht auch ein Überschreiten biblischer Vorstellungen von Gott geben?

 Anselm Grün

Der Gott der Bibel weigert sich, den Israeliten seine Gestalt zu offenbaren. Er sagt von sich nur: »Ich bin, der ›Ich-bin-da‹« (Ex 3,14). Das heißt für mich: Wenn ich ganz da bin, ganz gegenwärtig, ganz im Augenblick, dann ahne ich, wer Gott ist. Gott ist der Gegenwärtige, der mich befähigt, gegenwärtig zu sein. Und umgekehrt: Wenn ich gegenwärtig bin, bin ich in Gottes Gegenwart. Die griechischen Übersetzer haben diese Stelle so übertragen: »Ich bin der Seiende.« Thomas von Aquin übersetzt im Anschluss an die Philosophie des Aristoteles mit: »Ich bin das Sein.« Gott ist reines Sein (esse) im Gegensatz zum Seienden (ens). Natürlich besteht hier eine Spannung zwischen dem persönlichen Gott des Alten Testaments, der dem Mose verheißt, dass er immer mit ihm und mit den Menschen ist, und dem philosophischen Gottesbegriff, der aber von der Theologie übernommen wurde: Gott ist das Sein, das allem Seienden Sein verleiht. Mit diesem Gottesbegriff könnten sogar Atheisten etwas anfangen.

Das Alte Testament spricht sehr menschlich von Gott. Er ist zornig und eifersüchtig, aber auch gütig und barmherzig. Das sind alles menschliche Eigenschaften. Und oft genug haben wir den Eindruck, dass damit Gott in das Bild eines Menschen gekleidet wird. Diese Gottesvorstellungen müssen wir heute überschreiten. Gott ist das reine Sein. Und wenn wir in manchen Augenblicken die Erfahrung des reinen Seins machen, dann ist das eine Gotteserfahrung. Doch zugleich glauben wir Christen, dass dieses reine Sein uns als Du gegenübertritt.

 Tomáš Halík

Wesentlich am Glauben im biblischen Sinn ist, dass der Glaube nicht nur eine Ansammlung von Vorstellungen ist, eine religiöse Überzeugung, sondern eine Lebensorientierung, eine lebendige Beziehung zum lebendigen Gott, eine Antwort auf den Ruf und ein Sich-Aufmachen auf den Weg: »So hat Abram auf den Herrn gehört und er hat sich auf den Weg gemacht, ohne dass er wusste, wohin dieser führt.« Auf der anderen Seite ist die Bibel in menschlicher Sprache geschrieben, sie drückt sich in Bildern aus und beinhaltet geschichtliche und kulturell bedingte Vorstellungen, die wir – wie es Pater Anselm gerade skizziert hat – nicht unkritisch, eindimensional und naiv akzeptieren können. Wir müssen sie interpretieren und immer wieder neu »übersetzen«. Die Bibel kann man entweder wörtlich nehmen – oder ernst.

 Winfried Nonhoff

5 Setzen wir einmal voraus, dass es Gott gibt, dass er das Leben ist und in ihm wirkt: Ist Gott dann nicht auch im Atheisten präsent und spricht sich in ihm aus? Wie könnte diese Botschaft Gottes lauten?

 Tomáš Halík

Natürlich ist Gott auch im Leben der Atheisten zugegen. Wenn Menschen heute fragen, ob wir mit den Muslimen einen gemeinsamen Gott haben, antworte ich: nicht nur mit den Muslimen, sondern auch mit den Atheisten, Schmetterlingen und Bergen. Wenn Gott lediglich »unser« Gott wäre, wäre er ein Stammesgötze mit einer beschränkten Kompetenz und nicht der Schöpfer des Himmels und der Erde, der Herr der ganzen Welt, der sichtbaren und der unsichtbaren. Gott überrascht uns *ständig* durch die anderen. Er sagt: Wir sind mehr, als du denken kannst. Ich bin, der ich bin.

 Anselm Grün

Das sehe ich genauso: Gott ist sicher in jedem Menschen gegenwärtig, auch im Atheisten. Gott wohnt in jedem Menschen, im Grund seiner Seele. Aber viele sind abgeschnitten von ihrem Seelengrund und nehmen den Gott in sich nicht wahr. Gottes Botschaft, durch die Augen Jesu gesehen, lautet für jeden Menschen: »Sei ganz du selbst, sei dieser einmalige und einzigartige Mensch, als den ich dich geschaffen habe. Wenn du ganz du selbst wirst, bist du in Berührung mit mir, folgst du letztlich meinem Ruf.«

 Winfried Nonhoff

6 Der Abschied von Gott heute ist sicherlich bei nicht wenigen Menschen auch durch ihre Sicht der Kirche bestimmt. Wie begegnen Sie diesen biografischen Zusammenhängen und Konflikten? Kann man christlich an Gott glauben, ohne der Kirche anzugehören?

 Anselm Grün

Ich kann nachvollziehen, wenn Menschen auf ihrer spirituellen Suche von der Kirche enttäuscht sind, weil sie dort nicht das finden, was sie im Innersten bewegt. Doch dann versuche ich, Verständnis dafür zu wecken, dass wir alle nur Menschen sind. Für die frühen Christen war es eine wichtige Gotteserfahrung, dass Juden und Griechen, Männer und Frauen, Reiche und Arme, Fromme und Sünder miteinander eine Gemeinschaft bildeten. Den spirituellen Weg muss jeder alleine gehen. Doch wir brauchen auch das Getragensein von einer Gemeinschaft, auch wenn diese manchmal kleinkariert ist und wir uns an ihr stoßen. Deswegen mache ich den Menschen Mut, ihren spirituellen Weg alleine weiterzugehen, aber zugleich offen zu sein für die Wurzeln, die sie tragen. Wenn sie sich ihrer Wurzeln bewusst werden, werden sie auch wieder offen für die Gemeinschaft der Kirche, in der wir alle letztlich wurzeln.

>> Tomáš Halík
_____

Ich möchte diesen Gedanken vertiefen: Schon lange wussten die Christen, dass nicht nur die sichtbare Kirche existiert, sondern auch eine »unsichtbare« Kirche. Augustinus lehrte, dass viele von denen, die denken, dass sie im Schoße der Kirche sind, sich in Wirklichkeit außerhalb dessen befinden, aber auch umgekehrt. Der russische Theologe Paul Evdokimov sagte, dass wir wissen, wo die Kirche ist, aber dass wir nicht wissen, wo sie nicht ist. Die wirklichen Grenzen der Kirche kennt nur Gott, deshalb macht es nicht allzu viel Sinn, darüber zu spekulieren, wer wann wirklich außerhalb der Kirche in jenem tiefen mystischen Sinne steht. Heute existiert im Westen eine ziemlich diffuse »Kirche« all derer, die mit der Praxis und mit der Lehre der zeitgenössischen Kirche gebrochen haben, und die deshalb entweder aus der Kirche formal ausgetreten sind oder aber ihr noch angehören, allerdings sehr unzufrieden oder passiv.

Dennoch glauben sie weiterhin – auf ihre eigene Weise. Diese Menschen bezeichnen sich manchmal als nicht religiös gläubig, sondern spirituell; wahrscheinlich ist diese »Kirche der Suchenden« und auch der ehemaligen praktizierenden Christen im Westen viel größer als die kleine Schar der disziplinierten praktizierenden Katholiken oder Protestanten. Entscheidend für die Zukunft der Kirche wird es sein, ob es der Kirche gelingt, mit diesen Menschen wieder in Dialog zu treten. Wenn sie denjenigen den Rücken zuwendet, die ihr den Rücken zugewandt haben, wird sie zu einer Sekte werden. Es geht aber nicht darum, sie um jeden Preis in die institutionellen und intellektuellen Grenzen der heute existierenden Gestalt der Kirche zu locken. Eher geht es darum, den Schatz des Glaubens um die Erfahrung dieser »verlorenen Söhne und Töchter« zu bereichern, weil Gott auch in ihnen am Werk war und ist, selbst in ihrer Revolte.

>> Winfried Nonhoff

7 In Ihren beiden Biografien spielt die Begegnung und Auseinandersetzung mit C. G. Jung, dem Vater der Tiefenpsychologie, eine wesentliche Rolle. Inwieweit können Entdeckungen der Tiefenpsychologie eine befreiende Sicht auf den Glauben, auf Atheismus, auf Religion befördern?

>> Anselm Grün

Die Tiefenpsychologie C. G. Jungs hat mir geholfen, den christlichen Symbolen zu trauen. Jung ist überzeugt, dass in jeder Seele archetypische Bilder bereitliegen. Und diese Bilder sind offen für Gott. Jung spricht von der Weisheit der Seele, die um das Dasein Gottes weiß. Es ist daher psychologisch sinnvoll, der Weisheit der Seele zu trauen. Natürlich kann man sagen, das sei nur ein Trick der Psyche, um in dieser Welt einigermaßen sinnvoll zu leben. Die Tiefenpsychologie kann Gott nicht beweisen. Aber das Bild Gottes ist tief in unsere Seele eingeprägt. Als vernünftiger Mensch darf ich darauf vertrauen, dass diesen Bildern eine Wirklichkeit entspricht, auch wenn ich diese Wirklichkeit nicht fassen und nicht beschreiben kann. Jung spricht ebenfalls davon, dass es immer wieder Phasen des Gottestodes und des Gottesverschwindens gibt. Darauf folgt dann immer wieder ein neues Suchen nach Gott.

>> Tomáš Halík

Für mich war die Entdeckung der Tiefendimension der menschlichen Psyche darüber hinaus auch die Antwort auf die Frage, warum mir manche »Ungläubige« näher sind als manche »Gläubige«. Es gibt Menschen, die in den Tiefenschichten ihrer Seele offen für Gott sind, im Unbewusstsein, im Herzen, selbst wenn aus irgendeinem Grund in ihrem rationalen Leben (Bewusstsein) die Argumente gegen den Glauben dominieren. Zudem gibt es diejenigen, die ihr Bewusstsein und ihren Mund voll von Gott haben, zu ihm ununterbrochen »Herr, Herr« sagen, deren Herz aber weit weg von ihm ist. Außerdem hat mich die Theorie Jungs vom »Vormittag« und »Nachmittag« des Lebens zu einer bestimmten Interpretation der Geschichte des Christentums inspiriert – davon wird, das sei hier verraten, mein Buch *Nachmittag des Christentums* handeln, an dem ich gerade arbeite.

 Winfried Nonhoff

8 Es ist ja nicht so, dass der Glaube ein für allemal Zweifel, Dunkelheit und existenzielle Krisen verhindert oder ausschließt. Ihnen ist diese Dimension bekannt. Wie und warum gehören in unserem Leben Zweifel und Glauben, Skepsis und Vertrauen zusammen? Wie erhält sich dann aber Hoffnung angesichts von Schmerzen? Wie tröstet der Glauben inmitten von Dunkelheit?

 Tomáš Halík

Je tiefer der Mensch in das Geheimnis hineinwächst, das wir Gott nennen, desto tiefer versteht er die Worte des Psalms: »Rings um ihn her sind Wolken und Dunkel« (Ps 97,2). Ein reifer Glaube muss die Geduld aufbringen, offene Fragen und den Stachel der Zweifel auszuhalten. Zum Glück enthält die Bibel viele Texte – in den Psalmen, im Buch Hiob oder Kohelet –, die auch dann unseren Gebeten Worte verleihen, wenn unsere Kehle und unser Herz ausgetrocknet sind. Die Sonne befindet sich ab und zu hinter den Wolken oder hinter dem Horizont, und mit dem Licht der religiösen Sicherheiten verhält es sich genauso.

Anselm Grün

Schon deswegen gehören Zweifel und Glauben zusammen. Der Zweifel bewahrt den Glauben davor, sich auf einem Glaubenssystem auszuruhen. Der Zweifel zwingt den Glauben immer neu zu formulieren: Was heißt es wirklich, an Gott, an das ewige Leben zu glauben? Was meine ich, wenn ich von Gott spreche? Der Zweifel ist ein Stachel, der meinen Glauben immer wieder reinigt von Projektionen und eigenen Vorstellungen. Wenn ich an mir und meinem Leben leide, wenn Schmerzen mich bedrücken und Dunkelheit mich überfällt, ist der Glaube kein billiger Trick, all das nicht ernst zu nehmen. Aber er ist wie ein Spalt, in den Hoffnung von oben einfallen kann in meine Verzweiflung, in meine Dunkelheit. Der Glaube ist in der Dunkelheit keine Sicherheit, aber doch eine Hoffnung, an der ich mich festhalten kann. Der Hebräerbrief definiert den Glauben so: »Glaube ist Feststehen in dem, was man erhofft« (Hebr 11,1). So gibt der Glaube mitten in der Dunkelheit doch einen Halt, so meine Hoffnung.

 Winfried Nonhoff

9 Ist es nicht ein Glücksfall, auf einen wirklich fragenden und auch kämpferischen Atheisten zu treffen? Zeichnet unsere Gesellschaft nicht eher eine Haltung der Gleichgültigkeit, des satten Desinteresses aus? Wie kann ein Weckruf, eine heilsame Provokation gelingen? Kann der Gottesglaube als menschlich notwendige Lebensprovokation buchstabiert werden?

 Tomáš Halík

Ja, die Begegnung mit jemandem, der leidenschaftlich mit Gott ringt, kann erfreulich sein, weil solche Menschen häufig Gott näher sind als konventionelle Gläubige und konventionelle Atheisten. Die Bibel lehrt uns, dass Gott diejenigen liebt, die mit ihm ringen. Angesichts der »Hassliebe« von Menschen wie beispielsweise Nietzsche sollten wir uns nicht vom Gebell des Hasses abschrecken lassen, denn bellende Hunde bewachen oft einen Schatz der Liebe, wenn auch einer verletzten Liebe. Etwas Vergleichbares vermag ich allerdings nicht in der arroganten Selbstsicherheit des militanten neuen Atheismus zu finden, der einigermaßen unkreativen Version jenes wissenschaftlichen Atheismus, der von der Religion aus der guten alten Zeit (*good old time religion*) jene Naivität und Rohheit geerbt hat, um sich als Monopolist der Wahrheit aufzuspielen.

Als ähnlich schwierig empfinde ich es auch, mit den Apatheisten einen Dialog zu führen, mit Menschen, die sich nicht einmal mehr in dem

Sinn von Gott behelligen lassen, dass sie ihn ablehnen. Ja, der Glaube heute muss eine Provokation zu einem tieferen Nachsinnen sein und zum Mut, schwierige Fragen zu stellen. Gott selbst kommt häufig zu uns lieber in der Gestalt einer Frage als einer beruhigenden Antwort. Einer der paradoxen Vorteile der heutigen dramatischen und in vielem tragischen Zeit besteht darin, dass sie Erschütterungen mit sich bringt, angesichts derer es nur zynische Menschen vermögen, ruhig zu schlafen und keine Fragen nach dem Sinn zu stellen.

>> Anselm Grün

Auch ich kann mit einem fragenden und kämpferischen Atheisten gut ins Gespräch kommen. Sein Fragen ist auch meines. Nur werde ich andere Antworten geben. Aber darüber können wir ins Gespräch kommen. Beim kämpferischen Atheisten spüre ich sein Berührtsein von der Frage nach Gott, sonst würde er nicht so aggressiv reagieren. Ich erfahre die Ernsthaftigkeit seiner Argumente. Mit der satten Gleichgültigkeit tue auch ich mich schwer. Da spüre ich, dass mein Sprechen von Gott einfach abprallt, dass mein Gegenüber sich gar keine Fragen über sein Leben stellt. Dann verstehe ich, dass frühere Prediger gerne von der Hölle gepredigt haben, die das Gegenüber erwartet. Sie hofften damit die Gleichgültigkeit aufzubrechen. Doch das ist heute kein gangbarer Weg mehr. Ich würde einem Gleichgültigen eher vorschlagen, dass wir erst einmal gemeinsam zwei Tage in die Stille gehen. Und danach können wir uns unterhalten. Die Stille stellt jeden Menschen vor seine Wahrheit. So wird ein Gespräch über das Wesentliche eher möglich.

10 Ich vermisse manchmal bei mir und anderen, die dem Glauben trauen, die Freude, vielleicht auch ganz schlicht die Kompetenz, direkt und gerade von der Schönheit des Glaubens, seinem Mehrwert, seiner Kraft zu sprechen. Worin sehen Sie – ohne Wenn und Aber – die unersetzlichen Chancen des Glaubens? Oder hat allein die Stunde des sanften Zögerns geschlagen, wenn es um Gott geht?

>> Anselm Grün

Ich spreche in meinen Vorträgen und in Gesprächen ganz selbstverständlich vom Glauben. Ich möchte nicht missionieren, aber trotzdem Zeugnis ablegen von dem, was mich trägt, was meinem Leben Sinn gibt. Ich erzähle einfach, wie ich mit Problemen wie Angst, Depression, Unzufriedenheit, Druck, Ärger und Neid umgehe. Die Lösungen des Glaubens sind immer auch Lösungen, die einer guten Psychologie entsprechen. Aber sie haben einen Mehrwert. Sie befreien mich von dem Druck, alles selbst machen zu müssen. Ich spreche von dem Glauben, der mich trägt. Ich stehe nicht allein. Eltern, Großeltern und zahllose Vorfahren, die aus dem Glauben gelebt haben, stehen hinter mir, stärken mir meinen Rücken. Ich erzähle dann auch von der Schönheit des Glaubens, wie sie in wunderbaren Kirchenbauten, in Bildern und Statuen, in der Musik, die immer schon einen Bezug zur Transzendenz hat, zum Ausdruck kommt. Ohne die Schönheit des Glaubens, wie er sich in der Schönheit der Kunst zeigt, wäre mein Leben ärmer. Es ist nicht die Zeit des Zögerns, sondern die Zeit, unverkrampft und wie selbstverständlich von dem zu erzählen, was mich trägt. Die Faszination steckt mehr an als das Missionieren oder Beweisenwollen.

>> Tomáš Halík

Lassen Sie mich, wie Sie es formulieren, sanfter und vorsichtiger ansetzen: Die engsten Jünger Jesu erlebten die Extasie der Schönheit und des Glanzes auf dem Berg Tabor, aber Jesus warnte sie davor, in die Versuchung zu geraten, dort »drei Hütten zu bauen«, sich dort häuslich einzurichten. Das Licht vom Berg Tabor und die Finsternis des Gartens Gethsemane wechseln sich im Leben der Gläubigen und in der Kirchengeschichte ab; und dies geschieht allem Anschein nach nicht unbedingt gleichmäßig und regelmäßig.

 Winfried Nonhoff

11 Nähern wir uns noch einmal dem großen Wort »Gott«. Könnten Sie versuchen, mit wenigen Strichen zu skizzieren, welche Erfahrungen mit dem Leben, mit Welt und Gesellschaft und damit auch mit uns selbst durch dieses große Wort eingeholt, gedeutet und wachgehalten werden?

 Anselm Grün

Für mich ist Gott der Garant der Menschenwürde. Der Mensch ist Geschöpf Gottes. In ihm begegne ich nicht nur dem Menschen, sondern dem, in dem Gottes Geist wohnt. Gott ist ferner der Garant der Freiheit. Er wacht darüber, dass ich als Mensch nicht verzweckt werde, nicht zum Objekt der immer mehr um sich greifenden Ökonomisierung werde, sondern einen Freiraum habe, zu dem niemand Zutritt hat. Der heilige Gott wacht über das Heilige in mir. Das Heilige ist das, was der Welt entzogen ist, was allein mir gehört, was mir eine innere Freiheit gegenüber der Welt schenkt. Gott ist für mich zudem Weite und Schönheit. Wenn ich über Gott spreche, weitet sich mein Herz. Ich ahne das Geheimnis, das diese Welt für mich ist, und das Geheimnis meines eigenen Menschseins. Gott ist das unaussprechliche Geheimnis. Und wenn ich offen bin für dieses unaussprechliche Geheimnis, dann wird mein Leben auch geheimnisvoll, tief, lebendig, spannend. Ich lebe dann nicht einfach so vor mich hin, sondern bin ausgestreckt auf ein Größeres hin.

Wenn ich im Blick auf die Gesellschaft und die heutige Welt auf Gott schaue, so ist Gott für mich die Quelle der Hoffnung. Sie bewahrt mich davor, in Pessimismus zu verfallen. Trotz aller destruktiven Tendenzen, die es in unserer Welt gibt, hoffe ich auf eine bessere Zukunft, hoffe ich auf die Gnade Gottes, die in den Menschen immer wieder Wunder der Umkehr und des Umdenkens wirkt.

>> Tomáš Halík

Sie wollten es knapp: Das Wort Gott steht ein für die Offenheit, für die Tiefe und für Überraschung.

>> Winfried Nonhoff

12 Die Erfahrung der Abwesenheit Gottes kennen Gläubige und Atheisten. In gewisser Weise schauen sie beide in die gleiche Richtung. Kann man Glauben und Nichtglauben als Geschwister bezeichnen? In Rivalität durchaus, aber auch in familiärer Verbundenheit? Worin besteht die bleibende Bedeutung des Unglaubens für den Glauben und umgekehrt?

>> Anselm Grün

Jeder Mensch hat in sich Glauben und Unglauben. Für mich ist das Kreuz das Symbol der Umarmung. Wenn ich meine Arme über der Brust kreuze, umarme ich in mir sowohl den Glauben als auch den Unglauben. Den Unglauben zu umarmen bewahrt mich davor, Ungläubige zu bekämpfen. Wer den Unglauben in sich nicht umarmt, der wird verunsichert durch den Unglauben der anderen. Wer ihn jedoch in sich annimmt, der versteht auch Ungläubige. Er kann Glauben und Nichtglauben durchaus als Geschwister ansehen. Diese Geschwister haben in jedem eine andere Konstellation. In dem einen ist der Glaube stärker, im anderen der Unglaube. Aber beide Pole sind in jedem von uns. Wenn wir das anerkennen, können wir miteinander gut ins Gespräch kommen. Der Unglaube zwingt meinen Glauben, immer weiter zu fragen, was ich wirklich glaube. Der Glaube ist für den Unglauben eine Herausforderung, sich nicht einseitig und zu rasch auf den Unglauben zu fixieren. In jedem ist auch die Ahnung von Glauben. Im Gespräch mit einem Ungläubigen lasse ich mich von seinem Unglauben herausfordern. Zugleich aber hoffe ich, dass mein Glaube auch seinen Unglauben etwas aufweicht und er mitten in seinem Unglauben Zeichen des Glaubens in sich entdecken kann. Ja, in der Tat: Beide schauen wir auf den Gott, der jenseits aller Bilder, jenseits aller Argumente und jenseits von Glauben und Unglauben als das große Geheimnis da ist, auf das hin wir alle gemeinsam unterwegs sind.

>> Tomáš Halík
_____

Tatsächlich, wir schauen alle auf den Berg, dessen Gipfel von einer Wolke umhüllt ist, und nicht nur Gott, sondern auch religiöse Führer oder Propheten scheinen weit entfernt zu sein. Während des Wartens ist man immer der Gefahr der Ungeduld ausgeliefert, der Versuchung, lieber um ein goldenes Kalb herum zu tanzen. Die Stände auf dem bunten religiösen Markt von heute sind voll von »Ersatzgöttern«. Götzen sind ein Lieblingsprodukt der allgegenwärtigen Unterhaltungsindustrie. Manche vernehmen nicht mehr die stille Musik des göttlichen Schweigens. Und diejenigen, die der Erfahrung des göttlichen Schweigens ausgesetzt sind, der Abwesenheit Gottes, können aus dem Angebot der verschiedenen Interpretationen dieser Erscheinung frei wählen: Gott existiert nicht und er existierte nie, Gott ist tot, er ist abgereist, er hat den Menschen vorübergehend oder für alle Zeiten die Zügel der Herrschaft über die Welt, die Natur und die Geschichte übergeben. Ich habe mich für einen anderen Blick entschieden: Der Glaube, die Liebe und die Hoffnung sind für mich die drei Arten der Geduld angesichts der Verborgenheit Gottes.

Ja, der Glaube und der Zweifel sind wie zwei Schwestern, die sich auf dem schmalen Steg über dem Abgrund der Abwesenheit Gottes gegenseitig stützen müssen. Der Glaube, der auf seine Schwester, den Zweifel, verzichtet, ihre kritischen Fragen nicht wahrnimmt, könnte in die Falle des Fundamentalismus und Fanatismus treten oder im Schlick einer oberflächlichen Gläubigkeit stecken bleiben. Der Zweifel, der nicht den Mut hat, an sich selbst zu zweifeln, der auch die spirituellen oder moralischen Impulse ablehnt, die der Welt des Glaubens entstammen, und jenen Boden des Urvertrauens in die Sinnhaftigkeit der Wirklichkeit verliert, könnte in Zynismus oder Verbitterung enden. Diejenigen, die ihre Zweifel unterdrücken, projizieren sie oft auf andere Menschen. »Ein guter Kampf des Glaubens« muss nicht den Sieg über den Zweifel bereits in dieser Welt bedeuten. In der Regel endet er erst in der Umarmung dessen, der uns hinter der Grenze alles Vorstellbaren erwartet.

Die Autoren

P. Dr. Anselm Grün OSB

Dr. theol., geboren 1945, trat mit 19 Jahren in die Benediktinerabtei Münsterschwarzach ein. Von 1977 bis 2013 war er nach dem Studium der Philosophie, Theologie und Betriebswirtschaft Cellerar (wirtschaftlicher Leiter) der Abtei. Für seine Tätigkeiten wurde er 2007 mit dem Bundesverdienstkreuz ausgezeichnet. In zahlreichen Büchern, Kursen und Vorträgen geht Anselm Grün auf die Nöte und Fragen der Menschen ein. Er ist der meistgelesene christliche Autor der Gegenwart und wird über die Konfessionen hinweg als Seelsorger, spiritueller Berater und geistlicher Begleiter geschätzt. Mehrere zehntausend Menschen besuchen jährlich seine Vorträge, seine Bücher sind in über 35 Sprachen übersetzt.

www.anselm-gruen.de

Msgr. Professor Ph. Dr. Tomáš Halík

Th. D., Dr. h.c., geboren 1948, arbeitete während des kommunistischen Regimes in der Tschechoslowakei als Psychotherapeut und wurde 1978 heimlich in Erfurt zum Priester geweiht. Er war enger Mitarbeiter von Kardinal Tomášek sowie Berater von Václav Havel. Heute ist er Professor für Soziologie an der Philosophischen Fakultät der Karlsuniversität und Rektor der Universitätskirche St. Salvator in Prag. Tomáš Halík wurde mit zahlreichen Preisen, u. a. dem Romano-Guardini-Preis und dem Templeton-Preis ausgezeichnet. 2016 wurde ihm die Ehrendoktorwürde der Universität von Oxford verliehen. Seine erfolgreichen Bücher wurden in mehr als 17 Sprachen übersetzt.

www.halik.cz

Winfried Nonhoff

geboren 1951, studierte Germanistik und Theologie an der Universität Tübingen. Nach dem Referendariat für das Lehramt an Gymnasien wechselte er nach München, wo er einige Jahre als Redakteur einer religionspädagogischen Zeitschrift arbeitete. Als Lektor für Religion übernahm er dann den Programmbereich »Religion und Spiritualität« des Kösel-Verlags in München. Als Verleger hatte er später die Gesamtleitung von Kösel und dann auch des Diederichs-Verlages inne. Seit einigen Jahren berät er im Verlagswesen Tätige, moderiert Veranstaltungen und ist Autor beziehungsweise Herausgeber verschiedener Buchpublikationen. Im Vier-Türme-Verlag erschienen 2015: Willigis Jäger, *Klang des Göttlichen. Die Weisheit Jesu* (hg. von Winfried Nonhoff) und 2016: Abt Odilo Lechner/Winfried Nonhoff, *Wozu sind wir auf Erden? Die große Frage nach dem Sinn des Lebens.*

Anmerkungen

[1] Nietzsche, F., Die fröhliche Wissenschaft, V. Buch, S. 343 (Was es mit unserer Heiterkeit auf sich hat).

[2] Nietzsche, F., Die fröhliche Wissenschaft, III. Buch, S. 125 (Der tolle Mensch).

[3] Nietzsche, F., Also sprach Zarathustra (III. Teil, Vor Sonnenaufgang).

[4] Nietzsche, F., Die fröhliche Wissenschaft, III. Buch, S. 125 (Der tolle Mensch).

[5] Vgl. Nietzsche, F., Die fröhliche Wissenschaft, V. Buch, S. 343 (Was es mit unserer Heiterkeit auf sich hat).

[6] Nietzsche, F., Also sprach Zarathustra (Zarathustras Vorrede, 3).

[7] Vgl. Nietzsche, F., Die fröhliche Wissenschaft, III. Buch, Kap. 108 (Neue Kämpfe).

[8] Vgl. Nietzsche, F., Also sprach Zarathustra (IV. Teil, Außer Dienst).

[9] Nietzsche, F., Antichrist, Kap. 35.

[10] Nietzsche, F., Antichrist, Kap. 39.

[11] Nietzsche, F., Also sprach Zarathustra (IV. Teil, Außer Dienst).

[12] Nietzsche, F., Die Reden Zarathustras, Vom Lesen und Schreiben.

[13] Vgl. Halík, T., Ich will, dass du bist. Über den Gott der Liebe, Freiburg im Breisgau 2015, S. 269.

[14] Nietzsche, F., Antichrist, Kap. 16.

[15] Pascal, B., Pensées sur la religion et sur quelques autres sujets, No. 430.

[16] Dirks, W., Die Wette. Ein Christ liest Pascal, Freiburg 1981.

[17] Vgl. insbesondere meine Autobiografie: Alle meine Wege sind Dir vertraut. Von der Untergrundkirche ins Labyrinth der Freiheit, Freiburg im Breisgau 2014.

[18] Die Benediktinererzabtei St. Martin in Beuron war an der Wende vom 19. zum 20. Jahrhundert nicht nur das Zentrum einer bedeutenden Schule der bildenden Kunst, sondern auch der liturgischen Erneuerung. Diese Schule beeinflusste das Prager Kloster Emmaus (das Kloster »Bei den Slawen«), in das im Jahr 1880 Mönche aus Beuron kamen.

19 Die »natürlich christliche Seele« (ein Ausdruck Tertullians, einem Theologen an der Wende des 2. zum 3. Jahrhundert, der unter dem Einfluss der Stoa behauptete, dass der menschlichen Seele die Fähigkeit, Gott zu erkennen, eingeboren ist).

20 Später hörte ich einen polnischen Journalisten davon erzählen, dass er Anfang der 80er-Jahre Zeuge bei einer Verhandlung einer Gruppe polnischer Bischöfe mit den Vertretern der polnischen kommunistischen Regierung war. Er hatte das Gefühl, dass auf beiden Seiten beleibte, müde Funktionäre sitzen, die schon längst den Glauben an ihre Lehren verloren hatten und sich gegenseitig gut verstanden: Ihr habt Schwierigkeiten mit eurem radikalen Popiełuszko [polnischer Priester, der die Gewerkschaft Solidarność unterstützte und 1984 ermordet wurde], wir mit unseren Dissidenten.

21 Vgl. Joh 14,2.

22 Das intensive Interesse innerhalb und außerhalb der Kirche an den Fällen von sexuellem Missbrauch von Kindern im kirchlichen Milieu und die dramatischen Folgen dieser Enthüllungen waren sicher auch eine Reaktion darauf, welche bedeutende Rolle in der Verkündung sowie in den gesellschaftlich-politischen Aktivitäten der Katholiken der Nachdruck spielte, mit dem auf die sexuelle Moral, die Ablehnung von Abtreibungen, künstlicher Verhütung und Verbindungen von homosexuellen Paaren abgehoben wurde.

23 Vgl. 2 Kor 4,9.

24 Vgl. Mk 9,5.

25 Vgl. dazu meine Gedanken in meinem Buch: Geduld mit Gott, Die Geschichte von Zachäus heute, Freiburg im Breisgau 2010, insbesondere im Kapitel III: Fern aller Sonnen.

26 Auch solche Sätze finden wir bei Nietzsche: »Aber dass ich euch ganz mein Herz offenbare, ihr Freunde: Wenn es Götter gäbe, wie hielte ich's aus, kein Gott zu sein! Also gibt es keine Götter.« Nietzsche, F., Also sprach Zarathustra, 2. Teil (Auf Inseln der Glückseligen).

27 Halík, T., Geduld mit Gott, a. a. O., S. 246f.

28 https://w2.vatican.va/content/benedict-xvi/de/speeches/2010/may/documents/hf_ben-xvi_spe_20100511_portogallo-interview.html

29 Vgl. Gal 6,14.

30 Vgl. Nietzsche, F., Also sprach Zarathustra, III. Teil, Kap. 91: Das Nachtwandler-Lied.

31 Vgl. 1 Kor 13,8.

32 Ratzinger, J., Auf Christus schauen. Einübung in Glaube, Hoffnung, Liebe, Freiburg im Breisgau 2006, S. 22.

33 Ebd., S. 23, Buber, M., Werke III, München/Heidelberg 1963, S. 348.

34 Karl Rahner, Schriften 9, Einsiedeln 1970, S. 181f.

35 Ebd., S. 185.

36 Ebd., S. 187.

37 Vgl. ebd., S. 189.

38 Vgl. ebd., S. 191.

39 Ebd., S. 192f.

40 Ebd., S. 195.

41 Ebd., S. 196.

42 Vgl. Welte, Der Atheismus: Rätsel – Schmerz – Ärgernis, Freiburg im Breisgau 1978, S. 6–15.

43 Ebd., S. 12.

44 Ebd., S. 13.

45 Der Unterscheidung zwischen »seekers and dwellers« begegnen wir vor allem bei den Soziologen Robert Wuthnow und Charles Taylor.

46 Die Metapher »Vorhof der Heiden«, die vom Aufbau des Tempels in Jerusalem inspiriert ist, benutzte in den letzten Jahren seines Pontifikates auch häufig Papst Benedikt XVI. als Bezeichnung eines Raumes, den die Kirche für geistlich Suchende öffnen sollte.

47 Vgl. Halík, T., Ich will, dass du bist, S. 110f.

48 Vgl. 1 Kön 19.

49 Vgl. Hiob 40,4 und 42,5.

50 Vgl. Offb 3,16.

51 Der protestantische Theologe Adolf von Harnack behauptete: »Ein Mystiker, der nicht Katholik wird, ist ein Dilettant.«

52 Tillich, P., Religiöse Reden I. S. 55f.

53 Vgl. Heidegger, M., Sein und Zeit; in verschiedenen Ausgaben.

54 Vgl. Riesmann, D., Die einsame Masse (orig. The Lonely Crowd), Darmstadt/Berlin/Neuwied 1956.

[55] Vgl. Buber, M., Ich und Du; in verschiedenen Ausgaben.

[56] Vgl. Levinas, E., Totalität und das Unendliche, Freiburg im Breisgau/ München 1987.

[57] Hoye, W. J., Demokratie und Christentum, Münster 1999.

[58] Vgl. Gal 5,13.

[59] Rahner, K., Geheimnis, in SM II, 189–196, S. 191.

[60] Ebd., S. 192.

[61] Ebd., S. 195.

[62] Splett, J., Das Heilige, in SM II, 576–577, S. 577.

[63] Hemmerle, K., Das Heilige, in SM II, 577–582, S. 579f.

[64] Zit. bei Ratzinger, a. a. O., S. 20.

[65] Six, J.-F., Theresia von Lisieux. Ihr Leben, wie es wirklich war, Freiburg im Breisgau 1976, S. 249.

[66] Ebd., S. 253.

[67] Comte-Sponville, A., Woran glaubt ein Atheist? Spiritualität ohne Gott, Zürich 2009, S. 161.

[68] Ebd., S. 183.

[69] Welte, B., Nietzsches Atheismus und das Christentum, Darmstadt 1958, S. 23.

[70] Vgl. Halík, T., Nicht ohne Hoffnung. Glaube im postoptimistischen Zeitalter, Freiburg im Breisgau 2014, S. 234f.

[71] Vgl. Jak 2,14–24.

[72] Jak 2,19b.

[73] Vgl. Jak 3,5f.

[74] Mt 16,18.23.

[75] Vgl. Klauck, H.-J., Anknüpfung und Widerspruch. Das frühe Christentum in der multireligiösen Welt der Antike, München 2002, S. 86f.

[76] Ebd., S. 87.

[77] Ebd., S. 93.

[78] Ebd., S. 97.

[79] Ebd., S. 100.

Bibliographische Information der Deutschen Nationalbibliothek

Die Deutsche Nationalbibliothek verzeichnet diese Publikation in der Deutschen Nationalbibliographie. Detaillierte bibliographische Daten sind im Internet über http://dnb.d-nb.de abrufbar.

1. Auflage 2016
© Vier-Türme GmbH, Verlag, Münsterschwarzach 2016
Alle Rechte vorbehalten

Lektorat: Marlene Fritsch
Gestaltung: Dr. Matthias E. Gahr
Umschlaggestaltung: Thomas Uhlig, www.deruhlig.com
Druck und Bindung: Pustet, Regensburg
ISBN 978-3-7365-0030-3 (Printausgabe)
ISBN 978-3-89680-980-3 (E-Book [epub])

www.vier-tuerme-verlag.de